수능 영어를 향한 가벼운 발걸음

2nd Edition

맨처음 수능영어

유형독해 실력편

김현우
현) 껌학원 원장
현) 영어 입시교재 집필진 B2Basics
서울대졸, EBS 영어지문 3초 써머리(쏠티북스),
내공 중학영어구문(다락원) 외 집필

이건희
현) 쥬기스(http://jugis.co.kr) 대표
맨처음 수능영어(영문법, 입문, 기본, 실력, 독해, 완성)
내공(중학영문법, 중학구문, 중학듣기, 중학단어) (다락원)
체크체크(천재교육) Grammar in(비상) 외 집필
instagram@gunee27

김한나
현) (주) 이은재 어학원 강사
현) (주) 비상 교육 온라인 그래머 강사
이화여대졸, 모자이크 EBS 변형문제 출제위원
E정표 수능특강 영어/영어독해(쎄듀), 내공 중학영어구문(다락원) 외 집필

2nd Edition

맨처음 수능영어

유형독해
실력편

지은이 김현우, 이건희, 김한나
펴낸이 정규도
펴낸곳 (주)다락원

제2판 1쇄 발행 2022년 10월 4일
제2판 4쇄 발행 2024년 7월 18일

편집 김민아
디자인 김나경, 김예지
영문 감수 Michael A. Putlack, Ted Gray

다락원 경기도 파주시 문발로 211
내용문의 (02)736-2031 내선 504
구입문의 (02)736-2031 내선 250~252
Fax (02)732-2037
출판등록 1977년 9월 16일 제 406-2008-000007호

ISBN 978-89-277-8041-0 54740
      978-89-277-8039-7 54740(set)

http://www.darakwon.co.kr
다락원 홈페이지를 방문하시면 상세한 출판정보와 함께
동영상강좌, MP3자료 등 다양한 어학 정보를 얻으실 수 있습니다.

수능 영어를 향한 가벼운 발걸음

2nd Edition

맨처음 수능영어

유형독해 실력편

김현우 이건희 김한나

DARAKWON

맨처음 수능 영어 시리즈만의 장점!

🐾 모의고사 및 수능 기출 문제를 쉽게 공부할 수 있어요!

🐾 생생한 유형풀이 전략으로 수능 대표 유형과 친해질 수 있어요!

🐾 유형 학습에서 실전 모의고사까지 체계적으로 문제를 풀어볼 수 있어요!

---

❶ 유형소개
해당 유형에 대한 소개와 유형별 학습 방향을 제시합니다.

❸ 함정탈출 유형풀이 전략!
각각의 유형에 해당하는 문제풀이 전략들입니다. 유형별 유의사항은 물론 오답을 피하는 생생한 팁을 얻을 수 있습니다.

❷ 대표예제
난이도를 조절한 기출 문제를 통해 유형에 대한 이해도를 높일 수 있습니다.

❹ Check! Reading Steps
대표예제 속 지문을 통해 정답을 찾아가는 문제 해결 과정을 단계별로 직접 보여줍니다.

❺ 유형별 다양한 학습 코너
유형별 자주 등장하는 패턴, 정답을 알려주는 Signal Words, 시험에 자주 등장하는 어법 등 문제를 풀 때 꼭 필요한 학습 내용을 제공합니다.

막강한 온라인 학습 자료
워크시트 HWP 8종을 비롯한 풍부한 온라인 부가자료 제공

   📄 문제출제프로그램
(voca.darakwon.co.kr)

❻ 유형 연습하기

이제 대표예제를 통해 살펴본 유형별 풀이 전략을 적용해봅니다. 난이도에 맞게 변형된 교육청 모의고사는 물론 수능 기출 문제까지 각 유형에서 집중적으로 연습합니다.

• 정답률 및 기출문제 변형
　정보를 알려줍니다.

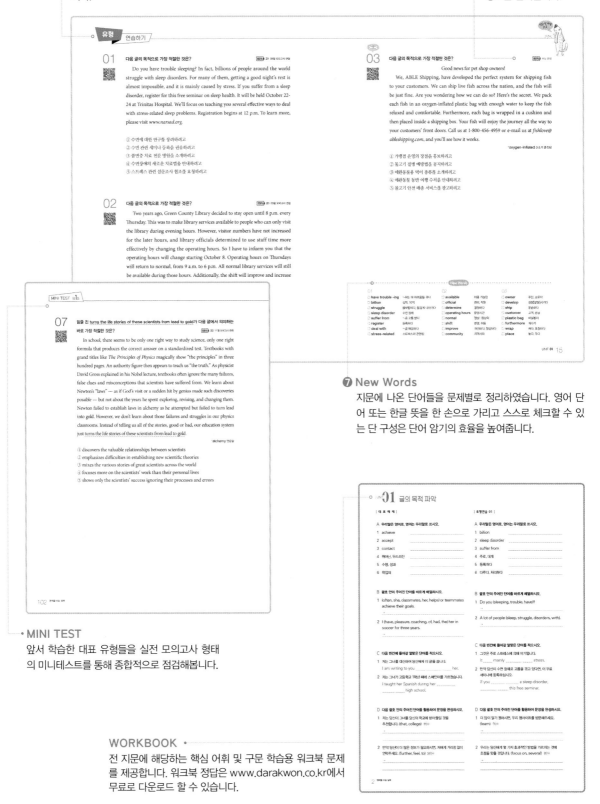

❼ New Words

지문에 나온 단어들을 문제별로 정리하였습니다. 영어 단어 또는 한글 뜻을 한 손으로 가리고 스스로 체크할 수 있는 단 구성은 단어 암기의 효율을 높여줍니다.

• MINI TEST

앞서 학습한 대표 유형들을 실전 모의고사 형태의 미니테스트를 통해 종합적으로 점검해봅니다.

WORKBOOK •

전 지문에 해당하는 핵심 어휘 및 구문 학습용 워크북 문제를 제공합니다. 워크북 정답은 www.darakwon.co.kr에서 무료로 다운로드 할 수 있습니다.

수능 영어 알아가기 ⋯⋯ p. 8

책 속의 책 Workbook 제공

수능 영어 (절대평가)란 무엇인가요?

수능 영어 절대평가는 기존의 상대평가와 달리 다른 학생의 성적과 비교하여
등급을 결정하지 않고, 본인의 성취 수준에 따라 등급을 결정합니다.

1 수능 영어 문항과 시험 시간

수능 영어는 듣기와 읽기를 포함한 총 45문항으로 구성되어 있으며, 내용의 중요도나 난이도를 고려하여 문항별로 2점 또는 3점이 배정됩니다. 듣기 영역은 총 17문항으로서 듣기 12문항과 간접 말하기 5문항으로 구성되어 있습니다. 읽기 영역은 총 28문항으로서 읽기 21문항과 간접 쓰기 7문항으로 구성되어 있습니다. 시험 시간은 70분으로 듣기는 약 25분, 읽기는 약 45분이 배당되어 있습니다.

평가영역	문항수	시험시간
듣기	17문항	25분
읽기	28문항	45분
합계	45문항	70분

2 수능 영어 절대평가의 점수와 등급

수능 영어 절대평가는 원점수에 따른 등급만 제공합니다. 수능 영어 절대평가의 등급은 원점수 100점 만점을 기준으로 10점 간격의 9개 등급으로 구분됩니다. 예를 들어, 수험생이 90~100점 사이의 점수를 받으면 1등급, 80~89점 사이의 점수를 받으면 2등급을 받습니다.

성취등급	원점수
1등급	100~90점
2등급	89~80점
3등급	79~70점
4등급	69~60점
5등급	59~50점
6등급	49~40점
7등급	39~30점
8등급	29~20점
9등급	19~0점

3 수능 영어 평가 사항

수능 영어는 고등학교 영어 교육과정 성취기준의 달성 정도와 대학에서 수학하는 데 필요한 영어 능력을 평가하기 위한 시험입니다. 어법과 어휘, 글의 중심내용과 세부내용에 대한 문항, 논리적 관계 파악과 맥락 파악과 같은 글의 내용에 대한 이해력과 사고력 그리고 영어 표현을 상황에 맞게 사용하는 능력을 평가합니다.

4   수능 영어 읽기 학습

1 중심 내용 파악하기

중심 내용을 파악하기 위해서는 글을 읽고 전체적인 내용을 이해하고, 추론 하는 능력이 필요합니다.
중심 내용 파악하기에는 글의 주제, 요지, 제목 파악하기 등의 유형이 있습니다.

2 세부 내용 파악하기

세부 내용을 파악하기 위해서는 글에 제시된 특정 정보를 사실적이고 정확하게 이해하는 능력이
필요합니다. 세부 내용 파악하기에는 내용 일치·불일치, 실용문 및 도표 내용 일치·불일치 등 파악하기
유형이 있습니다.

3 논리적 관계 파악하기

논리적 관계를 파악하기 위해서는 글을 읽고 원인과 결과와 같은 내용의 논리적인 관계를 파악하는
능력이 필요합니다. 단어나 구, 절, 문장 또는 연결어가 들어갈 빈칸 내용 추론하기 등의 유형이 있습니다.

4 맥락 파악하기

맥락을 파악하기 위해서는 글을 읽고 말하는 이나 글쓴이의 의도나 목적을 파악하는 능력이 필요합니다.
맥락 파악하기에는 글쓴이의 목적, 주장, 글의 분위기나 심경 등 파악하기 등의 유형이 있습니다.

5 간접 쓰기

간접 쓰기를 위해서는 글의 전체적인 맥락과 문장 간의 논리적 흐름을 파악하여 가상의 글쓰기에 적용할
수 있는 능력이 필요합니다. 간접 쓰기에는 흐름에 무관한 문장, 주어진 문장의 적합한 위치, 글의 순서
파악하기, 문단 요약하기 등의 유형이 있습니다.

6 문법 및 어휘

문법 및 어휘를 위해서는 글의 전체적 의미나 문장 간의 의미적 관련성을 통하여 어법의 적합성이나
어휘의 적합성을 파악하는 능력이 필요합니다. 문법과 어휘에는 문맥에 따른 어법 또는 어법 정확성
파악하기 등의 유형이 있습니다.

출처: 한국교육과정평가원

수능 지문의 6가지 대표 패턴

Pattern 1 ▶ 주제문 ▶ 예시 ① ▶ 예시 ② ▶ 예시 ③

- 가장 기초적인 영어식 글쓰기 구성으로 「주제문+예시」의 기본 패턴입니다. 주제, 요지, 빈칸완성, 글의 전후 관계추론, 무관한 문장, 문장의 삽입 등 다양한 유형의 문제에 쓰입니다. 주제문은 문장 앞(두괄식), 문장 뒤(미괄식), 중간(중괄식), 혹은 앞과 뒤에 동시에 나올 수 있습니다. 예시를 위해 for example, for instance 같은 연결 어구를 사용합니다.

Pattern 2 ▶ 도입 ▶ 주제문 ▶ 예시 ▶ 요약

- 수능에서 가장 많이 나오는 패턴으로 도입부에 일반적인 사실 또는 생각을 제시한 다음 but, however와 같이 역접을 유도하는 연결 어구를 사용하여 주제문을 제시합니다. 주제문을 보충 설명하기 위한 예를 2~3개 정도 쓰고 마지막에 전체 글을 요약합니다. 주로 주제, 요지, 주장, 빈칸 추론 등 유형에 활용합니다.

Pattern 3 ▶ 일반론 ▶ 반론 ▶ 결론

- 논설문에서 가장 많이 쓰이는 형태입니다. 문장의 앞부분에 주제의 도입이나 일반적인 생각을 제시한 다음, 그와 반대되는 생각이나 문제점을 지적한 뒤 결론을 유도하는 방식입니다. 역접, 인과관계를 나타내는 연결 어구의 쓰임에 주의해야 합니다. 글의 순서 또는 문장의 삽입, 주제 등의 유형에서 많이 이용합니다.

Pattern 4 ▶ 설명(사실 ① ② ③) ▶ 요약

- 설명문에서 많이 쓰이는 패턴으로, 주제를 정당화할 수 있는 사실, 속성, 사건들을 나열한 후 주제문을 제시합니다. 열거되는 사실은 서로 대등하며, first, second, finally, another, some, others 등을 사용합니다. 결론을 유도하는 therefore, in short 같은 접속부사의 표현을 글의 뒷부분에서 발견할 수 있습니다. 주로 실용문, 지칭추론, 빈칸 추론, 요지, 요약문 완성 등을 묻는 문제에 많이 응용됩니다.

Pattern 5 ▶ 행동 ① ▶ 행동 ② ▶ 행동 ③

- 시간에 따른 어떤 대상의 움직임이나 장소를 구상하는 공간순서에 따른 행동에 대한 묘사로 어조, 분위기, 심경 또는 글의 순서 등을 파악하는 종합적인 이해력을 측정하는 문제에서 많이 활용합니다.

Pattern 6 ▶ 상황 제시 ▶ 사건(시간순) ▶ 마무리

- 주제를 암시하는 사건을 시간 순으로 간략하게 서술합니다. 상황, 일화 등 사건의 흐름을 간결하게 서술하거나 글 속에 대화로 등장할 수 있습니다. 속담, 함축 의미, 심경을 묻거나 특히 장문 독해 문제에서 자주 활용합니다.

수능 유형 학습

Unit 01 ~ Unit 19

유 형 소 개 글을 읽고 글의 목적을 파악해야 하는 문항으로 광고문, 기행문, 기사문, 추천서 등 주로 실용적인 글을 통해 글쓴이의 의도나 목적을 파악하는 경우가 많다. 글의 종류와 목적에 자주 나오는 어휘를 평소에 잘 익혀두어야 한다.

대 표 예 제   **다음 글의 목적으로 가장 적절한 것은?**   84% 고1 06월 모의고사 변형

　　I am writing to you on behalf of Ashley Hale. I have had the pleasure of coaching Ashley in soccer for three years and teaching her Spanish during her freshman year of high school. Ashley was outstanding in both her athletic and academic performances. She often helps her classmates or teammates achieve their goals. *I believe she will be a very successful student at your school and recommend that you accept her to your college. If you need further information, feel free to contact me. Thank you for your time.

① 우수 학생을 대학에 추천하려고
② 동아리 학생 모집을 홍보하려고
③ 장학생 선정 결과를 통보하려고
④ 공로상 탈락 사유를 문의하려고
⑤ 신학기 수강신청 방법을 안내하려고

New Words

□ on behalf of	~을 대신하여	□ academic	학업의	□ college	대학
□ pleasure	기쁨	□ performance	수행, 성과	□ further	더 많은
□ coach	지도하다	□ achieve	달성하다	□ information	정보
□ freshman year	1학년	□ recommend	추천하다	□ feel free to	거리낌 없이 ~하다
□ athletic	육상(경기)의	□ accept	받아들이다	□ contact	연락하다

유형풀이 전략!

1 글의 일부만 읽고 답을 고르면 안 된다.

: 세부적인 내용에 얽매이지 말고 전반적인 글의 흐름을 파악해야 한다. 글의 종류나 글을 쓴 목적이 구체적으로 드러난 부분, 반복적으로 사용되는 표현 또는 어구들에 주목하면서 단서를 종합한다. 대체로 글의 전반부보다는 글의 중반부나 후반부에 글의 목적이 나타나는 경우가 많다.

2 글의 어조를 살펴 글의 목적을 파악한다.

: 어조는 글쓴이의 태도로 글의 목적을 알리는 신호다. 감사를 나타내는 글의 어조는 격식을 차리며 부드럽고, 경고나 독촉을 나타내는 글의 어조는 단호하다.

Check! Reading Steps

Step ONE 글의 첫 문장 또는 두세 문장을 읽고 관련 대상과 소재를 확인한다.

주요 어휘를 확인한 뒤, 글쓴이와 글의 대상을 추론하여 대략적인 내용을 파악한다.

⋯ ex. on behalf of Ashley, outstanding her performances

Step TWO 글의 목적을 나타내는 결정적인 어구나 문장에 유의한다.

⋯ *문장은 Ashley가 대학에 가서 훌륭한 학생이 될 것이므로 추천한다는 내용이다.

Step THREE 글의 주제와 세부적인 내용을 종합하여 목적을 파악한다.

⋯ Ashley Hale의 고등학교 선생님께서 그녀의 우수한 태도를 글로 쓴 대학 입학 추천서이다.

▲ **글의 목적을 나타내는 표현**

· 축하하기 위해	· 위로, 격려하기 위해	· 불평, 반대하기 위해	· 알리기 위해
to celebrate	to cheer	to oppose	to warn
to congratulate	to inspire	to protest	to notify
· 도와주기 위해	to comfort	to complain	to inform
to advise	to encourage	· 요청하기 위해	to confirm
to support	· 감사하기 위해	to ask	to advertise
to suggest	to thank	to request	
to recommend	to appreciate	to inquire	

01

다음 글의 목적으로 가장 적절한 것은?

Do you have trouble sleeping? In fact, billions of people around the world struggle with sleep disorders. For many of them, getting a good night's rest is almost impossible, and it is mainly caused by stress. If you suffer from a sleep disorder, register for this free seminar on sleep health. It will be held October 22-24 at Trinitas Hospital. We'll focus on teaching you several effective ways to deal with stress-related sleep problems. Registration begins at 12 p.m. To learn more, please visit *www.narsad.org*.

① 수면에 대한 연구를 장려하려고
② 수면 관련 세미나 등록을 권유하려고
③ 불면증 치료 전문 병원을 소개하려고
④ 수면장애의 새로운 치료법을 안내하려고
⑤ 스트레스 관련 설문조사 협조를 요청하려고

02

다음 글의 목적으로 가장 적절한 것은?

Two years ago, Green County Library decided to stay open until 8 p.m. every Thursday. This was to make library services available to people who can only visit the library during evening hours. However, visitor numbers have not increased for the later hours, and library officials determined to use staff time more effectively by changing the operating hours. So I have to inform you that the operating hours will change starting October 8. Operating hours on Thursdays will return to normal, from 9 a.m. to 6 p.m. All normal library services will still be available during those hours. Additionally, the shift will improve and increase the services of Green County Library to the community.

① 도서관 휴관일 변경을 안내하려고
② 독서 프로그램 수강생을 모집하려고
③ 도서관 연장 운영의 중단을 공지하려고
④ 대출 기간 내 도서 반납을 당부하려고
⑤ 공사로 인한 도서관 이용 제한을 알리려고

03 다음 글의 목적으로 가장 적절한 것은?

Good news for pet shop owners!

We, ABLE Shipping, have developed the perfect system for shipping fish to your customers. We can ship live fish across the nation, and the fish will be just fine. Are you wondering how we can do so? Here's the secret. We pack each fish in an oxygen-inflated plastic bag with enough water to keep the fish relaxed and comfortable. Furthermore, each bag is wrapped in a cushion and then placed inside a shipping box. Your fish will enjoy the journey all the way to your customers' front doors. Call us at 1-800-456-4959 or e-mail us at *fishlove@ableshipping.com*, and you'll see how it works.

*oxygen-inflated 산소가 충전된

① 가맹점 운영의 장점을 홍보하려고
② 물고기 질병 예방법을 공지하려고
③ 애완동물용 먹이 종류를 소개하려고
④ 애완동물 동반 여행 수칙을 안내하려고
⑤ 물고기 안전 배송 서비스를 광고하려고

· New Words ·

01		02		03	
☐ have trouble -ing	~하는 데 어려움을 겪다	☐ available	이용 가능한	☐ owner	주인, 소유자
☐ billion	십억, 10억	☐ official	관리, 직원	☐ develop	성장[발달]시키다
☐ struggle	몸부림치다, 힘겹게 나아가다	☐ determine	결정하다	☐ ship	운송하다
☐ sleep disorder	수면 장애	☐ operating hours	운영시간	☐ customer	고객, 손님
☐ suffer from	~로 고통 받다	☐ normal	정상; 정상의	☐ plastic bag	비닐봉지
☐ register	등록하다	☐ shift	변경, 이동	☐ furthermore	게다가
☐ deal with	~을 해결하다	☐ improve	개선하다, 향상하다	☐ wrap	싸다, 포장하다
☐ stress-related	스트레스와 관련된	☐ community	지역사회	☐ place	놓다, 두다

심경 · 분위기 파악

유 형 소 개   이 유형은 글의 분위기(글의 배경 또는 등장인물 사이에 흐르는 감정), 또는 등장인물의 심경이나 심경의 변화를 파악하는 문제이다. 글의 내용, 배경, 언어의 색채 등을 종합적으로 이해해야 문제를 풀 수 있으며 보통 소설이나, 일화를 지문으로 한다.

대 표 예 제   **다음 글에 드러난 Jancsi의 심정으로 가장 적절한 것은?**   82% 고1 03월 모의고사 변형

Jancsi was up bright and early that morning. *He didn't sleep well last night as his cousin Kate was coming today. She was the only cousin he had, and she was a city girl. A real city girl from Budapest. Ever since the letter came from his uncle, he was walking around on the big Hungarian plain with his head up. He was the only boy in the neighborhood who had a cousin in the city, and she was coming today to stay for a long time. He decided to tell everybody about her at school.

① lonely and bored
② excited and proud
③ calm and relaxed
④ surprised and scared
⑤ sorry and regretful

·········· New Words ··········

☐ **bright and early** 아침 일찍	☐ **with one's head up** 고개를 치켜든 채	☐ **decide** 결심하다	☐ **scared** 겁먹은
☐ **cousin** 사촌	☐ **neighborhood** 이웃	☐ **lonely** 외로운	☐ **relaxed** 편안한
☐ **plain** 평원	☐ **stay** 머무르다	☐ **calm** 차분한	☐ **regretful** 후회하는

정답 및 해설
p.3

1 글의 시간적·공간적 배경을 파악한다.

: 글의 도입부에 시간과 장소에 대한 설명이 있는 경우가 많다.

2 등장인물의 행동을 파악한다.

: 특정 사건을 계기로 등장인물의 행동이 바뀔 수 있으므로 주의한다.

3 상황이나 분위기 또는 인물을 설명해주는 형용사나 부사의 표현에 주목한다.

: 상황 등을 묘사하는 어휘 등을 통해 글의 어조를 느낄 수 있다. 하지만, 사건의 반전에 유의한다.

Check! Reading Steps

Step ONE 글의 배경 또는 상황과 관련된 묘사에 주목한다.

⋯ as his cousin Kate was coming today

Step TWO 등장인물의 행동과 관련된 묘사에 주목한다.

⋯ he was up bright and early (일찍 일어나다), he didn't sleep well last night (잠을 잘 못 잤다), he was walking with his head up (고개를 들고 걷다)

Step THREE 글의 전체적인 분위기 또는 글쓴이의 심경과 관련한 핵심 표현에 주목한다.

⋯ *문장으로 보아, 시골 출신인 주인공 Jancsi가 도시 출신인 사촌 Kate가 방문하기로 하여 한껏 신나고 기대하고 있음을 알 수 있다.

◤ 심경·분위기 파악 유형에 자주 등장하는 어휘

긍정 (+)	부정 (−)
• 긍정적인 심경	**• 부정적인 심경**
excited 흥분한 / satisfied 만족한	alarmed 두려워하는 / envious 부러워하는
hopeful 희망에 찬 / relaxed 편안한	horrified 겁에 질린 / frustrated 좌절한
cheerful 명랑한 / relieved 안심한	ashamed 부끄러운 / regrettable 유감스러운
delighted, joyful 기뻐하는 / proud 자랑스러운	resentful 분개한 / frightened 겁먹은
	terrified 무서워하는 / fearful 우려하는
• 긍정적인 태도 & 성격	**• 부정적인 태도 & 성격**
active 활발한 / optimistic 낙관적인	passive 소극적인 / critical 비판적인
generous 너그러운 / natural 꾸밈없는	hostile 적대적인 / offensive 화나게 하는
faithful 충실한 / polite 공손한 / earnest 열심인	dependent 의존하고 있는 / impatient 참지 못하는
sincere 진실한 / sympathetic 동정적인	selfish 이기적인 / greedy 탐욕스런 / arrogant 오만한

01 다음 글에 드러난 'I'의 심경 변화로 가장 적절한 것은?

After watching the older children opening their gifts, I already knew that the big gifts were not necessarily the nicest ones. One girl my age got a large coloring book of historic characters, while a less greedy girl who selected a smaller box received a beautiful hairpin. As my turn came closer, my heart beat faster with expectation. As I looked into the sack, I quickly touched the remaining presents, tested their weight, and imagined what they contained. I chose a small but heavy one that was wrapped in shiny silver foil and a red ribbon. It was a pack of batteries, but it was not a gift I wished for. They were useless for me! So I spent the rest of the party watching the other kids enjoying their gifts.

① excited → disappointed ② fearful → relieved
③ satisfied → embarrassed ④ proud → worried
⑤ frustrated → joyful

02 다음 글의 분위기로 가장 적절한 것은?

It stopped raining; the roads were clean, and the dust was washed from the trees. The earth was refreshed. The frogs were loud in the pond; they were big, and their mouths were smiling with pleasure. The grass was sparkling with tiny drops of water. Some boys were playing in the little stream that the rain had made by the roadside; it was good to see them and their bright eyes. They were having the time of their lives, and I could see they were very happy. When somebody said something to them, they laughed with joy.

① sad and gloomy ② merry and lively
③ tense and urgent ④ funny and humorous
⑤ boring and monotonous

03 다음 글에 드러난 Breaden의 심경 변화로 가장 적절한 것은? `94%` 수능 변형

As he was smiling, Breaden, a cute three-year-old boy, was walking along the aisle of snacks, chocolate bars, and sweets. It was an aisle with all kinds of temptations for him. "Wow!" he shouted. There were a lot of delicious-looking chocolate bars right in front of his eyes. His mom was holding his hand. She always focused on Breaden, her only child, and was careful not to lose him in the market. Suddenly, she stopped to say hello to her friends. Breaden stopped, too. With his eyes wide open and his mouth watering, Breaden stretched out his arm to grab a bar, but then he felt something grabbing his hand. He looked up. "Breaden, not today!" He knew what that meant. "Okay, Mommy," he sighed. His shoulders fell.

① excited → disappointed
② embarrassed → satisfied
③ lonely → pleased
④ annoyed → relieved
⑤ delighted → jealous

••••••••••••••••••••••••••••••••••••• New Words •••••••••••••••••••••••••••••••••••••

01
- □ greedy   탐욕스러운
- □ expectation   기대
- □ sack   자루
- □ foil   포장지
- □ useless   쓸모없는
- □ excited   흥분된
- □ disappointed   실망스러운
- □ fearful   두려운
- □ satisfied   만족스러운
- □ embarrassed   당황스러운
- □ frustrated   좌절스러운

02
- □ dust   먼지
- □ refresh   새롭게 하다, 기운나게 하다
- □ pond   연못
- □ sparkle   반짝이다
- □ stream   개울
- □ have the time of one's life   난생처음으로 재밌는 시간을 보내다
- □ gloomy   우울한
- □ merry   즐거운, 명랑한
- □ lively   활기찬, 생생한
- □ tense   긴장된
- □ urgent   긴급한
- □ monotonous   단조로운

03
- □ aisle   통로
- □ sweets   단것, 단 음식
- □ temptation   유혹
- □ stretch out   (손, 발을) 뻗다
- □ grab   붙잡다, 움켜잡다
- □ sigh   한숨 쉬다
- □ relieved   안도하는
- □ delighted   즐거운
- □ jealous   질투하는

유 형 소 개 글을 읽고 밑줄 친 부분이 나타내는 의미를 추론하는 유형으로, 밑줄 친 부분 자체를 해석하는 것이 아니라, 밑줄을 포함한 문장의 전후 문맥을 통해 의미하는 바를 글 전체의 내용과 함께 파악해야 한다.

대 표 예 제 **밑줄 친 The body works the same way.가 다음 글에서 의미하는 바로 가장 적절한 것은?**

67% 고2 03월 모의고사 변형

The body tends to build up problems, beginning with one small imbalance. This problem causes another imbalance, which triggers several more. In the end, you get a symptom. It's like lining up a series of dominoes. All you need to do is knock down the first one and many others will fall too. <u>The body works the same way.</u> The original problem is often overlooked. **When you find that some of the later dominoes fall, you can figure out more obvious clues and symptoms. In the end, you get a headache, fatigue or even disease. When you try to treat just the final symptom, the cause of the problem isn't solved. *The first domino is the cause, or main problem.

① There is no order in treating an illness.
② Minor health problems are solved by themselves.
③ You get more and more inactive as you get older.
④ It'll never be too late to cure the final symptom.
⑤ The final symptom comes from the first minor problem

New Words

□ cause   유발하다; 원인   □ a series of   일련의   □ obvious   분명한
□ imbalance   불균형   □ knock down   ~을 쓰러뜨리다   □ clue   단서
□ trigger   유발하다   □ overlooked   간과된,   □ fatigue   피로
□ symptom   증상   못보고 넘어간   □ inactive   무기력한
□ line up   ~을 한 줄로 세우다   □ figure out   알아내다

함정탈출 · 유형풀이 전략!

① 밑줄의 범위를 정확히 확인한다.

: 밑줄이 포함된 문장이 이해되었어도, 밑줄의 범위가 일부인 경우 not, no와 같은 부정어가 포함되어 반대되는 내용을 요구하는지 등 정확한 밑줄의 범위를 확인한 후, 밑줄의 앞뒤 부분을 통해 글의 흐름을 추론한다.

② 밑줄의 내용이 항상 주제와 일치하지 않을 수 있다.

: 밑줄이 주제와 일치하는 경우가 많지만, 세부 정보를 요구하거나, 글 전체 흐름과 반대되는 경우도 있으므로 밑줄의 대상이 되는 정보를 정확히 숙지하여야 한다.

Check! · Reading Steps

Step ONE 글의 앞부분을 읽고 소재를 확인하며 주제를 파악한다.

글의 요지, 주제 찾기와 마찬가지로 글의 주요 어휘를 살핀 뒤, 글의 결론 또는 주제문을 통해 대략적인 내용을 파악한다.

⋯ beginning with one small, a series of dominoes,

⋯ *문장은 이 글의 주제문이다.

Step TWO 밑줄 앞, 뒤 문장을 주의 깊게 읽고 내용을 유추하며 밑줄 친 문장을 확인한다.

⋯ 밑줄 앞 문장에서 도미노들이 쓰러지는 것은 가장 첫 번째 도미노가 쓰러졌기 때문이라고 언급한 부분에 주의하여 밑줄 친 부분과의 연관성을 찾는다.

Step THREE 밑줄과 관련된 내용인 재진술 부분을 찾아 정답을 유추한다.

⋯ **문장을 통해 도미노의 원리와 질병 증상의 유사성을 찾을 수 있다.

▲ 혼동 어휘 알아두기

eminent	형 저명한, 유명한	**Orient**	명 동양	**stimulus**	명 자극
imminent	형 절박한, 급박한	**Occident**	명 서양	**simultaneous**	형 동시에 일어나는
loose	형 풀린, 매지 않은	**obvious**	형 분명한, 명백한	**thorough**	형 철저한, 완전한
lose	동 잃다, 지다	**obscure**	형 애매한, 모호한	**through**	전 ~을 통하여, ~을 거쳐서
lie	동 거짓말하다 *lie-lied-lied	**spacious**	형 넓은, 웅대한	**vague**	형 어렴풋한, 희미한
lie	동 눕다 *lie-lay-lain	**specious**	형 그럴듯한, 허울 좋은	**vogue**	명 유행
lay	동 ~에 놓다 *lay-laid-laid				
moral	형 도덕적인, 도덕의				
morale	명 (군대의) 사기, 의욕				

01 밑줄 친 creating a buffer가 다음 글에서 의미하는 바로 가장 적절한 것은? `69%` 고2 04월 모의고사 변형

I was once trying to explain the concept of buffers to my children. We were in the car and I tried to explain the idea using a game. Imagine, I said, that we had to get to our destination without stopping. We couldn't predict what was going to happen in front of us. We didn't know how long the light would stay green or if the car in front would suddenly put on its brakes. The only way to avoid crashing was to put extra space between our car and the car in front of us. This space acts as a buffer. It gives us time to respond and adapt to any sudden moves by other cars. Similarly, we can reduce the friction when doing the essential in our lives simply by creating a buffer.

*buffer 완충지대, 완충물 **friction 마찰

① knowing that learning is more important than winning
② always being prepared for unexpected events
③ never stopping what we have already started
④ having a clear destination when we drive
⑤ keeping peaceful relationships with others

02 다음 글에서 밑줄 친 None이 의미하는 바로 가장 적절한 것은? `60%` 고3 06월 모의고사 변형

Think about this. If glaciers started forming again, there would be much more water to be used. Water in Hudson Bay, the Great Lakes, and the hundreds of thousands of lakes of Canada which didn't exist in the last ice age would become glaciers much quicker. And if glaciers did start to form again, what exactly would we do? Blast them with bombs or maybe nuclear missiles? Well, it sounds unlikely, but consider this. In 1964, the largest earthquake in North America hit Alaska with the power of 2,000 nuclear bombs. Almost 3,000 miles away in Texas, water overflowed out of swimming pools. A street in Anchorage fell twenty feet. The earthquake destroyed 24,000 square miles of wilderness, which was covered with glaciers. Can you guess what happened to Alaska's glaciers? None.

① It would be useless to try to destroy glaciers.
② The melting glaciers would raise the sea level.
③ The wilderness would not be harmed by glaciers.
④ New glaciers would not spread over North America.
⑤ The causes of glacier formation would be out of Alaska

03

밑줄 친 **a cage model**이 다음 글에서 의미하는 바로 가장 적절한 것은? 58% 고3 09월 모의고사 변형

For a long time, people regarded tourism as a huge monster invading the areas of indigenous peoples, introducing them to the evils of the modern world. However, research has shown that this is not true. In most places, tourists are welcome and indigenous people see tourism as a path to the modern world and economic development. But such development is always a double-edged sword. Tourism can mean progress, but it can also mean the loss of unique traditions and cultures. We sometimes refer to this loss as 'cultural pollution' from our romantic and naive viewpoint. Ideally, it is good to have ancient cultures around us in this modern world so that we can look at them and experience some of the traditions of our current ones from time to time. This is known as a cage model, which is difficult to agree with in this global world where we all are part of the same social structure, whether we are indigenous or not.

*indigenous 토착의

① keeping a past culture in its original form for audience
② restoring local cultures that have long been destroyed
③ limiting public contact to prehistoric sites for conservation
④ limiting tourism research only to cultural traditions
⑤ maintaining awareness for cultural regulations

New Words

01		02		03	
explain	설명하다	glacier	빙하	monster	괴물
concept	개념	form	형성되다	invade	침범하다
destination	목적지	exist	존재하다	two-edged sword	양날의 칼
predict	예측하다	blast	폭파하다	unique	독특한
avoid	피하다	nuclear	핵의	ancient	고대의
crash	추돌[충돌]하다	bomb	폭탄	cage	우리
extra	여분의	earthquake	지진	structure	구조
space	공간	overflow	넘쳐흐르다	restore	복원하다
respond	반응하다	destroy	파괴하다	prehistoric	선사시대의
adapt	적응하다	wilderness	황무지	limit	제한하다
similarly	마찬가지로	formation	형성	awareness	경각심
essential	필수적인			regulation	규정, 규제
unexpected	예상치 못한				

UNIT **03** 23

유 형 소 개 글의 요지·주장 추론 유형은 주제 추론 문제와 대체로 비슷하나 글쓴이의 주장을 담고 있으므로 주제보다 서술적으로 뚜렷한 강조점을 보인다. 선택지는 한글로 제시되며 속담이나 교훈을 묻는 형태로 출제되기도 한다.

대 표 예 제 **다음 글에서 글쓴이가 주장하는 바로 가장 적절한 것은?** 86% 고1 06월 모의고사 변형

When you go past a stranger, how do you react? You probably look away in awkwardness or pretend you are looking at something else. *Well, why don't you give that person a big smile instead? **Deepak Chopra, an Indian medical doctor, talks about giving each person you meet a small gift. I do this with a smile. Why not? It does not cost me anything. Plus, it's a lot more fun than feeling awkward and pretending I am not there. When I smile at people who are not expecting it, some blush, and others are surprised and smile back. And it makes me feel all warm inside.

① 어려움에 처한 사람을 외면하지 마라.
② 작은 선물에도 감사하는 마음을 가져라.
③ 낯선 사람과 마주치면 먼저 미소를 지어라.
④ 대화를 할 때는 상대방과 시선을 맞추어라.
⑤ 억지웃음으로 상대방을 불편하게 하지 마라.

New Words

□ **go past**	지나치다	□ **probably**	아마도	□ **pretend**	~인 척하다	□ **awkward**	어색한
□ **stranger**	낯선 사람	□ **look away**	외면하다	□ **cost**	(비용이) 들다	□ **blush**	얼굴을 붉히기
□ **react**	반응하다	□ **awkwardness**	어색함	□ **expect**	예상하다	□ **warm**	따뜻한

함정탈출 유형풀이 전략!

1 반복되는 핵심어를 통해 글의 중심 내용을 개괄적으로 파악한다.

: 글을 처음부터 정독하기보다는 핵심어 위주로 훑어본다. 반복 어휘를 통해 글의 소재 및 중심 내용을 유추하여 전체 글과의 관련성을 살펴 본다.

2 주제에 관한 글쓴이의 생각이 드러나 있는 문장을 찾는다.

: 글쓴이의 생각과 의견이 드러나 있는 문장은 주로 글의 주제문이다. 보통 주제문은 글의 앞부분이나 마지막에 나오는 경우가 많다. 글쓴이의 견해를 담고 있는 문장이 드러나지 않을 경우, 반복되는 어구나 주어진 예시 등에서 공통점을 찾아 요지를 추론해야 한다.

Check! Reading Steps

Step ONE 반복되는 핵심어나 어구 등을 통해 주제를 먼저 파악한다.

⋯▶ a big smile, a small gift, a smile

Step TWO 주제에 관한 글쓴이의 생각이 드러나 있는 문장을 찾는다.

특히 첫 문장, 마지막 문장, 의문문, 명령문 또는 제안(권유)문에 주의한다.

⋯▶ *문장은 why don't you~? (~하는 게 어때요?)라는 제안(권유)문으로 낯선 사람들에게 미소를 지어보자는 글쓴이의 생각이 들어 있다. **문장에서 전문가(Indian medical doctor)의 의견도 함께 덧붙이고 있다.

◀ 요지·주장을 알려주는 Signal Words!

1 당위성을 나타내는 형용사가 있는 문장

ex. important, essential, vital (중요한), necessary (필수적인)

2 당위성을 나타내는 조동사가 있는 문장

ex. must, have to, should, need to (~해야 한다), had better (~하는 것이 좋다)

3 최상급 표현이 있는 문장

ex. the (most) -est (가장 ~한[하게])

4 전문적이고 객관적인 근거가 있는 문장

ex. research, study (연구), experiment (실험), statistics (통계), theory (이론)
professor[expert] says (전문가가 말하길 ~)

5 명령문 또는 제안문 등이 있는 문장

ex. Be nice to a stranger. 낯선 이에게 친절하라.
Why don't you give it a try? 한번 시도해 보는 게 어때?

01 다음 글의 요지로 가장 적절한 것은?

82% 고1 03월 모의고사 변형

It is important to recognize your pet's particular needs and respect them. If your pet is an athletic, high-energy dog, for example, he or she is going to be much more manageable indoors after you take him or her outside to chase a ball for an hour every day. If your cat is shy and timid, he or she won't want to be dressed up and displayed in cat shows. Similarly, you cannot expect macaws to be quiet and still all the time. They are, by nature, loud and emotional creatures. It is not their fault that your apartment doesn't absorb sound as well as a rain forest.

*macaw 마코 앵무새

① 애완동물에게는 적절한 운동이 필요하다.
② 애완동물도 다양한 감정을 느낄 수 있다.
③ 애완동물의 개별적 특성을 존중해야 한다.
④ 자신의 상황에 맞는 애완동물을 선택해야 한다.
⑤ 훈련을 통해 애완동물의 행동을 교정할 수 있다.

02 다음 글에서 글쓴이가 주장하는 바로 가장 적절한 것은?

80% 고1 09월 모의고사 변형

Have you ever heard anyone say, "I had to carry the ball"? The expression "to carry the ball" means to take responsibility for getting something done. We use clichés like this every day in our speech. These expressions are colorful and often appealing in expressing an image or description of an emotion or situation. Someone may be "cold as ice" or "busy as a bee." A story may be "too funny for words." These expressions in speech do little harm. In writing, however, clichés can make familiar things boring. Your readers have heard and read these expressions so often that they will lose their interest quickly. Therefore, if you want your writing to be stronger and more effective, try not to use clichés. Clichés in writing ultimately diminish the strength and effectiveness of your message.

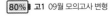

*clichés 상투적 문구

① 형식보다 내용에 초점을 두어 글을 써라.
② 글을 쓸 때 상투적 문구사용을 자제하라.
③ 독자의 연령층에 적합한 소재를 활용하라.
④ 글의 목적에 맞는 적절한 어휘를 선택하라.
⑤ 발표할 때 가급적 간결한 표현을 사용하라.

03 다음 글의 요지로 가장 적절한 것은?

92% 수능 변형

Nowadays, human efforts for progress, needs, and ambitions of our generation are simply unsustainable in both rich and poor nations. They are increasing the debt on our already overdrawn environmental resource accounts too heavily and quickly, so the debt might make our next generations bankrupt. The efforts may show profit on the balance sheets of our generation, but our children will inherit the losses. We borrow environmental capital from future generations without thinking of repaying. They do not vote; they have no political or financial power; they cannot challenge our decisions.

*unsustainable 지속 불가능한 **inherit 물려받다

① 환경 문제를 해결하기 위한 세대 간 협력이 중요하다.
② 인류의 발전은 다양한 환경 자원의 개발에 달려 있다.
③ 미래의 환경 문제에 대비한 국제 사회의 공조가 필요하다.
④ 선진국들은 경제력을 기반으로 환경 자원을 선점하고 있다.
⑤ 현세대는 미래 세대에 대한 고려 없이 환경 자원을 남용하고 있다.

New Words

01		02		03	
□ recognize	인식하다	□ carry	옮기다	□ ambition	야심
□ athletic	운동 선수 같은, 활발한	□ responsibility	책임	□ overdrawn	초과 인출된
□ manageable	다루기 쉬운	□ expression	표현	□ environmental	환경의
□ indoors	실내에서	□ colorful	색채가 풍부한, 다채로운	□ resource	자원
□ timid	겁이 많은, 소심한	□ appealing	매력적인, 흥미로운	□ debt	빚
□ still	가만히 있는, 고요한	□ description	묘사	□ account	계좌
□ dress up	(의상을) 차려입다	□ interest	관심	□ bankrupt	파산시키다
□ by nature	선천[천성]적으로	□ do harm	해가 되다	□ balance sheet	대차대조표
□ emotional	감정의, 감정적인	□ ultimately	결국	□ capital	자본
□ creature	동물, 생물	□ diminish	줄이다, 약화시키다	□ vote	투표하다
□ fault	잘못	□ strength	강점, 장점	□ financial	재정적인
□ absorb	흡수하다	□ effective	효과적인	□ challenge	～에 이의를 제기하다
□ rain forest	열대우림				

유 형 소 개   주제를 찾는 것은 독해의 기본적인 요소로 빠지지 않고 출제되고 있으며, 선택지는 영문으로 제시된다. 글의 구성에 따라 첫 부분에 주제가 나온 후 구체적인 내용이 나열되는 글, 구체적인 내용이 먼저 나온 후 마지막 부분에 주제가 제시되는 글, 그리고 여러 사례를 통해 주제를 추론해야 하는 글 등으로 분류할 수 있다.

대 표 예 제   **다음 글의 주제로 가장 적절한 것은?**   [78%] 고1 03월 모의고사 변형

My wife and I were running an ice cream shop. Staying open until late at night wasn't such a big deal because we made good money. After a while, it didn't work. Closing at 1:00 a.m. and then coming back to open the store again at 11:00 a.m. was physically painful. Those few extra dollars earned at midnight just weren't worth it when we looked at what it was doing to us. *So we closed our doors at 9:00 p.m. Because we closed the shop at that time, our customers showed up before closing. **We spent more time with kids and got good rest. We were also better prepared to go to work the next day.

① strategy to satisfy customers
② the importance of quality time
③ the cause and risk of insufficient sleep
④ reason and benefits of reducing business hours
⑤ various methods of creating profit

New Words

☐ **run**   운영하다   ☐ **physically**   육체적으로   ☐ **worth**   가치가 있는   ☐ **show up**   나타나다
☐ **such**   그렇게, 매우   ☐ **painful**   고통스러운   ☐ **customer**   손님   ☐ **prepare**   준비하다

함정탈출 유형풀이 전략!

1 글의 구성 방식을 이해하여 핵심 내용의 위치를 파악한다.

: 글의 처음이나 끝, 반복되는 표현, 질문과 그에 대한 답, 결론을 나타내는 연결사 뒤에 이어지는 문장 등에서 핵심 내용을 주로 발견할 수 있다. 주제문이 명확하게 드러나지 않는 글은 전체 글에서 중심 내용을 추론하여 연관된 주제를 정답으로 선택한다.

2 지나치게 일반적·추상적이거나 구체적인 선택지는 피한다.

: 글에서 언급된 내용 이외에 지나치게 광범위하거나 막연한 내용을 나타내는 선택지는 글의 주제로 적합하지 않다. 마찬가지로 글의 전체 내용을 포괄하지 못하고 일부만을 나타내는 선택지도 글의 주제로 적절하지 않다.

Check! Reading Steps

Step ONE 글의 초반부에서 화제 또는 중심 소재를 찾는다.

⋯ 화제가 없거나, 이를 찾기 힘들 때는 각 문장에서 주어가 무엇인지 살펴본다.

ex. running an ice cream shop, staying open until late at night

Step TWO 도입부에서 제시하는 주장이나 문제점을 파악한다.

⋯ physically painful (육체적인 고통), few extra dollars (추가적인 몇 달러), not worth it (그만한 가치가 없음)

Step THREE 제시한 문제점에 대한 해결책이 주제가 될 가능성이 크다.

⋯ 밤늦게까지 가게를 여는 것에 따른 피로로 인해 영업시간을 단축했다는 *문장과 밤중에 번 추가적인 수익보다 가족과의 시간, 충분한 휴식이 더 가치가 있음을 알게 되었다는 **문장을 통해 주제를 추론할 수 있다.

▶ **주제문 찾기 Signal Words!**

1 **예시:** 앞의 내용에 대한 구체적인 사례로, 주로 그 앞 문장이 주제문이다.
   ex. for instance, for example (예를 들어)

2 **역접:** 앞의 내용과 반대되는 내용으로, 주로 뒤 문장이 주제문이다.
   ex. but, however, yet, still (그러나) nevertheless, nonetheless (그럼에도 불구하고) in spite of (~에도 불구하고)

3 **결과:** 결론을 나타내는 말로, 주로 뒤 문장이 주제문이다.
   ex. as a result (그 결과) accordingly, thus (따라서) therefore, hence (그러므로)
   consequently, in consequence (결과적으로) in conclusion (결론적으로) in brief, in short (요컨대, 간단하게 말해서)

4 **비교·대조:** 앞의 내용과 비교 및 대조를 이루는 경우, 주로 뒤 내용이 주제일 가능성이 크다.
   ex. in comparison with (~와 비교하면) in contrast, on the contrary (그와 반대로) on the other hand (다른 한편으로는)

5 **추가·첨가:** 앞의 내용에 덧붙여 설명하는 경우로 주제문을 뒷받침한다.
   ex. in addition (to), besides, moreover (게다가) furthermore (더욱이)

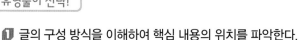

01 다음 글의 주제로 가장 적절한 것은?  82% 고1 03월 모의고사 변형

Hydroelectric power is a clean and renewable power source. However, there are a few things about dams that are important to know. To build a hydroelectric dam, a large area must be flooded behind the dam. Whole communities sometimes have to be moved to another place. Entire forests can be drowned. The water released from the dam can be colder than usual, and this can affect the ecosystems in the rivers downstream. It can also wash away riverbanks and destroy life on the river bottoms. Salmon have to travel upstream to lay their eggs, so they are the biggest victims. If they are blocked by a dam, the salmon's life cycle cannot be completed.

*hydroelectric 수력 발전의 **ecosystem 생태계

① the necessity of saving energy
② the dark sides of hydroelectric dams
③ types of hydroelectric power plants
④ the popularity of renewable power sources
⑤ the importance of protecting the environment

02 다음 글의 주제로 가장 적절한 것은?  79% 고1 09월 모의고사 변형

"Art does not solve problems, but makes us aware of their existence," a sculptor once said. Arts education, on the other hand, does solve problems. Years of research show that it is really helpful for our children to develop. Involvement in the arts is associated with gains in math, reading, critical thinking, and verbal skills. Learning the arts can also improve motivation, concentration, confidence, and teamwork. A report about the visual arts argues that the pleasures and stimulation of the art experience do more than sweeten an individual's life. According to the report, they "can connect people more deeply to the world and open them to new ways of seeing" and create the foundation to build up social bonds.

*verbal 언어의, 언어적인 **visual art 시각예술

① the value of social interactions
② the advantages of arts education
③ ways to promote critical thinking
④ the characteristics of successful artists
⑤ the significance of intelligence in problem-solving

03 다음 글의 주제로 가장 적절한 것은?   78% 수능 변형

In order to escape from the control of his parents successfully, a child must be safe in his parents' loving authority. As the parents communicate that authority more effectively, the child can feel more secure and move away from them toward a life of his own better. During this process, he turns back toward the safety of his parents' love and authority, whenever he feels threatened. In other words, it is impossible for a child to successfully release himself unless he knows exactly where his parents stand, both literally and figuratively. That requires, of course, that his parents know where they themselves stand. If they don't know where they stand — in other words, if they are not secure in their authority — they cannot communicate security to their child, and he cannot move successfully away from them. Under the circumstances, he will become clingy, or disobedient, or both.

*figuratively 비유[상징]적으로 **clingy 매달리는

① the necessity of parental intervention in ensuring children's safety
② roles of parental authority in children's social skills development
③ the consequences of offering parental supervision for children's independence
④ requirements for preventing children from being disobedient to their parents
⑤ the importance of communicating parental authority to children for their independence

· New Words ·

01

☐ renewable	재생 가능한
☐ flood	(물에) 잠기게 하다 = drown
☐ entire	전체의, 전부의
☐ downstream	하류의, 하류에
☐ riverbank	강기슭, 강둑
☐ destroy	파괴하다
☐ salmon	연어
☐ upstream	상류로
☐ lay an egg	알을 낳다
☐ block	막다, 차단하다
☐ complete	완결하다, 완수하다
☐ power plant	발전소
☐ popularity	인기
☐ protect	보호하다

02

☐ sculptor	조각가
☐ involvement	참여
☐ associated with	~와 연관 있는
☐ critical	비판적인
☐ motivation	동기부여
☐ concentration	집중력
☐ confidence	자신감
☐ argue	주장하다
☐ stimulation	자극
☐ foundation	기초
☐ bond	유대감
☐ interaction	상호작용
☐ significance	중요함

03

☐ authority	권위
☐ communicate	전달하다
☐ effectively	효율적으로
☐ secure	안전한
☐ threatened	위협당한
☐ release	해방시키다, 방류하다
☐ literally	말[문자] 그대로
☐ security	안전
☐ circumstances	상황
☐ disobedient	거역하는, 반항하는
☐ ensure	보증하다
☐ supervision	관리
☐ intervention	개입

유 형 소 개   제목은 글의 핵심 내용을 압축적으로 표현한 것이다. 주제 추론 유형과 마찬가지로 주제를 우선적으로 찾고 이를 가장 잘 반영한 선택지를 고른다. 글의 제목은 다소 포괄적이면서 비유나 암시적인 표현을 사용하며 보통 간결한 명사구 또는 문장의 형태로 표현한다.

대 표 예 제   **다음 글의 제목으로 가장 적절한 것은?**   [78%] 고1 11월 모의고사 변형

*One of the ways to check your values is to look at what frustrates or upsets you. Anger often means an ignored value or a misdirected passion. Think of specific times when you were mad or frustrated. What about these situations upset you most? Write down your descriptions of them. To find your values, think carefully about the words or phrases you've written. And focus on what's the most important to you. For example, if you get annoyed when someone asks you about something he could find for himself, perhaps you value resourcefulness, independence, or taking care of oneself.

*resourcefulness 풍부한 지력

① Negative Feelings: Clues to Your Values
② Moral Value: A Helper to Make Decisions
③ Say Goodbye to Your Bad Feelings
④ Make Sure You Hide Your Anger
⑤ Crafting Your Vision and Passion

New Words

☐ **value**   가치(관); 소중히 여기다   ☐ **ignore**   무시하다   ☐ **description**   묘사   ☐ **for oneself**   스스로
☐ **frustrate**   좌절시키다   ☐ **misdirected**   방향이 엇나간   ☐ **phrase**   어구   ☐ **independence**   독립심
☐ **upset**   화나게 하다   ☐ **passion**   열정   ☐ **annoyed**   짜증난   ☐ **take care of**   돌보다
☐ **anger**   화

1 글의 앞부분을 정확하게 읽고 전체 내용을 파악하는 것이 중요하다.

: 주어진 글의 소재와 그 소재의 긍정·부정 여부를 인식하는 것이 중요하다. 대개 글의 처음 한두 문장에서 이를 알 수 있기 때문에 도입 부분에 특히 신경을 쓸 필요가 있다.

2 글 속에서 반복되는 단어나 어구를 제목과 연계하여 생각한다.

: 자주 반복되는 어구는 주제와 관련이 있는 핵심어일 가능성이 높다. 그러나 완전히 같은 단어로 반복되기보다 동의어로 바뀌는 등 표현을 달리하므로 이에 유의해야 한다.

3 선택지는 함축적이고 간결한 영어 제목으로 제시된다.

Check!　Reading Steps

Step ONE 글의 도입 부분에서 핵심 소재를 찾는다.

⋯ check your values, frustrate, upset, anger

Step TWO 글의 앞부분을 주의 깊게 읽고, 글의 흐름을 통해 주제를 추론한다.

⋯ *문장을 통해 글쓴이는 자신의 가치관을 알 수 있는 방법이 자신을 좌절시키고 화나게 하는 것을 살펴보는 것이라고 주장한다. 또한 과거에 자신을 좌절시키고 화나게 했던 일들을 생각해보라는 내용으로 소재의 일관성을 유지한다.

Step THREE 마지막으로 결론을 내린 후, 제목으로 적절한 포괄적인 선택지를 고른다.

⋯ 글의 마지막에 예시(for example)를 통해 자신의 견해를 한 번 더 강조하고 있다. 따라서 앞에서 추론한 주제를 포괄적으로 담고 있는 제목을 고르면 된다.

▶ 자주 등장하는 제목 패턴

1 평서문 형태

　ex. A Little Knowledge Is Dangerous 선무당이 사람 잡는다 (조금 알고 있는 지식은 위험하다)

2 의문사로 시작하는 제목

　ex. What Makes Your Brain Bigger? 무엇이 당신의 뇌를 더 크게 만드는가?

3 콜론(:) 또는 콤마(,)가 사용된 제목

　ex. Headaches: The First Sign of Forgetfulness 두통: 건망증의 첫 신호

4 명령문

　ex. Watch Out for Small Animals 작은 동물들을 조심하라

5 그 외의 어구들

　ex. The Importance of ～의 중요성　　　　The Importance of the Environment 환경의 중요성

　　The Tips of ～에 대한 팁(정보)　　　　The Tips of Weight Loss 살을 빼는 것에 대한 팁

　　How to ～ ～하는 방법　　　　　　　How to Prepare for the Interview 인터뷰를 준비하는 방법

01 다음 글의 제목으로 가장 적절한 것은?

73% 고1 09월 모의고사 변형

In 2000, the government in Glasgow, Scotland, happened to find a remarkable crime prevention strategy. Officials hired a team to install a number of blue lights in many locations. In theory, blue lights are more attractive and calming than the usual yellow and white lights. Months passed and the city's officials noticed a dramatic decline in criminal activity. The blue lights in Glasgow looked like the lights on top of police cars and seemed to imply that the police were always watching. The lights were never designed to reduce crime, but that's exactly what happened.

① Turn Lights off for Our Planet
② Blue Makes People Feel Lonely
③ Colorful Lights Lifting Your Spirits
④ An Unexpected Outcome from Blue Lights
⑤ Cleaner Streets Lead to Lower Crime Rates

02 다음 글의 제목으로 가장 적절한 것은?

70% 고1 11월 모의고사 변형

You might have heard of such stories of expert intuition: the passing-by chess master saying, "White mates in three" without stopping, or the physician making a complex diagnosis after a single glance at a patient. Expert intuition seems to be magical to us, but it is not. Indeed, each of us performs intuitive knowledge many times each day. Most of us are sensitive in detecting anger in the first word of a telephone call and recognize that we were the subject of conversation as we enter a room. Our everyday intuitive abilities are as marvelous as the amazing insights of an experienced chess master or physician — only more common.

① Don't Make a Phone Call in Anger!
② Intuitive Expertise: Not Only for Experts
③ Collect More Evidence: Be More Intelligent
④ Intuition: A Magician's Basic Qualification
⑤ Intuition Will Never Beat Experience

03 다음 글의 제목으로 가장 적절한 것은?

80% 수능 변형

The sign system of honeybees seems to be superior to human language for communicating specific factual information without any distortion or ambiguity. However, language is more valuable than simple information exchange. The meanings of words are various, and understanding them always involves interpretation. So the act of communicating is always a joint, creative effort. Words can carry more meanings because listeners or readers bring their own views to the language they meet. Unclearly expressed ideas may be more intellectually stimulating for listeners or readers than simple facts. Language can generate various meanings and understanding in someone else's mind. It is the ambiguity and adaptability of language that makes the relationship between language and thinking so special.

*ambiguity 모호함 **adaptability 적응성 ***distortion 왜곡

① Erase Ambiguity in Language Production!
② Not Creative but Simple: The Way Language Works
③ Communication as a Universal Goal in Language Use
④ What in Language Creates Various Understanding?
⑤ Language: A Crystal-Clear Looking Glass

New Words

01

☐ happen to	~에게 일어나다
☐ remarkable	놀라운, 주목할만한
☐ crime	범죄
☐ prevention	예방
☐ strategy	전략
☐ install	설치하다
☐ attractive	매력적인
☐ calming	차분한
☐ dramatic	극적인
☐ criminal	범죄의
☐ imply	암시하다
☐ reduce	줄이다
☐ lonely	쓸쓸한, 외로운

02

☐ intuition	직관
☐ mate	(체스에서) 체크 메이트 외통 장군 (킹이 붙잡힌 상황)
☐ diagnosis	진단
☐ glance	흘끗 봄
☐ sensitive	민감한
☐ detect	감지하다
☐ subject	주제
☐ intuitive	직관적인
☐ marvelous	놀라운
☐ insight	통찰력
☐ evidence	증거
☐ beat	이기다, 패배시키다

03

☐ sign system	신호 체계
☐ superior	우월한
☐ specific	특정한, 구체적인
☐ factual	사실적인
☐ various	다양한
☐ interpretation	해석
☐ joint	공동의
☐ intellectually	지적으로
☐ stimulating	자극적인
☐ erase	제거하다
☐ production	생산
☐ universal	보편적인
☐ crystal-clear	수정같이 맑은

UNIT 07 도표 정보 파악

유 형 소 개   다양한 그래프를 주고 그래프의 내용과 일치하지 않는 것을 찾는 문제이다. 막대 그래프, 파이 그래프가
대표적이며 연도별, 성별, 지역별, 국가별 차이를 보여주는 도표가 주로 제시된다.

대 표 예 제   **다음 도표의 내용과 일치하지 <u>않는</u> 것은?**   81% 고1 03월 모의고사 변형

World's Top International Tourism Spenders

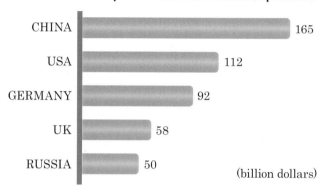

The above graph shows the world's top international tourism spenders in 2014. ① China was at the top of the list with a total of 165 billion dollars. ② The United States of America (USA), the world's second largest spender, spent more than twice as much as Russia on international tourism. ③ Germany, which spent 20 billion dollars less than the USA, took third place. ④ The United Kingdom (UK) spent 58 billion dollars, which was less than half of the amount spent by the USA. ⑤ Of the five spenders, Russia spent the smallest amount of money on international tourism.

············· New Words ·············

☐ **international** 국제의
☐ **tourism** 관광, 관광 사업
☐ **spender** 소비자, 돈을 쓰는 사람
☐ **total** 총액, 합계
☐ **billion** 10억
☐ **amount** 금액, 총액

함정탈출 유형풀이 전략!

1 도표가 무엇에 관한 내용인지를 파악한다.

: 보통 도표의 제목에 가장 핵심적인 정보를 담고 있으므로 지문에 들어가기 전에 먼저 확인한다.

2 도표의 세부 내용과 선택지를 자세히 비교한다.

: 각 문장에 해당하는 부분을 도표에서 바로 비교하면서 내용 일치 여부를 확인한다. 특히 수치의 증감에 유의한다.

Check! Reading Steps

Step ONE 제목을 통해 무엇에 관한 내용인지 파악한다.

⋯ The world's top international tourism spenders (세계 최상위 국제 관광 소비 국가)

Step TWO 도표에 나온 정보와 선택지의 내용을 하나씩 확인한다.

⋯ 도표를 보아, 미국은 1120억 달러를 소비했고 영국은 미국의 절반(560억)보다 더 많은 금액인 580억을 소비했다.

도표에 자주 등장하는 표현

- about, around 약, 대략
- almost, nearly, approximately (거의), some (조금) + 숫자
- a number of (많은), the number of (~의 수) + 복수명사
- 배수사 + as ~ as... (…보다 몇 배 더 ~한)
- rate (비율, 속도, 요금), proportion (비율, 크기), by (~만큼의 차이로), portion (몫, 부분)
- period (기간), total (전체), degree (정도, 도), sum (합계, 금액), outnumber (~보다 수가 많다)
- amount (양, 액수; 총계가 ~가 되다), rank (순위; ~순위에 위치하다), match (~와 대등하다)
- in the first quarter (1/4분기), over a decade (10년에 걸쳐)
- be overtaken by (~에 의해 추월 당하다), be on the increase (상승 중이다)
- remain unchanged (변동이 없다), quite constant (거의 변화가 없는)
- account for (~의 비율을 차지하다, 설명하다)
- counterpart (대응물, 상대방), relative ranking (상대적 순위)

01 다음 도표의 내용과 일치하지 않는 것은?

76% 고2 06월 모의고사 변형

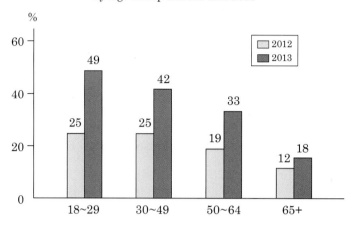

American E-book Readers
by Age Group in 2012 and 2013

The graph above shows the percentage of American people by age group who read at least one e-book in 2012 and 2013. ① As a whole, the e-book reading rates in 2013 were higher in each age group than in 2012. ② The percentage gap between 2012 and 2013 was the smallest for the eldest group. ③ The percentage of young adults aged 18-29 who read one e-book or more in 2012 almost doubled in 2013. ④ The e-book reading rates of the second youngest group increased from 25% in 2012 to 42% in 2013. ⑤ About two out of ten American adults aged 50-64 read at least one e-book in 2012; more than half of the same age group did so in 2013.

*previous 이전의

New Words

□ at least	최소한	□ rate	비율	□ gap	격차
□ e-book	전자책	□ aged	(나이가) ~세[살]의	□ from A to B	A에서 B까지
□ as a whole	전반적으로	□ double	두 배가 되다	□ out of	~중에서

02 다음 도표의 내용과 일치하지 <u>않는</u> 것은?

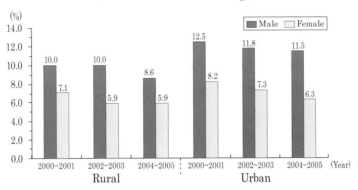

Percentage of Children Diagnosed with Asthma in Canada
(From Birth to 5 Years of Age)

The above graph shows the percentage of children from birth to 5 years of age by gender diagnosed with asthma in rural and urban areas in Canada for the 2000-2001, 2002-2003, and 2004-2005 periods. ① For both rural and urban areas, the percentages of male children diagnosed with asthma were higher than those of female children for all the periods. ② During all the periods, the percentages of male children with asthma were higher in urban areas than in rural areas. ③ Regarding female children with asthma, the lowest percentage in urban areas was greater than the highest percentage in rural areas. ④ In urban areas, the percentage of male children with asthma in the 2004-2005 period was lower than that of male children with asthma in the 2000-2001 period. ⑤ In rural areas, the percentages of female children with asthma were the same in the 2002-2003 period and the 2004-2005 period.

*diagnose 진단하다 **asthma 천식

· New Words ·

□ percentage	백분율, 비율	□ rural	시골의, 지방의	□ female	여성의; 여성
□ gender	성(별)	□ urban	도시의	□ regarding	~에 관하여
□ period	기간	□ male	남성의; 남성	□ low	낮은, 적은

유 형 소 개　　이 유형은 글의 세부 내용을 얼마나 정확하게 파악했는지를 측정한다. 인물, 사물, 사건, 동식물 등에 관한 글이 대부분을 차지하며 각각의 문장을 읽고 정확하게 해석하는 능력이 요구된다.

대 표 예 제　　**Cantor's giant softshell turtle에 관한 다음 글의 내용과 일치하지 <u>않는</u> 것은?**

86% 고1 06월 모의고사 변형

Have you ever seen a Cantor's giant softshell turtle? The turtle has a broad head, small eyes, and a long nose. The shell on its back is smooth and olive colored. Cantor's giant softshell turtles can grow up to 6 feet in length. The turtle spends 95 percent of its life buried and motionless under the sand in the water and rises to the surface only twice a day to take a breath. It lays 20 to 28 eggs on riverbanks in February or March. *The turtle is found mainly in slow-moving inland freshwater rivers and streams. The turtle was once found across China, India, Thailand, and Malaysia, but it is now endangered and has disappeared from much of its range.

① 눈이 작고 코가 길다.
② 등껍질이 매끄럽고 올리브색을 띠고 있다.
③ 숨을 쉬기 위해 하루에 두 번 수면으로 올라온다.
④ 육지에서 가까운 바다 속에 산다.
⑤ 현재 멸종 위기 종으로 간주되고 있다.

New Words

□ broad	(폭이) 넓은	□ buried	묻힌	□ take a breath	숨을 쉬다	□ stream	개울
□ smooth	매끄러운	□ motionless	움직이지 않는	□ riverbank	강둑	□ endangered	멸종 위기에 처한
□ length	길이	□ surface	표면, 수면	□ inland	내륙의	□ range	분포 [서식] 범위

함정탈출 유형풀이 전략!

❶ 문제를 먼저 정확하게 숙지한다.

: 본문의 내용과 일치하는 것을 묻는지, 일치하지 않는 것을 묻는지에 유의한다.

❷ 선택지를 미리 보고, 확인할 사항들을 파악한다.

: 선택지가 한글로 제시되어 있기 때문에 확인할 사항을 미리 파악한 상태에서 글을 읽으면, 독해 시간을 절약할 수 있고 본문 중에 어려운 단어의 뜻도 쉽게 유추할 수 있다.

❸ 글을 읽으면서 선택지의 내용을 차례대로 확인한다.

: 선택지의 내용이 주로 글의 순서에 따라 제시되므로, 선택지 내용과 비교하면서 정답과 관련없는 것들을 제외시킨다. 단, 선택지에는 본문과 다른 어휘나 표현이 사용될 수 있다.

❹ 글에 제시된 내용을 근거로 일치·불일치 여부를 파악한다.

: 자신이 알고 있는 소재의 글이라고 하더라도 글의 내용에 충실한 정답을 찾아야 한다.

Check! Reading Steps

Step ONE 내용 일치·불일치 여부를 문제에서 먼저 확인한다.

⋯▸ 내용과 일치하지 <u>않는</u> 것은?

Step TWO 선택지를 보며 중심적으로 읽어야 할 세부 내용을 염두에 둔다.

⋯▸ 그 거북의 눈과 코 모양, 등껍질의 질감 및 색깔, 숨쉬기 위한 행동, 서식지, 현재의 상태 등

Step THREE 글을 읽으면서 차례로 선택지와 대조한다.

⋯▸ *문장으로 보아, 그 거북은 유속이 느린 내륙의 민물 강과 개울에서 주로 발견된다.

◀ **오답을 만드는 보기 패턴들**

1 **문장 속 일부 단어를 바꾼다.**

ex. He was kidnapped with his younger sister at the age of 11 and sold by slave traders.

그는 11세에 홀로 납치되었고 노예상에 의해 팔렸다. (×)

→ 그는 열한 살 때 여동생과 함께 납치되었고, 노예상에 의해 팔렸다. (○)

2 **정확하지 않은 해석으로 혼란을 준다.**

ex. They are among the sharks which are not considered as a threat to humans.

그 상어들은 인간에게 알려진 것보다 위협적이다. (×)

→ 그들은 인간에게 위협으로 간주되지 않는 상어들 중 하나이다. (○)

3 **긍정·부정적 의미를 반대로 표현한다.**

ex. They have poor eyesight but excellent senses of smell and hearing.

그들은 시력은 좋지만 청력은 좋지 않다. (×)

→ 그들은 시력은 좋지 않지만, 훌륭한 후각과 청각을 지니고 있다. (○)

01 다음 글의 tarsier에 관한 내용과 일치하지 <u>않는</u> 것은? 84% 고2 06월 모의고사 변형

Tarsiers are little primates and are similar to rats in size. Their similarity to the rat is exaggerated by their thin tail, which is much longer than their overall body length. All tarsiers are active at night and have a number of remarkable physical features for this lifestyle. They have an excellent sense of hearing. Tarsiers also have huge eyes compared to their body size; their eyes are nearly one-fourth the size of their faces. They generally live in tropical rainforests and are found in dense bamboo thickets. During the day, they lie in holes in tree trunks. At night, they hunt for insects, spiders, and small lizards. Tarsiers can rotate their heads at least 180 degrees, which gives them a wide field of vision for spotting prey.

*primates 영장류 **exaggerate 과장하다 ***thicket 덤불

① 몸통보다 긴 꼬리를 지니고 있다.
② 뛰어난 청력을 가지고 있다.
③ 눈이 얼굴 크기의 약 4분의 1을 차지한다.
④ 열대우림 지역에 주로 서식한다.
⑤ 채식 위주의 먹잇감을 찾아 다닌다.

02 Brooks Stevens에 관한 다음 글의 내용과 일치하는 것은? 82% 고2 09월 모의고사 변형

Brooks Stevens was born in Milwaukee in 1911. When he contracted polio at 8, his legs stiffened, and his right arm became almost useless. Doctors predicted that he would not be able to walk again. Stevens' father, however, didn't believe so. He piled sketchpads and model kits next to the boy's bed and encouraged him to build miniature airplanes and boats. Stevens studied architecture at Cornell University but left Cornell without graduating. Later, he returned to Milwaukee to work as a manager. As he was bored, he persuaded the head of his company to let him redesign some of the product labels. This opportunity was the first step toward Stevens' career as an industrial designer. He opened his first office in 1935 and later created his own Automotive Museum, which displayed both vehicles of his own design and those that he admired.

*contract (병에) 걸리다 **polio 소아마비

① 여덟 살 때 병을 앓아 오른팔을 제외하고는 사지가 마비되었다.
② 모형 비행기와 보트를 만들어 달라고 아버지에게 간청했다.
③ Cornell 대학에서 건축학을 공부했지만 학위는 받지 못했다.
④ 회사 대표로부터 상품 라벨을 다시 디자인해달라고 설득되었다.
⑤ 박물관에 의뢰해서 자신이 창조한 자동차 디자인을 전시했다.

03 Bristlecone pines에 관한 다음 글의 내용과 일치하지 <u>않는</u> 것은?

92% 수능 변형

Bristlecone pines are unusual trees that grow in the mountain regions of western America, sometimes as high as two or more miles above sea level. They grow very slowly and range from 15 to 40 feet in height. These evergreens often live for thousands of years. Considering the habitats of these trees, such as rocky areas where the soil is poor with little rainfall, it seems almost incredible that they live so long or even survive at all. The environmental difficulties, however, are actually helpful for their long lives. Cells that are produced as a result of these conditions are densely arranged. The densely structured wood is resistant to attack by insects and other pests. Bristlecone pines grow faster in richer conditions but die earlier and soon decay. The harshness of their surroundings, then, is an important factor in making them strong and sturdy.

*densely 조밀하게, 밀집하여

① 해발 2마일 이상 되는 곳에서 자라기도 한다.
② 높이는 15피트에서 40피트 사이이다.
③ 상록수로서 종종 수천 년 동안 산다.
④ 조직이 조밀하여 해충의 침입에 저항력이 있다.
⑤ 보다 나은 환경에서는 더 빨리 자라고 더 오래 산다.

• • • • • • • • • • • • • • • New Words • • • • • • • • • • • • • • •

01		02		03	
☐ similarity	유사성	☐ stiffen	굳어지다	☐ evergreen	상록수
☐ physical	신체적인	☐ useless	쓸모없는	☐ habitat	서식지
☐ feature	특징	☐ predict	예측하다	☐ soil	흙, 토양
☐ nearly	거의	☐ kit	조립용품 세트	☐ incredible	믿을 수 없는
☐ tropical	열대의	☐ encourage	장려하다, (용기를) 북돋우다	☐ structure	구조화하다; 구조
☐ bamboo	대나무	☐ architecture	건축(학)	☐ resistant	저항력 있는
☐ trunk	나무의 몸통, 줄기	☐ persuade	설득하다	☐ decay	썩다, 부패하다
☐ rotate	회전하다[시키다]	☐ label	라벨, 상표, 이름표	☐ harshness	가혹함
☐ prey	먹이	☐ admire	존경하다, 칭찬하다	☐ surroundings	환경
				☐ sturdy	억센, 튼튼한

UNIT 09 실용문

유 형 소 개   실용문을 읽고 세부 사항이 선택지의 내용과 일치하는지 파악하는 세부 내용 파악 유형이다. 실용문에는 안내문, 광고문 등이 주로 제시된다.

대 표 예 제   다음 안내문의 Family Movie Night에 관한 내용과 일치하지 <u>않는</u> 것은?   90% 고1 03월 모의고사 변형

Family Movie Night

Join us for a free family movie night in the Bluebird Elementary School gym on Thursday, May 12, at 6:30 p.m.

Movie: SNOW PRINCE
Free popcorn for everyone!
Pizza and soft drinks will be available for sale.

- Pizza Slice: $1.50
- Soft Drink: $1.00

Students must be accompanied by a parents or guardian for the entire evening.

★ Bring your own blanket or pillow and get comfortable!

---

① Bluebird 초등학교 체육관에서 진행된다.
② 팝콘을 무료로 제공한다.
③ 피자와 음료를 판매한다.
④ 학생은 부모나 보호자의 동행이 필요하다.
⑤ 영화 관람자에게 담요를 제공한다.

New Words

- □ join 함께하다
- □ soft drink 청량음료
- □ available 이용 가능한
- □ accompany 동행하다
- □ guardian 보호자
- □ entire 전체의
- □ blanket 담요
- □ comfortable 편안한

유형풀이 전략!

1 제목과 소제목을 읽고 글의 소재와 종류를 파악한다.

: 실용문의 경우, 내용은 다르더라도 비슷한 항목(ex. 공지사항: 시간, 장소, 요금, 연락처 등)이 있으므로 많은 지문을 경험하는 것이 좋다.

2 선택지를 먼저 읽고 해당 부분을 정확히 읽는다.

: 선택지는 지문의 순서와 거의 일치하기 때문에 글을 읽으면서 일치·불일치 여부를 바로 확인한다. 본문의 내용과 반대되는 표현을 쓰거나, 일부 단어를 바꿔서 만든 오답에 주의한다.

Check! Reading Steps

Step **ONE** 주어진 실용문이 무엇에 관한 내용인지 파악한다.

···→ a free family movie night

Step **TWO** 선택지를 통해 글을 읽을 때 중심적으로 볼 내용을 염두에 둔다.

···→ 진행 장소, 무료 제공 또는 유료 판매 음식, 연령 및 주의사항

Step **THREE** 선택지의 순서와 글의 순서가 거의 일치하므로, 글을 읽으면서 차례로 선택지와 대조한다.

···→ *문장으로 보아, 각자의 담요나 베개는 직접 가져오라고 했다.

▶ 실용문에 주로 나오는 어휘

· 요금표 / 안내문	· 물품 광고	· 구인광고
fare 운임	**coupon** 할인권	**apply for** ~에 지원하다
fee, charge 요금	**consumption** 소비	**applicant** 지원자
book, reserve 예약하다	**on the average** 평균으로	**application form** 지원 양식
admission 입장(료)	**respondent** 응답자	**recruitment** 신규 모집
senior 연장자	**match** ~와 동등하다, 어울리다.	**director of personnel** 인사부장
expire 만료되다	**issue** 발행물, 공급품, 논쟁	**resume** 이력서
	respectively 각각	**career** 경력
departure 출발 ↔ **arrival** 도착	**refund** 환불	**qualified** 자격을 갖춘
one-way 편도의 ↔ **round trip** 왕복의		**qualification** 자격요건
valid 유효한 ↔ **invalid** 효력 없는, 무효한	**export** 수출하다 ↔ **import** 수입하다	**requirement** 필요조건
	retail 소매 ↔ **wholesale** 도매	

01 다음 안내문의 Off the Chain Bike Bus Tour에 관한 내용과 일치하는 것은? 86% 고2 03월 모의고사 변형

Off the Chain Bike Bus Tour

Off the Chain Bike Bus Tour, the eco-friendly way to see Sycamore City, is here. Experience a pedal-powered adventure with up to 11 of your friends!

Time: 9 a.m.–5 p.m.
Place of Departure: Sycamore City Hall
Fee: A bike bus for an hour is $100, and additional time is charged at $10 per 10 minutes after the first hour.

Special Feature
You can sing and dance to your favorite tunes and play interactive games while enjoying all of what Sycamore City has to offer.

For further information, please visit our website at *www.syctownbikebus.com*.

---

① 최대 참가 인원은 한 번에 10명이다.
② 오전 9시부터 12시간 동안 운영된다
③ Sycamore 기차역에서 출발한다.
④ 1시간 이용 요금은 110달러이다.
⑤ 관광 도중 노래와 게임을 할 수 있다.

New Words

□ eco-friendly	환경친화적인	□ up to	~까지	□ tune	곡, 선율
□ pedal-powered	페달로 작동되는	□ charge	청구하다, 부과하다	□ interactive	서로 작용하는, 쌍방향의
□ adventure	모험	□ per	~당[마다]	□ further	추가의, 더 이상의

02 Virginia Art Show에 관한 다음 안내문의 내용과 일치하지 <u>않는</u> 것은? 96% 수능 변형

Virginia Art Show

We invite you to join us at the 20th Virginia Art Show, which is famous for the variety and quality of its exhibits. Works by famous artists such as Mabel Green, Theresa Peterson, and Ronald McKuen will be displayed. The Virginia Philharmonic will perform on the first day of the show. Come and enjoy the wonderful drawings, sculptures, photographs, digital works, and the great music!

- Dates: November 1-30
- Hours: 10:00 a.m.-9:00 p.m.
- Place: Westchester Art Center
- Entrance Fees:
  - Adults: $15 one day
  - Children: $7 one day

Free admission for Virginia residents
For further information, please visit our website at *www.virginiaartshow.org*.

---

① 스무 번째 개최되는 행사이다.
② 유명한 예술가의 작품이 전시된다.
③ 행사 첫날 Virginia Philharmonic의 공연이 있다.
④ 두 달 동안 열린다.
⑤ Virginia 주민의 무료입장이 가능하다.

• New Words •

☐ famous 유명한 ☐ such as 예를 들어, ~와 같은 ☐ entrance fee 입장료
☐ variety 다양성 ☐ display 진열하다, 전시하다 ☐ admission 입장
☐ exhibit 전시품; 전시하다 ☐ sculpture 조각(품) ☐ resident 거주재[주민]

유 형 소 개 　이 유형은 글에서 주어진 표현 가운데 문법적 오류 또는 문맥상 자연스럽지 못한 표현을 찾는 문제 유형이다.

대 표 예 제 　**다음 글의 밑줄 친 부분 중, 어법상 틀린 것은?** 　60% 고1 03월 모의고사 변형

There is no one right way to draw. Don't you believe me? Collect 100 amazing artists in a room and have them ① <u>draw</u> the same chair. What will you get? One hundred very different chair drawings. ② <u>Keeping</u> this in mind, you'll have a lot more fun drawing unique art that comes from you. You're the only artist in the world ③ <u>which</u> can draw the way you do. Exploring your personal drawing style ④ <u>is</u> important. Notice how you have grown or improved as you practice. Pay attention to ⑤ <u>what</u> you like the most about your drawings.

······ New Words ······

□ **keep ~ in mind**	~을 명심하다	□ **draw**	그리다	□ **notice**	주목하다
□ **have fun -ing**	~하는데 즐거운 시간을 보내다	□ **unique**	독특한	□ **improve**	향상시키다
□ **pay attention to**	~에 주의를 기울이다	□ **explore**	탐색하다		

함정탈출 유형풀이 전략!

1 밑줄 친 부분이 어떤 문법 사항과 관련 있는지 파악한다.

2 문법적인 요소뿐만 아니라, 의미적인 면도 점검한다.
: 문장의 구조를 통해 문맥의 자연스러움까지 확인할 필요가 있다.

3 어법 오답 노트를 만들어, 취약한 부분은 반복적으로 학습한다.

Check! Reading Steps

Step ONE 밑줄 친 단어가 어법의 어떤 항목과 관련이 있는지 파악한다.

⋯→ ① 사역동사: 「have + 목적어 + 원형부정사」로 목적격 보어 자리에 원형부정사가 온다.
② 분사구문: 주절과 주어가 일치할 경우 접속사와 주어를 생략할 수 있다.
③ 관계사: 선행사에 the only가 포함되어 있을 경우 주로 that을 쓴다. 하지만, 사람 선행사를 한정할 경우에는 who를 쓰기도 한다.
④ 수일치: 동명사 주어에는 단수 동사가 이어져야 한다.
⑤ 관계사: 관계사 앞에 선행사가 없고 뒤 문장이 불완전한 문장일 때, 전치사에 대한 목적절 역할을 할 수 있는 관계대명사는 what이다.

Step TWO 밑줄 친 부분 중 문법적으로 혹은 의미적으로 틀린 부분을 고른다.

◀ 시험에 자주 등장하는 어법

분사구문, 난 아직도 네가 무섭다!

분사의 능동(동사원형-ing)/수동(p.p.) 고르기 문제는 어떻게 풀까요?
Q1. 분사와 주절에서 주어의 관계가 능동이면?
⋯→ 보통, 주어가 사람이라면 '~한 행동을 하는' 능동 관계이므로 동사원형-ing!
Q2. 분사와 주절에서 주어의 관계가 수동이면?
⋯→ 보통, 주어가 사물이라면, '~당하는' 수동 관계이므로 과거분사(p.p.)!
* 단, 분사가 감정분사(ex. exciting, excited 등)라면 보통, 주어가 사물일 때 '~한 감정을 일으키는' 능동 관계(동사원형 -ing)이며 주어가 사람일 때 '~한 감정을 느끼는' 수동 관계(p.p.)로 혼동하지 않도록 한다. 그러므로 주어가 사람인지 사물인지가 아니라 관계가 능동인지 수동인지를 판단해야 한다.

Practice 다음 중 어법에 맞는 것을 하나 고르시오.

1 (Working / Worked) late during the week, you lose sleep.

2 (Finding / Found) in every part of Florida, orange blossoms have become very popular.

정답 **1** working **2** found

01

다음 글의 밑줄 친 부분 중, 어법상 **틀린** 것은?

53% 고1 03월 모의고사 변형

One cool thing about my Uncle Arthur was ① <u>what</u> he could always pick the best places to camp. One time, we went to Garrison Rock. Uncle Arthur said that the Indians stayed there. On trips like this, he would always have a good story ② <u>to tell</u>. His stories were always aimed at ③ <u>helping</u> us children use our brains to get out of trouble. For example, one story was about a guy being ④ <u>chased</u> by a big dog. They ran into a field. We kids were thinking that the dog would catch him. But the guy saw a bathtub in the field. He ran to the bathtub and ⑤ <u>pulled</u> it over himself. The dog just barked and barked until it went away. Then, the guy came out from under the bathtub and went home.

02

다음 글의 밑줄 친 부분 중, 어법상 **틀린** 것은?

64% 고1 06월 모의고사 변형

A lot of customers buy products only after they are ① <u>made</u> aware that the products are available on the market. Let's say a product is not ② <u>advertised</u> even though it has been out there for a while. Then what might happen? As they don't know that the product exists, customers would probably not buy it even if the product may have been useful for ③ <u>them</u>. Advertising also helps people ④ <u>find</u> the best items for themselves. When they get to know a whole range of goods, they are able to compare them and buy them to get ⑤ <u>that</u> they want with their hard-earned money. Thus, advertising has become a necessity in everybody's daily life.

03 다음 글의 밑줄 친 부분 중, 어법상 틀린 것은?

86% 수능 변형

The word "courage" comes from the Latin word *cor*, ① <u>meaning</u> "heart," and can have many meanings. The dictionary defines courage as a "quality ② <u>which</u> enables one to pursue a right course of action." Over 300 years ago, La Rochefoucauld said, "Perfect courage is to do something that we should do before everybody, even in front of nobody." It is not easy ③ <u>to show</u> moral courage when there is indifference or opposition. But people who seek the truth with courage often ④ <u>achieving</u> wonderful results. On the other hand, most people cannot show much courage even when it is about ⑤ <u>their</u> own welfare. To be courageous in all situations requires great determination.

New Words

01

- cool — 멋진
- pick — 고르다, 선택하다
- camp — 야영하다
- be aimed at — ~을 목표로 삼다
- get out of trouble — 곤경에서 벗어나다
- bathtub — 욕조
- chase — 쫓다, 추적하다
- pull — 끌다, 당기다
- bark — 짖다

02

- product — 생산물, 제품
- advertise — 광고하다
- useful — 유용한
- for a while — 잠시 동안
- for oneself — 스스로, 혼자 힘으로
- compare — 비교하다
- range — 범위, 폭
- goods — 상품, 제품
- necessity — 필수품

03

- define — 정의하다
- quality — 특질, 특징
- pursue — 추구하다, 애쓰다
- moral — 도덕의, 도덕적인
- indifference — 무관심, 냉담
- welfare — 행복, 복지
- courageous — 용기 있는 (cf. courage 용기)
- require — 필요하다, 필요로 하다
- determination — 결단(력), 결정

유 형 소 개   이 유형은 문맥에 알맞지 않은 어휘를 고르는 문제로 풍부한 어휘력과 문장 해석 능력을 요구한다. 글 전체의 내용을 이해하여 밑줄 친 단어의 쓰임의 적절성 유무를 판단해야 한다.

대 표 예 제   **다음 글의 밑줄 친 부분 중, 문맥상 낱말의 쓰임이 적절하지 않은 것은?**   55% 고1 03월 모의고사 변형

I had the habit of telling my sons what they wanted to hear at the moment and making a promise in order to ① avoid a fight. Then, when I said something different and broke the promise, there was a much ② bigger battle. They don't trust me any more. Now, I make an effort to ③ correct this habit. I know it's not what they want to hear, but I try to be honest and say it anyway. I know that is a sure way to ④ decrease the number of conflicts between us. When I am honest with them, our trust ⑤ disappears .

⟨New Words⟩

- □ **have the habit of -ing** ~하는 습관이 있다
- □ **at the moment** 그 순간
- □ **make a promise** 약속하다
- □ **in order to** ~하기 위하여
- □ **not ~ any more** 더 이상 ~가 아니다

- □ **make an effort** 노력하다
- □ **habit** 습관
- □ **honest** 정직
- □ **decrease** 줄이다
- □ **the number of** ~의 수

- □ **conflict** 갈등
- □ **avoid** 피하다
- □ **correct** 고치다
- □ **disappear** 사라지다

함정탈출 유형풀이 전략!

1 유사 어휘를 정확하게 암기한다.

: 철자는 비슷하지만 뜻이 다른 단어, 발음은 같으나 철자가 다른 단어는 철저히 암기한다.

2 반의어, 파생어를 함께 학습한다.

: 밑줄 친 부분은 주로 반대의 뜻을 가진 어휘들로 출제하고 있으므로, 단어를 외울 때
반의어를 함께 외우면 도움이 된다. 또한 접두사나 접미사를 통한 파생어 학습도 필요하다.

3 다의어의 뜻에 유의하면서 글의 내용을 정확히 이해한다.

: 여러 가지 뜻으로 해석할 수 있는 다의어의 경우, 단어의 뜻만 안다고 해서 문제를 풀 수 있는 것이
아니기 때문에 문맥에 따라 올바른 뜻을 유추하여 글 전체의 내용을 정확하게 이해해야 한다.

Check! Reading Steps

Step ONE 글의 소재를 파악한 후, 지문의 상황을 이해한다.

⋯ the habit of telling my sons what they wanted to hear at the moment
and making a promise (아들이 듣고 싶어하는 말을 하고, 약속을 하는 습관)

Step TWO 글 전체의 내용을 생각하면서 문맥에 어울리는 적절한 어휘를 선택한다.

⋯ 아들에게 정직하다면, 신뢰는 사라지지 않고 형성될 것이라는 내용이 적절하다.

혼동 어휘 알아두기

aboard 彤 배 위로, 배 위에	**command** 동 명령하다, 지휘하다	**describe** 동 묘사하다, 기술하다
abroad 彤 국외로, 해외로	**commend** 동 칭찬하다, 추천하다	**prescribe** 동 규정하다, 처방하다
		ascribe 동 ~탓으로 하다
absorb 동 흡수하다	**corporate** 형 법인의, 단체의	
absurd 형 불합리한	**cooperate** 동 협력하다, 협동하다	**diploma** 명 졸업증서
		diplomacy 명 외교
affection 명 애정, 호의	**contend** 동 다투다, 경쟁하다	**diplomat** 명 외교관
affectation 명 ~인 체함, 꾸밈	**content** 동 만족시키다, 만족하다	
altar 명 제단, 성찬대	**depend** 동 의지하다, 믿다	
alter 동 바꾸다, 변하다	**defend** 동 방어하다, 막다	

01

다음 글의 밑줄 친 부분 중, 문맥상 낱말의 쓰임이 적절하지 <u>않은</u> 것은? 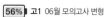 56% 고1 06월 모의고사 변형

　　How soon is too soon to start kids on a computer? If your baby is less than a year old, the answer is ① <u>clear</u>. That is because a baby's vision has not developed enough to focus on the screen, and they can't even sit up on their own. But after their first birthday, people have different answers to the question. Some people ② <u>disagree</u> with the idea of exposing three-year-olds to computers. They insist that parents should stimulate their children in ③ <u>traditional</u> ways through reading, sports, and play instead of computers. Others argue that early exposure to computers is ④ <u>helpful</u> in adapting to our digital world. They believe the earlier kids start to use computers, the more ⑤ <u>reluctance</u> they will have when they use other digital devices.

02

다음 글의 밑줄 친 부분 중, 문맥상 낱말의 쓰임이 적절하지 <u>않은</u> 것은?  69% 고1 09월 모의고사 변형

　　Because all weather is ① <u>interconnected</u>, a change in one area affects other areas. Today, scientists collect information worldwide to understand and predict changes in the weather more ② <u>accurately</u>. Due to recent technological advances, scientists can now gather detailed information on the weather. The collection of data ③ <u>shows</u> some interesting facts. For example, winds in one area are followed by ④ <u>similar</u> winds in another; therefore, if north winds are extremely cold in one part of the world, south winds are strangely warm in another part. Since winds affect precipitation, changes in wind patterns ⑤ <u>influence</u> the amount of rainfall.

*precipitation 강수(량)

03

다음 글의 밑줄 친 부분 중, 문맥상 낱말의 쓰임이 적절하지 <u>않은</u> 것은? 　69% 수능 변형

Contrary to what we usually believe, the best moments in our lives are not the passive, receptive, relaxing times — although such experiences can also be enjoyable if we work hard to ① <u>achieve</u> them. The best moments usually occur when a person's body or mind is stretched to its limits to accomplish something ② <u>difficult</u> and worthwhile. Thus, ③ <u>optimal</u> experience is something that we make happen. For a child, it could be placing the last block on a tower she has built with shaking fingers, higher than any tower that she has built so far; for a sprinter, it could be trying to beat his own record; for a violinist, mastering a ④ <u>simple</u> musical passage. For each person, there are thousands of opportunities and challenges to ⑤ <u>improve</u> ourselves.

- New Words -

01		02		03	
□ clear	분명한, 확실한 (↔ unclear)	□ interconnected	상호 연관된	□ contrary to	~와는 반대로
□ vision	시력, 시각	□ affect	영향을 미치다	□ receptive	받아들이는
□ on one's own	혼자 힘으로, 스스로	□ collect	모으다, 수집하다	□ relaxing	긴장을 푸는
□ disagree	의견이 다르다, 동의하지 않다		(cf. collection 수집)	□ achieve	달성하다
□ expose	노출시키다 (cf. exposure 노출)	□ accurately	정확하게	□ stretch	늘어나다, ~에 이르다
□ insist	주장하다 (= argue)	□ due to	~때문에	□ worthwhile	가치 있는
□ stimulate	자극[격려]하다	□ technological	기술적인	□ optimal	최적의
□ adapt	적응하다	□ advance	진전, 발전	□ minimal	최소한의
□ familiarity	친숙함, 익숙함	□ detailed	상세한	□ sprinter	단거리 선수
□ reluctance	싫어함, 꺼림	□ extremely	극도로, 극히	□ passage	악절
□ device	장치[기구]	□ rainfall	강우량		

12 빈칸 내용 추론 ① – 단어

유 형 소 개　글을 읽고 빈칸에 들어갈 단어를 추론하는 문제 유형으로, 빈칸에 들어갈 단어는 글 전체의 핵심어나 주제어는 물론 반의어 또는 동의어가 될 수 있다.

대 표 예 제　다음 글의 빈칸에 들어갈 말로 가장 적절한 것은?　57% 고1 03월 모의고사 변형

　　It often feels reasonable to give a ＿＿＿＿＿＿. With a customer, that may mean saying, "I can do this for between \$10,000 and \$15,000." With a new employee, you might say, "You can start between April 1 and April 15." But the word "between" tends to suggest that you will take a step back, and any clever negotiator will quickly focus on the cheaper price or the later deadline. In other words, you will find that, by saying the word "between", you will get disadvantaged without getting anything in return.

*negotiator 협상가

① range　　　　　② job　　　　　③ hint
④ prize　　　　　⑤ hand

New Words

□ **reasonable**　합리적인
□ **customer**　고객
□ **employee**　직원
□ **tend to**　~하는 경향이 있다

□ **suggest**　제안하다
□ **take a step back**　한발 물러서다
□ **focus on**　초점을 맞추다
□ **deadline**　마감일

□ **in other words**　다시 말해서, 즉
□ **disadvantage**　불리하게 하다
□ **in return**　보답으로
□ **range**　범위, 폭

 **유형풀이 전략!**

1 빈칸이 있는 문장과 선택지를 먼저 읽는다.

: 글을 읽기에 앞서 빈칸의 의도를 파악하는 것이 중요하다. 선택지를 읽고 글의 흐름과 관련하여 빈칸에 들어갈 내용을 추측해본다.

2 빈칸의 위치에 따라 문제 접근 방식을 달리한다.

: 대개 빈칸의 위치는 글의 처음, 중간, 마지막으로 나눌 수 있다. 보통 글의 앞부분에 있는 빈칸은 글의 전체 내용을 포괄하는 핵심 소재를 다루는 경우가 많으며, 글의 중간 부분에 있는 빈칸은 핵심어의 세부사항 또는 반의어에 해당하는 것을 주로 다룬다. 글의 마지막 부분에 있는 빈칸은 주제어 또는 동의어에 대해 진술한다. 특히, 빈칸 앞뒤에서 언급된 내용은 추론에 매우 중요하므로 주목한다.

3 반복되는 단어나 어구에 유의한다.

: 빈칸은 대부분 글의 중심 소재나 주제에 해당하는 부분이다. 따라서 자주 반복되는 단어나 어구를 통해 빈칸에 들어갈 내용을 추론할 수 있다. 그러나 대부분 같은 단어가 아닌 다른 단어로 바꿔서 표현하는 의역(paraphrasing)이 이루어지기 때문에 주의해야 한다.

Check! Reading Steps

Step ONE 우선, 빈칸에 있는 문장과 선택지를 먼저 읽는다.

⋯▸ '_____를 제시하는 것은 종종 합리적이라고 느껴진다.'는 빈칸을 포함한 문장을 읽는다. 빈칸에 선택지를 모두 대입해 본 후, 지문을 읽기 시작한다.

Step TWO 빈칸 앞뒤로 언급한 내용에 유의한다.

⋯▸ 빈칸 바로 뒤에는 고객(거래처)에게 10,000달러에서 15,000달러 사이면 일을 할 수 있다는 사례와 새로운 직원에게 4월 1일에서 15일 사이에 일을 시작할 수 있다고 말하는 예들이 언급되고 있다.

Step THREE 글의 주제나 요지를 파악한 후, 해당 선택지를 빈칸에 넣어 연결이 자연스러운지를 확인한다.

⋯▸ 앞의 두 가지 사례와 같이 특정 범위를 제시하는 것이 사실은 합리적이지 않다는 것이다.

꼭 알아두어야 하는 다의어

다의어	예문
1. subject 명 주제(= theme), 과목, 실험 대상자 형 종속하는, ~하기 쉬운 *be subject to ~의 대상이다, ~의 영향을 받다	Math is the most interesting <u>subject</u> to me. 수학은 나에게 가장 흥미로운 과목이다. The equipment is subject to United States export controls. 그 장비는 미국의 수출 규제를 따른다.
2. object 명 물체, 목적(= purpose) 동 반대하다 *object to ~에 반대하다	The Sun is the largest <u>object</u> in our solar system. 태양은 태양계에서 가장 큰 물체이다. All those who <u>object</u>, raise your hands. 반대하는 분은 손을 드세요.

01 다음 글의 빈칸에 들어갈 말로 가장 적절한 것은? 64% 고2 06월 모의고사 변형

Ant colonies have their own personalities, which are shaped by the _____. Having a personality means showing a consistent pattern of behavior over time. Colonies of several hundreds of ants show differences in the way they behave, just like individual people do. Researchers from the University of Arizona studied colonies of rock ants across the western U.S., both in the wild and in the lab. They found certain types of behavior go together. For example, a colony that explores more widely for food also tends to respond more aggressively to intruders. Such a colony has a more risk-taking personality. This is more common in cold northern climates. The study suggests that those more adventurous personalities could be an adaptation to the limited period of activity caused by cold, snowy northern climates.

*colony 군락

① environment ② relationship ③ reproduction
④ imitation ⑤ behaviors

02 다음 글의 빈칸에 들어갈 말로 가장 적절한 것은? 54% 고2 06월 모의고사 변형

John Stuart Mill realized that the goods market is not only place where a lack of competition is able to push prices up. Monopoly effects can also appear in the _____ market. He pointed to the case of goldsmiths, who earned much higher wages than workers with similar skills because they were considered trustworthy, a characteristic that is rare and not easy to prove. This created a huge difficulty for entry so that those working with gold could demand a monopoly price for their services. Mill realized that the goldsmiths' situation was not the only case. He noted that large sections of the working class had difficulty entering skilled professions because they needed many years of education and training. The cost of supporting someone through this process was too difficult for most families, so those who could afford it were able to enjoy high wages.

*monopoly 독점

① labor ② street ③ gold ④ property ⑤ capital

03

다음 빈칸에 들어갈 말로 가장 적절한 것은? 55% 수능 변형

In all cultures in which eye-gaze behavior has been studied, science shows that those who have power have more ____________ in using it. In essence, they can look wherever they want. However, subordinates are more limited in where and when they can look. As a general rule, in church or in front of royalty, people bow their heads. Dominants tend to ignore subordinates visually while subordinates tend to gaze at dominant individuals at a distance. In other words, higher-status individuals can be indifferent while lower-status people are required to be attentive with their gazes. The king is free to look at anyone he wants, but all subjects face the king even as they back out of a room.

*eye-gaze 눈-시선 **subordinates 부하, 하급자

① anxiety ② conflict ③ freedom
④ reluctance ⑤ responsibility

New Words

01

□ consistent	지속적인
□ go together	함께 일어나다
□ aggressively	공격적으로
□ intruder	침입자
□ risk-taking	위험을 감수하는
□ adaptation	적응
□ climate	기후
□ adventurous	모험심이 강한, 모험을 즐기는
□ environment	환경
□ driving force	원동력
□ reproduction	번식
□ imitate	모방하다
□ collective	집단적인

02

□ realize	깨닫다
□ competition	경쟁
□ labor	노동; 노동의
□ goldsmith	금세공업자
□ trustworthy	신뢰할 수 있는
□ characteristic	특질, 특성; 특유의
□ rare	드문, 희귀한
□ entry	진입
□ demand	요구하다
□ section	부분, 구획
□ skilled	숙련된
□ afford	여유[형편]이 되다
□ property	재산, 소유물

03

□ behavior	행동, 행위
□ in essence	본질적으로
□ limited	제한된
□ royalty	왕족
□ bow	(고개를) 숙이다, 절하다
□ dominant	지배적인; 우세한 것, 지배자
□ tend to	~하는 경향이 있다
□ status	지위, 신분
□ indifferent	무관심한
□ attentive	신경을 쓰는, 주의를 기울이는
□ gaze	응시; 바라보다
□ face	~와 마주보다, 직면하다
□ at a distance	멀리서

유형소개 글 전체의 흐름 속에서 빈칸에 들어갈 알맞은 어구나 절을 추론하는 유형이다. 빈칸이 포함된 문장이 글의 주제문인 경우가 많으므로, 글의 주제와 요지를 먼저 파악하고 이를 근거로 빈칸의 내용을 추론하는 것이 좋다. 난이도가 어렵고 배점이 높기 때문에 더욱 집중하여 문제에 접근하여야 한다.

대표예제 **다음 글의 빈칸에 들어갈 말로 가장 적절한 것은?** 72% 고1 03월 모의고사 변형

Every day, I type passwords into programs and computers many times. I keep checking my email over and over. And one day, I realized that what I used for my password became a part of me due to repetition. My password was "tennis," and although I did not always think about tennis on purpose, I found that it was my favorite activity. It was what I put a lot of time and effort in, and it was what I did the most except work. I later changed my passwords to a goal I've been working on. They became _____.

① famous for being simple
② exposed to others in the end
③ annoying things to do every day
④ easy for my friends to remember
⑤ regular reminders of my dreams

· New Words ·

☐ **type** 타자를 치다[입력하다]
☐ **over and over** 끊임없이
☐ **repetition** 반복
☐ **on purpose** 의도적으로, 고의로

☐ **effort** 노력
☐ **except** ~을 제외하고
☐ **work on** ~에 애쓰다[공들이다]
☐ **expose** 노출하다

☐ **regular** 지속적인, 정규적인
☐ **reminder** 상기시키는 것
☐ **annoying** 짜증스러운, 귀찮은

함정탈출 유형풀이 전략!

1 빈칸이 있는 문장과 선택지를 먼저 읽는다.

: 글을 읽기에 앞서 빈칸의 의도를 파악하는 것이 중요하다. 빈칸이 있는 문장과 선택지를 읽고 글의 흐름과 관련하여 빈칸에 들어갈 말을 추측해본다.

2 글의 구성을 파악한 후, 빈칸 앞뒤의 문장에 주의를 기울인다.

: 빈칸의 위치에 따라 빈칸에 들어갈 문장이 주제문 또는 세부 사항에 해당하는 문장일 수 있다. 그러므로 글의 구성을 먼저 파악한 후, 빈칸 앞뒤 문장들이 어떤 흐름으로 전개되는지 살핀다.

3 선택지에서 정답을 고른 후, 전체 흐름 속에서 문장 연결이 자연스러운지 확인한다.

: 한 단락 내에서 모든 문장은 주제를 향해 일관성을 가져야 한다. 빈칸에 들어갈 말이 전체 흐름에 자연스러운지 확인한다.

Check! **Reading Steps**

Step ONE 빈칸이 있는 문장과 선택지를 읽는다.

⋯ '그것들은 _____ 것이 되었다.' 라는 빈칸이 포함된 문장에 선택지를 모두 대입해 본 후, 지문을 읽는다.

Step TWO 빈칸의 앞뒤 문장을 꼼꼼히 살핀다.

⋯ 빈칸의 위치가 지문의 뒷부분에 있으며 앞 문장들이 주제문을 뒷받침해주거나 상황을 설명하고 있으므로 빈칸이 포함된 문장은 주제문임을 알 수 있다.

Step THREE 주제와 관련성을 고려하여 문장 연결이 자연스러운지 확인한다.

⋯ 비밀번호 문구를 글쓴이가 추구하는 목표로 함으로써 컴퓨터에 입력할 때마다 글쓴이가 꿈을 계속 떠올릴 수 있었다는 내용이다.

꼭 알아두어야 하는 다의어

다의어	예문
1. term 몡 기간(= period), 학기, 용어(= word) * terms 몡 조건(= conditions), 관계(= relation) * in terms of ~에 관하여	This term Islam means "submission to the will of God". 이 이슬람이라는 용어는 '신의 뜻에 복종함'을 의미한다. Long-term budget deficits are a big problem. 장기간의 적자는 큰 문제이다.
2. figure 몡 인물(= person), 모습, 수치, 계산 됭 계산하다(= calculate) * figure out 알아내다, ~을 이해하다	Lincoln is a legendary figure in American politics. 링컨은 미국 정치에서 전설적인 인물이다. I am stuck on this question; I can't figure it out. 이 문제에서 막혔어. 난 그것을 풀 수가 없어.

01 다음 글의 빈칸에 들어갈 말로 가장 적절한 것은? [72%] 고2 06월 모의고사 변형

We can see the dangers of unrealistic optimism from a study on weight loss. In that study, psychologist Gabriele Oettingen found that overweight women who were confident that they would succeed lost 26 pounds more than self-doubters, as expected. Meanwhile, Oettingen also asked the women to describe what their roads to success would be like. The results were surprising: women who believed they would succeed easily lost 24 pounds less than those who thought their weight-loss journeys would be hard. Believing that the road to success will be hard leads to greater success, because it forces us to put in more effort in the face of difficulty. We need to grow our realistic optimism by putting a positive attitude together with _____.

① a critical analysis about the past ② systematic management of health
③ a tendency to have flexible ideas ④ an unconditional belief in success
⑤ a realistic understanding of the challenges

02 다음 글의 빈칸에 들어갈 말로 가장 적절한 것은? [72%] 고2 11월 모의고사 변형

We live in an age of opportunity: If you have ambition, drive, and smarts, you can rise to the top of your chosen career. But responsibility comes with this opportunity. Companies today don't manage their workers' careers. Rather, we must each be our own CEO. Simply put, it's up to you to keep yourself productive during your work life. To do all of these things well, you'll need to _____. What are your most valuable strengths and most dangerous weakness? How do you learn and work with others? What are your most precious values? The hint is clear: You can achieve true excellence only when you operate from a combination of your strengths and self-knowledge.

*drive 추진력

① follow your company's philosophy
② make great profits for the company
③ get a deep understanding of yourself
④ stay on good terms with your co-workers
⑤ provide yourself with rewards for your efforts

03 다음 빈칸에 들어갈 말로 가장 적절한 것은?

60% 수능 변형

The success of human beings depends on numbers and connections. A few hundred people cannot sustain a complex technology. Remember that Australia was colonized 45,000 years ago by pioneers spreading east from Africa along the shores of Asia. The people who traveled such a long way must have been small in number and must have traveled comparatively light. They must have brought only a small part of the technology in their homeland across the ocean. This may explain why Australian aboriginals didn't have much technology from the Old World. For example, they didn't have elastic weapons, such as bows and catapults as well as ovens. They were not "primitive." They didn't lose intelligence. It was just that they _____. They also didn't have enough population. So they didn't have a large enough collective brain to develop them much further.

*catapult 투석기

① didn't develop new technology
② focused on developing elastic weapons
③ didn't bring enough technology
④ inherited no technology in Africa
⑤ couldn't transfer their technology to the Old World

New Words

01		02		03	
□ unrealistic	비현실적인	□ smarts	지성	□ sustain	유지하다
□ psychologist	심리학자	□ career	직업, 이력, 생애	□ colonize	식민지로 만들다
□ overweight	과체중의	□ opportunity	기회	□ pioneer	개척자
□ confident	확신하는, 자신 있는	□ simply put	간단히 말하면	□ comparatively	상대적으로
□ describe	묘사하다	□ productive	생산적인	□ aboriginal	원주민의, 토착의
□ journey	여정, 여행	□ valuable	귀중한	□ elastic	탄성의, 탄력 있는
□ systematic	체계적인	□ self-knowledge	자기 이해	□ bow	활
□ tendency	경향, 추세	□ philosophy	철학	□ primitive	원시적인
□ unconditional	조건 없는	□ terms	관계	□ intelligence	지능
□ meanwhile	그 동안에	□ reward	보상	□ population	인구
				□ inherit	물려받다

14 흐름에 무관한 문장 찾기

유 형 소 개 이 유형은 글의 통일성을 파악하는 능력을 요구한다. 일반적으로 하나의 단일한 소재나 주제에 대해 언급하는 글의 첫 문장이 주어지며, 그 소재나 주제를 뒷받침하는 세부 내용 중 주제와 동떨어진 문장을 찾아내면 된다.

대 표 예 제 **다음 글에서 전체 흐름과 관계 없는 문장은?** [64%] 고1 03월 모의고사 변형

Music study improves all the learning — in reading, math, and other subjects — that children do at school. ① It also helps to develop language and communication skills. ② As children grow, musical training continues to help them develop discipline and self-confidence. ③ Studying while listening to music causes students to have a difficult time learning the material. ④ Day-to-day practice in music develops self-discipline, patience, and responsibility. ⑤ That discipline carries over to other areas, such as doing homework and other school projects on time.

*discipline 자제력

New Words

□ develop	발달하다[시키다]	□ day-to-day	매일 행해지는, 그날그날의	□ carry over to	~로 옮겨지다
□ communication	의사소통	□ patience	인내심	□ such as	~와 같은
□ material	자료, 재료	□ responsibility	책임감	□ on time	제시간에, 정각에

함정탈출 · 유형풀이 전략!

1 글의 주제와 핵심 소재를 파악한다.

: 이 유형의 글은 두괄식으로 구성된 것이 많다. 첫 문장에 유의하여 핵심소재를 파악하고 주제를 예측한다.

2 글을 읽을 때 글의 주제를 염두에 두며 각 문장의 통일성을 생각한다.

: 각각의 문장이 글의 주제와 중심 소재를 벗어나지 않고 자연스럽게 이어지는지 확인한다. 특히 문장 간의 관계를 긴밀하게 해주는 지시어나 연결어에 유의한다.

3 전체 흐름에서 벗어난 문장을 찾는다.

: 같은 소재를 언급했을지라도 다른 주제를 지니고 있으면 통일성에 어긋나므로 흐름에 맞지 않다.

Check! Reading Steps

Step ONE 첫 문장의 중심 소재 또는 주장을 파악한다.

⋯ Music study improves all the learning.

Step TWO 선택지 ①에서 글의 전개 방향을 파악한다.

⋯ also (또한)로 보아 앞 문장에서 언급한 음악의 긍정적인 부분을 첨가할 가능성이 높다.

Step THREE 추측한 주제를 통해 나머지 선택지의 내용도 주제와 비교한다.

⋯ 음악 공부는 아이들이 학교에서 학습하는 모든 부분에 도움을 준다는 것이 글의 요지이다. 음악 감상은 학생들이 자료를 배우는데 어려움을 갖게 한다는 문장은 글의 흐름과 관계가 없다.

시험에 자주 등장하는 어법

That에 대해 얼마나 알고 있나요?

- **지시대명사 that** (저것)
  ex. That is my pencil.
  저것은 내 연필이야.

- **지시형용사 that** (저~)
  ex. That cat is so cute.
  저 고양이는 너무 귀엽다.

- **부사 that** (그만큼, 그렇게)
  ex. I can't run that far.
  나는 그렇게 멀리 못 뛰어.

- **접속사(that) + 완전한 문장**
  ex. I think that he is kind.
  나는 그가 착하다고 생각해.

- **명사 + 관계대명사(that) + 불완전한 문장**
  ex. Hannah has the car that is red.
  한나는 빨간색 차를 가지고 있다.

- **추상명사 + 동격(that) + 완전한 문장**
  ex. I heard the news that he killed her.
  그가 그녀를 죽였다는 소식을 들었어.

- **It is[was] + 강조어 + that ~**
  ex. It was Tom that I met yesterday.
  내가 어제 만난 애가 바로 Tom이야.

- **It(가주어) ~ that(진주어) ~**
  ex. It is true that Narae has a boyfriend.
  나래가 남자친구가 있는 것은 사실이야.

01 다음 글에서 전체 흐름과 관계 <u>없는</u> 문장은? `70%` 고1 09월 모의고사 변형

When the Muslims invaded southern Europe in the eighth century, they passed a law forbidding the sale of pork. This was done because the founder of the Muslim religion had announced pork to be unclean. ① This law, of course, didn't change the Europeans' love of pork, and there soon developed a black market for the meat. ② In secret transactions, usually done at night, farmers would sell to people in cities pigs hidden in large bags. ③ Occasionally, a dishonest farmer would trick a buyer by selling a bag containing not a pig but a cat. ④ Pigs were traditionally thought to be dirty because of their habit of rolling around in mud while cats were believed to be clean. ⑤ If something went wrong and the bag came open during the transaction, this literally "let the cat out of the bag," and this is why telling a secret is said to be "letting the cat out of the bag."

*transaction 거래

02 다음 글에서 전체 흐름과 관계 <u>없는</u> 문장은? `68%` 고1 06월 모의고사 변형

In an experiment, when people were asked to count three minutes in their heads, 25-year-olds were quite exact, but 65-year-olds went over on average by 40 seconds. Time seemed to pass faster for the older group. ① This may seem meaningless, but there are a lot of benefits to perceiving time like 65-year-olds. ② For example, if you have been working on a project for eight hours but it only feels like six, you will have more energy to keep going. ③ If you have been running for 20 minutes but you perceive it to be only 13 minutes, you're more likely to have seven more minutes of energy. ④ One of the greatest benefits of getting older is the cooling of passion so that you don't rush to quick action. ⑤ So if you want to use your energy to work longer, just change your perception of how long you have been working.

*perceive 감지(인지)하다

03 다음 글에서 전체 흐름과 관계 <u>없는</u> 문장은?

79% 수능 변형

Life can be like riding a roller coaster. There are ups and downs, fast and slow parts, bumps and shaky parts, and even times when you're upside down. ① You can't control which way the track (or in this case, life events) will take you. ② When you're at the bottom, you can see only what's right in front of you, but when you get to the top, you can see the whole picture a lot better. ③ When you're starting out, accept how you feel and try to enjoy the ride. ④ When you design an amusement park for children, you should carefully consider the location of the roller coaster. ⑤ When it's over, you'll see that it was really cool even if you couldn't see that when you first started.

New Words

01

- invade 침입하다
- forbid 금지하다
- sale 판매
- pork 돼지고기
- founder 창시자, 설립자
- religion 종교
- announce 선언하다
- black market 암시장
- occasionally 때때로, 가끔
- dishonest 부정직한
- trick 속이다
- containing 포함하는
- traditionally 전통적으로
- roll 구르다

02

- experiment 실험
- count (수를) 세다
- quite 꽤, 상당히
- exact 정확한
- seem ~인 듯하다
- on average 평균적으로
- meaningless 무의미한
- benefit 이점
- be likely to ~하기 쉽다
- cooling 냉각(의)
- passion 열정, 격정
- rush 성급히 하다, 돌진하다
- perception 인식, 지각

03

- ride (탈것에) 타다
- bump 튀어나온 부분, 충돌
- shaky 흔들리는
- upside down 거꾸로 뒤집힌
- track 길; 추적하다
- bottom 바닥
- right 바로
- get to ~에 도착하다
- design 설계하다
- amusement park 놀이공원
- consider 고려하다
- location 위치

유형소개 이 유형은 글의 일관성을 파악하는 능력을 요구한다. 주어진 문장에 이어질 문장들의 순서를 정해야 하며, 지문의 요지와 이를 뒷받침하는 세부 사항들이 제시된다. 특히 연결어와 지시적인 표현들에 주목하여 단서를 잡도록 한다.

대표예제 **주어진 글 다음에 이어질 글의 순서로 가장 적절한 것은?** `66%` 고1 03월 모의고사 변형

> Winston Churchill, a former British prime minister, was an amateur artist, and Henry Luce, an American publisher, hung one of Churchill's landscape paintings in his office in New York.

(A) A few days later, however, the painting was shipped back but slightly changed: a single sheep now grazed peacefully in the picture.

(B) The next day, Churchill's secretary called and asked him to send the painting to England. So he got frightened. Soon Luce did so, worried that he had perhaps upset the prime minister.

(C) On a tour through the United States, Churchill visited Luce in his office, and the two men looked at the painting together. Luce said, "I think it needs something more in the grassland—a sheep, perhaps."

*graze 풀을 뜯다

① (A) – (C) – (B)   ② (B) – (A) – (C)   ③ (B) – (C) – (A)
④ (C) – (A) – (B)   ⑤ (C) – (B) – (A)

New Words

□ **former** 이전의
□ **amateur** 아마추어의, 미숙한
□ **prime minister** 국무총리, 수상

□ **publisher** 출판인, 출판사
□ **landscape** 풍경(화)
□ **ship** 운송하다

□ **slightly** 약간, 조금
□ **peacefully** 평화롭게
□ **secretary** 비서

□ **frightened** 겁먹은
□ **grassland** 풀밭

함정탈출 **유형풀이 전략!**

1 문단의 연결 고리가 되는 단서들에 주의한다.

: 글의 내용을 연결시켜 주는 지시대명사나 인칭대명사, 그리고 연결사에 유의한다.
대표적인 연결사로 첨가 (also, in addition, furthermore, moreover), 재진술 (that is,
in other words, namely), 원인과 결과 (therefore, accordingly, as a result), 역접과 대조
(however, nevertheless, conversely), 예시 (for example, for instance) 등이 있다.

2 부분적으로 문단의 짝을 지어 순서를 정해본다.

: 한 번에 순서를 모두 정하려고 하지 말고, 시간 또는 공간의 변화에 따른 순서, 인과 관계를 나타내는
말을 단서로 하여 논리적으로 이어지는 문단 또는 논리적으로 이어지지 않는 문단 등 두 개씩
부분적으로 먼저 순서를 정한다.

3 전체 글의 예상 순서를 정한 후 재검토한다.

: 글의 순서를 정한 뒤, 그 순서대로 글을 다시 한번 빠르게 읽어 흐름이 자연스러운지 확인한다.

Check! **Reading Steps**

Step ONE 주어진 글을 먼저 읽고 글의 전체 내용을 개략적으로 파악한다.

⋯▸ 문단의 연결 고리가 되는 연결어나 대명사, 한정어를 잘 살핀다.
시간이나 사건의 경과에 따라 글의 내용을 개략적으로 파악한다.
ex. A few days later~ / The next day~
On a tour through the United States, Churchill visited Luce ~

Step TWO 제시된 글을 이어줄 단서에 유의하면서 글의 내용을 연결한다.

⋯▸ Luce가 그의 사무실을 방문한 Churchill에게 그림 속 풀밭에 양이 있었으면 좋겠다고 말한 그다음 날,
자신의 그림을 다시 영국으로 보내달라고 해서 Luce는 겁이 났지만 며칠 뒤 양이 그려진 그림이 다시
배송되었다는 문단의 내용이 이어지는 것이 글의 순서로 가장 적절하다.

Step THREE 답을 정한 후에 순서대로 글을 읽고 확인한다.

▶ **재미있는 생활 영어 표현**

- 케이크 한 조각? NO 식은 죽 먹기지! YES
  ⋯▸ a piece of cake 매우 쉬운 일
  ex. It's a piece of cake. 이건 식은 죽 먹기야.

- 나는 모든 귀야? NO 나 잘 듣고 있어! YES
  ⋯▸ I'm all ears. 경청하다.
  ex. A: Hey! Are you listening? 야, 너 내 얘기 듣고 있니?
  B: I'm all ears. 잘 듣고 있어.

- 뱃속에 나비들? NO 설레고 긴장돼! YES
  ⋯▸ butterflies in one's stomach 긴장하다
  ex. I have butterflies in my stomach when
  she stares at me.
  그녀가 날 쳐다볼 때면 난 설레고 긴장돼.

01 주어진 글 다음에 이어질 글의 순서로 가장 적절한 것은? 〔74%〕 고1 11월 모의고사 변형

> In prehistoric times, humans faced challenges different from those they face today.

(A) For such a threat, the brain would send the signal "Threat!" and the body would respond by shooting hormones, such as adrenaline, into the blood at lightning speed.

(B) For example, a common challenge for prehistoric man may have been to walk outside his cave in the morning and find himself face-to-face with a huge, hungry lion.

(C) That made the body immediately stronger and faster, so the human could either wrestle the lion or run away very fast. When humans either fought or ran away, the physical activity would use up the hormones, and the body chemistry would quickly return to normal.

*adrenaline 아드레날린

① (A) – (C) – (B)　　　② (B) – (A) – (C)　　　③ (B) – (C) – (A)
④ (C) – (A) – (B)　　　⑤ (C) – (B) – (A)

02 주어진 글 다음에 이어질 글의 순서로 가장 적절한 것은? 〔70%〕 고1 06월 모의고사 변형

> There are many situations where other people try to influence our mood by changing the atmosphere of the environment; you have probably done this before.

(A) The low-level light of the candle puts her in a relaxed mood. Finally, romantic music also helps the wife to accept her husband's apology for his mistake.

(B) For example, imagine that a man unfortunately forgot his wedding anniversary. The man tries to save the situation by having a candlelight dinner at home for his wife with romantic background music.

(C) Whether or not he is aware of it, a candlelight dinner is a fantastic way to influence a person's mood. When the man's wife enters the room, she is surprised by the delicious aroma of the fantastic dinner he has prepared.

*atmosphere 분위기

① (A) – (C) – (B)　　　② (B) – (A) – (C)　　　③ (B) – (C) – (A)
④ (C) – (A) – (B)　　　⑤ (C) – (B) – (A)

03 주어진 글 다음에 이어질 글의 순서로 가장 적절한 것은? `81%` 수능 변형

> Sometimes, after a few punishments, the mere threat of punishment is enough to induce the desired behavior.

(A) Avoidance training, however, isn't always positive. For instance, a child who has been repeatedly scolded for poor performance in math may learn to avoid difficult math problems to avoid further punishment.

(B) Because of this avoidance, the child cannot develop his math skills, so a vicious cycle starts. This avoidance must be unlearned through some positive experiences with math in order to break the cycle.

(C) Psychologists call this avoidance training because the person is learning to avoid the possibility of punishment. For example, you carry an umbrella to avoid getting wet, or you keep your hand away from a hot iron to avoid getting burned.

*induce 유도하다, 설득하다

① (A) – (C) – (B)　　② (B) – (A) – (C)　　③ (B) – (C) – (A)
④ (C) – (A) – (B)　　⑤ (C) – (B) – (A)

New Words

01
☐ prehistoric 선사 시대의
☐ challenge 난관, 어려움
☐ threat 위협
☐ hormone 호르몬
☐ face-to-face 마주보는, 직면하는
☐ immediately 즉시
☐ chemistry 화학반응
☐ use ~ up ~을 다 쓰다

02
☐ influence 영향을 미치다
☐ mood 분위기, 기분
☐ unfortunately 불행히도
☐ candlelight 촛불
☐ romantic 낭만적인
☐ background 배경
☐ fantastic 환상적인
☐ aroma 향기
☐ relaxed 편안한, 느긋한
☐ apology 사과

03
☐ punishment 처벌
☐ desired 바람직한
☐ avoidance 회피 (cf. avoid 피하다)
☐ training 훈련, 교육
☐ repeatedly 반복적으로
☐ scold 야단치다
☐ vicious cycle 악순환
☐ unlearn (배운 것을) 잊다
☐ iron 다리미
☐ get burned 화상을 입다

유 형 소 개   글쓰기 능력을 간접적으로 측정하는 유형으로, 주어진 문장을 적절한 곳에 넣어 지문을 완성해야 한다.
문장들 간의 논리적 연결성 파악 능력과 문단 구성 능력을 측정한다.

대 표 예 제   **글의 흐름으로 보아, 주어진 문장이 들어가기에 가장 적절한 곳은?**   61% 고1 03월 모의고사 변형

> However, shoppers should understand that getting any of these sources of information has costs.

　Shoppers usually have a limited amount of money to spend and a limited amount of time to shop. (①) It is important to realize that shopping is really a search for information. (②) You may get information from an advertisement, a friend, a salesperson, a label, a magazine article, the Internet, or several other sources. (③) You may also gain information from actual use of the product, such as trying on a dress, test-driving a car, or taking advantage of a promotion at a fitness center. (④) These costs may include transportation costs and time. (⑤) Only you can decide whether to take the costs or not.

New Words

□ **source** 출처
□ **cost** (비용이) 들다
□ **limited** 한정된, 제한된

□ **advertisement** 광고
□ **article** 기사
□ **gain** 얻다

□ **take advantage of** ～을 이용하다
□ **promotion** 판촉행사
□ **transportation** 교통

 **함정탈출** 유형풀이 전략!

❶ 주어진 문장을 읽고 단서 등을 확인한다.
: 주어진 문장 안의 지시어나 관사(a, an, the) 또는 연결사는 글의 전후 흐름을 알 수 있는 중요한 단서이다.

❷ 순차적인 독해를 통해 전체 글의 구성을 파악한다.
: 이 유형에 등장하는 지문은 사건의 전개가 논리적인 흐름을 가진 글이 많아서, 글의 핵심 소재와 전개 방식을 파악하면 쉽게 문제가 풀린다.

❸ 글의 흐름이 자연스럽지 않고 끊기는 부분을 찾아라.
: 예시 또는 역접의 연결사, 지시 대명사 등은 글의 흐름을 나타내는 중요한 단서가 된다. 단서들을 중심으로 흐름이 어색한 곳을 살펴보면 문제가 의외로 쉽게 풀릴 수 있다. 글을 읽는 도중에 대명사나 지시어가 갑자기 나타나서 글의 논리적 연결이 어려워지면 이를 지칭하는 어구를 그 앞부분에서 반드시 찾아야 한다.

Check! Reading Steps

Step ONE 주어진 문장 안에서 지시어, 연결사 등 단서를 찾는다.
⋯▸ 역접의 연결사 However, 지시어 these sources

Step TWO 전체 글을 빠르게 훑어보면서 중심 소재를 파악한다.
⋯▸ 쇼핑하는 물건 정보의 출처 및 그에 따른 비용에 대한 내용이다.

Step THREE 본문을 읽어 가면서 문맥이 매끄럽지 않은 곳을 찾는다.
⋯▸ 주어진 문장은 쇼핑의 정보를 얻는 것에 비용이 들어가는 것을 이해해야 한다는 내용이다.

◀ 시험에 자주 등장하는 어법

목적어 자리에 동명사/to부정사? 주문을 외워봐, 동과투미!

Q1 동명사를 취하는 동사 (과거지향적 성향)
mind, enjoy, give up, avoid, postpone, practice, admit, suggest, stop, imagine, deny, keep, finish, consider, feel like 등

Q2 to부정사를 취하는 동사 (미래지향적 성향)
need, want, wish, hope, plan, choose, decide, expect, refuse, manage, offer, promise, agree, would like 등

Q3 동명사 / to부정사 모두 취할 수 있는 동사 (의미 같음)
love, like, hate, start, begin, continue 등

Q4 동명사 / to부정사 모두 취할 수 있는 동사 (의미 다름)
① remember / forget + 동명사: (과거에) ~ 한 것을 기억하다/ 잊다. + to부정사: (미래에) ~ 할 것을 기억하다 / 잊다
② regret + 동명사: (과거에) ~ 한 것을 후회하다 + to부정사: ~하다니 유감이다
③ try + 동명사: 시험삼아 ~해보다 + to부정사: ~하려고 노력하다, 애쓰다

Practice 다음 중 어법에 맞는 것을 하나 고르시오.

1 She refused (**being** / **to be**) with me.

2 When you go out, remember (**locking** / **to lock**) the door.

정답 1 to be 2 to lock

01

글의 흐름으로 보아, 주어진 문장이 들어가기에 가장 적절한 곳은? `75%` 고1 03월 모의고사 변형

> Instead, it gets air through its skin and a hole under its tail.

A turtle doesn't have automatic body temperature control like birds and mammals. (①) Its temperature changes according to its environment. (②) When it gets too cold, it digs a hole deep into the mud at the bottom of a pond or into the dirt of the forest. (③) How can it breathe when it's buried? (④) The turtle stops breathing air through its nose and mouth. (⑤) And when spring comes and the ground warms up, the turtle digs itself out and starts breathing normally again.

*mammal 포유류

02

글의 흐름으로 보아, 주어진 문장이 들어가기에 가장 적절한 곳은? `73%` 고1 09월 모의고사 변형

> Studying families with rare genetic disorders has allowed doctors to trace the genetic basis of diseases through generations.

Some advances have been made in the area of human genetics. (①) In the 1980s, scientists developed methods to compare the DNA sequence of different individuals. (②) DNA left behind at the scene of a crime has been used as evidence in court, both to prosecute criminals and to set free wrongly accused people. (③) DNA sequencing techniques are also useful in the field of medicine. (④) This kind of genetic tracking helps doctors to predict the likelihood of a person getting a disease and to diagnose it — although not to cure the illness. (⑤) However, some genetic diseases can now be treated by replacing damaged genes with healthy ones, a practice called gene therapy.

*prosecute 기소하다 **accuse 고소하다

03

글의 흐름으로 보아, 주어진 문장이 들어가기에 가장 적절한 곳은? [68%] 수능 변형

> Rather, they will happen only through national intervention based on political decisions.

I expect that global society will increase annual investments from 24% today to 36% of the GDP in 2052. Much of this investment will be in energy-efficient goods that are more expensive than old-fashioned stuff designed for an era of cheap energy. Another share will be invested in the shift from coal to more expensive fuels, like conventional gas. (①) Some will go into the construction of a new renewable energy supply. (②) And a lot will go into repair of climate damage or adaptation to future climate damage. (③) For example, investment will be made in new protective walls along the coast to keep the rising ocean back. (④) These huge increases in investment would not come about if investment were left to the market. (⑤) It will be either direct intervention, when the government invests the tax dollars in necessary parts, or indirect, when the government helps the desired activity to be more profitable.

*intervention 개입, 간섭 **conventional 재래식의

····· New Words ·····

□ hole 구멍
□ tail 꼬리
□ automatic 자동적인
□ temperature 온도, 체온
□ control 제어, 조절
□ dig 파다
□ mud 진흙
□ pond 연못
□ dirt 먼지, 때
□ breathe 호흡하다
□ bury 묻다
□ normally 정상적으로

□ genetics 유전학 (cf. gene 유전자)
□ method 방법
□ sequence 순서
□ scene 현장
□ court 법정
□ technique 기법
□ field 분야, 들판
□ likelihood 가능성
□ diagnose 진단하다
□ treat 다루다, 치료하다
□ replace 교체하다
□ therapy 치료법

□ annual 연간의, 매년의
□ investment 투자
□ efficient 효율적인
□ old-fashioned 구식의
□ era 시대
□ coal 석탄
□ fuel 연료
□ supply 공급; 공급하다
□ repair 수리, 보수
□ protective 보호하는
□ tax 세금
□ profitable 수익성이 있는

UNIT 16 75

유 형 소 개   이 유형은 글 전체의 내용을 한 문장으로 요약할 수 있는 능력을 요구한다. 글 전체의 내용을 한 문장으로 요약했을 때 가장 핵심적인 부분에 해당하는 단어나 어구들이 빈칸으로 출제된다.

대 표 예 제   **다음 글의 내용을 한 문장으로 요약하고자 한다. 빈칸 (A)와 (B)에 들어갈 말로 가장 적절한 것은?**

63% 고1 06월 모의고사 변형

Three psychology professors at Newcastle University conducted an experiment in their department's coffee area. Colleagues and students were able to drink coffee and were asked in return to leave fifty cents for coffee. For ten weeks, the professors alternated two posters — one of flowers and one of staring eyes — over the area. On the weeks the eyes were watching them, people contributed 2.76 times more money than they did when the flower poster was up. In a similar study set on Halloween, mirrors were placed outside a house. Children were told to take only one piece of candy. When the mirrors reflected their images back at them, most children took only one piece of candy.

*reflect 반사하다, 반영하다

↓

People are likely to be more _____(A)_____ when they feel that they are being _____(B)_____ .

	(A)		(B)
①	dependent	⋯⋯	protected
②	honest	⋯⋯	observed
③	lonely	⋯⋯	refused
④	defensive	⋯⋯	blamed
⑤	confident	⋯⋯	praised

⸽⸽⸽⸽⸽⸽⸽⸽⸽⸽⸽⸽⸽⸽⸽⸽⸽⸽⸽ **New Words** ⸽⸽⸽⸽⸽⸽⸽⸽⸽⸽⸽⸽⸽⸽⸽⸽⸽⸽⸽

□ **psychology**	심리학	□ **leave**	남기다	□ **dependent**	의존적인	□ **blame**	~ 탓으로 돌리다
□ **conduct**	수행하다	□ **alternate**	교체하다	□ **protect**	보호하다	□ **defensive**	방어적인
□ **department**	학부, 과	□ **stare**	응시하다	□ **observe**	관찰하다	□ **confident**	자신감 있는
□ **colleague**	동료	□ **contribute**	기부하다	□ **refuse**	거절하다	□ **praise**	칭찬하다

 유형풀이 전략!

1 주어진 요약문과 선택지를 먼저 읽고 지문의 내용을 추측한다.

: 요약문은 글의 주제와 관련된 다소 긴 문장으로, 독립 전치사구가 있거나 주어, 목적어, 보어 등이 복잡하게 섞여 있을 수 있으므로 구문을 잘 파악하여 해석해야 한다.

2 글에서 중요한 역할을 하는 문장이나 어구는 특별히 표시를 해 둔다.

: 글의 핵심어는 다른 말로 변형될 가능성이 크다. 중복되거나 주제와 관련 없는 내용, 예시들은 제외시킨다.

3 자신이 고른 정답이 글의 요약문이 되는지 반드시 확인한다.

: 서두르지 말고 선택지 (A)와 (B)가 모두 정답이 되는지 확인해야 한다.

Check! **Reading Steps**

Step ONE 주어진 요약문을 먼저 읽는다.

⟶ '사람들은 자신이 _____ 있다고 느낄 때 더 _____ 하기 쉽다.' 라는 빈칸이 포함된 문장에 선택지를 하나씩 대입해 본 후, 지문으로 들어간다.

Step TWO 전문가(특정인)가 실험을 했거나 주장한 내용의 결론에 초점을 두어야 한다.

⟶ Three psychology professors at Newcastle University conducted an experiment in their department's coffee area.

Step THREE 선택지를 빈칸에 넣었을 때 본문 전체를 대변할 수 있는지 확인해 본다.

⟶ 두 가지 사례에서 보여지듯 누군가가 자신을 지켜보고 있다고 생각되면 더 정직해진다는 것이 글의 요지이므로 이를 포괄할 수 있는 선택지가 빈칸에 들어가는 것이 가장 적절하다.

◤ SCHOOL LIFE: 우리들의 학교 생활

Most Irritating Moments → Morning Alarm
가장 짜증 나는 순간 – 아침 알람시계

Most Difficult Task → To Find Socks
가장 어려운 숙제 – 양말 찾기

Most Dreadful Journey → Way to Class
가장 끔찍한 여정 – 교실로 가는 길

Most Lovely Time → Meeting Friends
가장 사랑스러운 시간 – 친구 만나기

Most Tragic Moments → Surprise Test in 1st Period
가장 비극적인 순간 – 1교시 깜짝 쪽지시험

Most Wonderful News → Teacher Is Absent!
가장 멋진 뉴스 – 선생님이 결근하셨다!

01 다음 글의 내용을 한 문장으로 요약하고자 한다. 빈칸 (A)와 (B)에 들어갈 말로 가장 적절한 것은?

72% 고1 06월 모의고사 변형

We can see the importance of reputation in encouraging cooperation from an analysis of the contributions to an "honesty box" for drinks in a university departmental coffee room. Bateson and colleagues looked at how much students put in the box when images (always posted above the recommended price list) of a pair of eyes were alternated on a weekly basis with images of flowers. The amount of milk consumed turned out to be the best indicator of total consumption. Remarkably, almost three times more money was paid per liter of milk in weeks when there were images of eyes than when there were those of flowers. Of course, this experiment was only conducted in one location, but the difference in the results is impressive, and it seems to indicate that individuals do not want to be observed when they cheat the system.

↓

According to the study, the amount of money people contributed to an "honesty box" _____(A)_____ when an image caused them to feel that they were being _____(B)_____ .

	(A)		(B)			(A)		(B)
①	decreased	·····	cheated		②	decreased	·····	watched
③	changed	·····	supported		④	increased	·····	watched
⑤	increased	·····	supported					

······· New Words ·······

☐ **reputation** 명성, 평판
☐ **cooperation** 협조
☐ **analysis** 분석
☐ **contributions** 기부금, 출연금
☐ **turn out** ~인 것으로 밝혀지다

☐ **indicator** 지표
☐ **consumption** 소비 (cf. consume 소비하다)
☐ **departmental** 부서의, 학과의
☐ **colleague** 동료
☐ **post** 게시하다

☐ **alternate** 번갈아 나타나다
☐ **conduct** 수행하다
☐ **impressive** 인상적인
☐ **cheat** 속이다

02

다음 글의 내용을 한 문장으로 요약하고자 한다. 빈칸 (A)와 (B)에 들어갈 말로 가장 적절한 것은?

 69% 수능 변형

Performance must be judged in terms of what is under the control of the individuals being evaluated rather than those influences on performance that are out of their control. There can be broad, influential factors, sometimes of an economic nature, that suppress the performance of everyone being evaluated. One example is in sales. If there is a general downturn in the economy and people are not purchasing products or services as much as they did in the previous year, sales could be down, for example, by an average of 15%. This 15% (actually -5%) figure would then represent "average" performance. Perhaps the best salesperson of the year had only a 3% drop in sales over the previous year. Thus, a "good" performance in this situation is a smaller loss compared to the average group.

*in terms of ~의 면에서

↓

> In performance evaluation, we should consider _____(A)_____ factors affecting the individual's performance rather than _____(B)_____ figures only.

	(A)		(B)		(A)		(B)
①	contextual	⋯⋯	put aside	②	contextual	⋯⋯	rely on
③	controllable	⋯⋯	put aside	④	positive	⋯⋯	ignore
⑤	positive	⋯⋯	rely on				

· · · · · · · · · · · · · · · New Words · · · · · · · · · · · · · · ·

□ judge	판단하다	□ factor	요인, 요소	□ downturn	(경기) 침체	□ contextual	상황적인
□ evaluate	평가하다	□ economic	경제적인	□ previous	이전의	□ put aside	제쳐놓다
□ broad	광범위한	□ suppress	억제하다	□ drop	하락	□ rely on	의존하다
□ influential	영향력 있는						

유 형 소 개   장문 독해는 200단어 이상의 이야기 또는 시사적인 내용의 글을 읽고, 두 문항 정도의 질문에 답을 하는 유형이다. 상대적으로 긴 글을 읽고 글의 전체적인 내용과 세부적인 내용, 또는 비유적인 표현과 관련한 문항에 답을 해야 하기 때문에 속독 능력과 종합적인 사고력을 필요로 한다. 글의 제목, 어휘 적절성 파악 등의 유형이 주로 출제된다.

대 표 예 제   **[1~2] 다음 글을 읽고, 물음에 답하시오.**

Dr. Robert Provine, who wrote an article on laughter, believes humans laugh mainly because it serves as a kind of "social glue" that keeps people connected to one another. We laugh with others because it makes us feel a bond with them and that bond, in turn, gives us a sense of trust and comfort. Although we try hard, we are (a) <u>unable</u> to make ourselves laugh. Consequently, when we laugh, others can be certain that it is an (b) <u>honest</u> reaction, and honesty is key when building and maintaining friendships.

Since laughter is seen as a social cue that we send to others, it can also help explain why it (c) <u>spreads</u> to others. Studies have proven that when people see or hear something funny, they are 30 times (d) <u>more</u> likely to laugh when they are with others than when they are alone. Wanting to be accepted by others is part of human nature. Nobody wants to feel left out, and mirroring others' laughter is a way to signal to others that you feel the way they do, which makes us feel more connected with one another. The brain (e) <u>neglected</u> this a long time ago, and group laughter has occurred ever since.

1 윗글의 제목으로 가장 적절한 것은?

63% 고1 09월 모의고사 변형

① He Who Laughs Last Laughs Best
② Honest Laughter vs. False Laughter
③ Making Others Laugh Leads to Popularity
④ Friends Who Laugh Together Stay Together
⑤ The More You Laugh, the Younger You Will Be

2 밑줄 친 (a)~(e) 중에서 문맥상 낱말의 쓰임이 적절하지 <u>않은</u> 것은?

55% 고1 09월 모의고사 변형

① (a)   ② (b)   ③ (c)   ④ (d)   ⑤ (e)

New Words

□ laughter	웃음	□ consequently	결과적으로	□ cue	단서	□ accept	받아들이다
□ social glue	사회적 유대	□ reaction	반응	□ spread	퍼지다	□ neglect	무시하다
□ bond	결속력	□ honesty	정직	□ prove	증명하다	□ occur	발생하다
□ in turn	결국	□ friendship	우정				

1 문제와 선택지를 먼저 읽고 글이 전체적으로 어떤 흐름으로 전개될지 미리 추측한다.

: 무작정 장문 독해를 시작하기보다는 문제와 선택지를 먼저 읽고 글을 읽으면 시간이 절약되고,
지문의 대략적인 내용을 파악할 수 있다.

2 글의 전반적인 흐름, 줄거리 등을 파악하고 이를 통해 글의 제목, 주제 등을 추론한다.

: 평소에 긴 지문을 처음부터 끝까지 읽는 연습을 많이 하고, 단락별로 내용을 요약하며 읽는다. 특히
핵심 소재 또는 반복 어구 등에 유의한다.

3 어휘 적절성 파악 문항의 경우, 글 전체의 내용을 생각하면서 밑줄 친 단어가 문맥에 어울리는지 여부
를 판단한다.

: 주로 반대의 뜻을 가진 어휘를 많이 출제하고 있으므로 반의어 또는 파생어를 함께 학습하도록 한다.

Check! Reading Steps

Step ONE 문제와 선택지를 먼저 읽어, 유형에 알맞은 풀이 방법을 선택한다.

⋯ 윗글의 제목으로 가장 적절한 것은? (제목 추론 유형) *Unit 6 참고
⋯ 밑줄 친 (a)~(e) 중에서 문맥상 낱말의 쓰임이 적절하지 <u>않은</u> 것은? (어휘 적절성 파악)
　　*Unit 11 참고

Step TWO 글의 전체 내용을 통해 주제를 추론하고, 글의 제목을 고른다.
세부 문제의 답에 해당하는 문장은 정독하면서 주의 깊게 읽는다.

⋯ [글의 제목] 웃음은 다른 이들과 유대를 느끼게 하고 그 결속력은 신뢰와 편안함을 주며, 혼자 있을
때보다 함께 있을 때 웃음이 더 많아진다는 전체 글의 내용을 통해 제목을 추론할 수 있다.
⋯ [어휘 적절성 파악] 함께 웃는다는 것은 타인과 결속이 되고 같은 느낌을 느끼고 있다는 것을
깨닫는다는 의미이다.

정답 및 해설
P.24

시험에 자주 등장하는 어법

자동사와 타동사?

자동사는 목적어를 필요로 하지 않으므로 수동태를 만들 수 없으며, 타동사는 목적어를 필요로 하므로 수동태를 만들 수 있다.

Q1 [lie / lay]

자동사 lie (눕다, 놓여있다) : lie - lay - lain
타동사 lay (~을 놓다) : lay - laid - laid

Q2 [rise / raise]

자동사 rise (오르다) : rise - rose - risen
타동사 raise (~을 올리다) : raise - raised - raised

Q3 [fall / fell]

자동사 fall (떨어지다) : fall - fell - fallen
타동사 fell (~을 넘어뜨리다) : fell - felled - felled

특히 각각의 삼단변화형(현재-과거-과거분사)은 혼동어휘로 많이 나오므로 꼭 암기하도록 하자!
타동사의 경우, 규칙변화가 많다.

Practice 다음 중 어법에 맞는 것을 하나 고르시오.

1 Jim (lie / lay / laid) his hand on my shoulder.

2 Kate was (lying / laying) on the beach all day.

정답 **1** laid **2** lying

[01~02] 다음 글을 읽고, 물음에 답하시오.

A few years ago, I asked two groups of people to spend an afternoon picking up trash in a park. I told them that they were participating in an experiment to examine the best way to make people take care of their local parks. One group was paid very well for their time, but the other was given very (a) little cash. After an hour of hard, boring work, everyone rated how much they enjoyed the afternoon. You might think that the people who were paid well would have rated the work more (b) positively than those who earned very little.

In fact, the result was the exact opposite. The average enjoyment for the well-paid group was only 2 out of 10 while the poorly paid group's average rating was an amazing 8.5. It seemed that those who were paid well thought, "Well, people usually pay me to do things I dislike. I was paid a large amount, so I must (c) dislike cleaning the park." In contrast, those who were paid less thought, "I don't need to get much to do something I (d) enjoy. I worked for very little pay, so I must have enjoyed cleaning the park." According to the results of this study, it seems that giving excessive rewards may have a (e) positive effect on the attitudes of the people doing the work.

*excessive 지나친, 과도한

01 윗글의 제목으로 가장 적절한 것은? 64% 고1 03월 모의고사 변형

① Does More Money Make Us Work More Happily?
② Can You Be Happy When Others Are Sad?
③ Is Following Your Heart Always Right?
④ Enjoy Your Work, and You Will Become Rich
⑤ Pay More, and Your Employees Will Work Harder

02 밑줄 친 (a)~(e) 중에서 문맥상 낱말의 쓰임이 적절하지 <u>않은</u> 것은? 55% 고1 03월 모의고사 변형

① (a)　　　② (b)　　　③ (c)　　　④ (d)　　　⑤ (e)

· New Words ·

01~02

☐ pick up	~을 줍다	☐ rate	등급을 매기다, 평가하다	☐ dislike	싫어하다
☐ trash	쓰레기	☐ positively	긍정적으로	☐ in contrast	대조적으로
☐ participate in	~에 참가하다	☐ earn	벌다	☐ according to	~에 따라, ~에 의하면
☐ examine	조사하다	☐ in fact	사실	☐ positive	긍정적인 (↔ negative)
☐ take care of	~을 돌보다	☐ opposite	(정)반대; 반대의	☐ effect	영향, 효과
☐ local	지역의, 지방의	☐ average	평균적인; 평균	☐ attitude	태도

[03~04] 다음 글을 읽고, 물음에 답하시오.

Increased size affects group life in many ways. There is evidence that larger groups (five or six members) are more productive than smaller groups (two or three members). Members of larger groups tend to offer more suggestions than members of smaller groups. Although they seem to reach less agreement, they also show less tension. These differences may show the greater need of larger groups to solve organizational problems. Members may realize that their behavior must become more goal-directed, and they may put special effort to do so. Larger groups also put (a) more pressure on their members to conform. In such groups, it is (b) harder for everyone to take part equally in discussions or to have the same amount of influence on decisions.

There is evidence that groups with an even number of members differ from groups with an odd number of members. The former (c) agree more than the latter and suffer more ties as a result. Groups with an even number of members may split into halves. This is (d) impossible in groups with an odd number of members since one side always has an advantage in number. According to some researchers, the number five has special importance. Groups of this size usually escape the problems we have just seen. Moreover, they do not suffer from the weakness and tension found in groups of two or three. Groups of five rate high in member satisfaction; because of the odd number of members, ties are (e) unlikely when disagreements occur.

*conform 순응하다, 따르다

03 윗글의 제목으로 가장 적절한 것은? `74%` 수능 변형

① Why the Number of Group Members Is Important
② Individuality vs. Collectivity in the Workplace
③ Equal Opportunities: Toward Maximum Satisfaction
④ How to Cope with Conflicts in Groups
⑤ Agreement on Group Size Pays Off!

04 밑줄 친 (a)∼(e) 중에서 문맥상 낱말의 쓰임이 적절하지 <u>않은</u> 것은? `58%` 수능 변형

① (a) ② (b) ③ (c) ④ (d) ⑤ (e)

───────────────── New Words ─────────────────

03~04

☐ affect	영향을 미치다	☐ even	짝수의 (↔ odd)	☐ unlikely	∼일 것 같지 않은
☐ suggestion	제안	☐ former	전자의 (↔ latter)	☐ individuality	개성
☐ agreement	의견 일치 (↔ disagreement)	☐ tie	동점, 무승부	☐ collectivity	집단성
☐ tension	긴장 상태	☐ split	나누다, 분할하다	☐ cope with	∼에 대처하다
☐ organizational	조직의	☐ halves	절반 (cf. half의 복수형)	☐ conflict	충돌, 분쟁
☐ differ	다르다	☐ advantage	유리한 점, 이점	☐ pay off	성과를 올리다

UNIT 19 장문 독해 ② – 복합장문

유 형 소 개　네 개의 단락을 제시하고 복합 문단의 이해를 측정하는 장문 독해 유형이다. 문단의 순서, 지칭 대상 추론, 내용 일치 등의 다양한 유형으로 출제된다. 마지막 문제이기 때문에 시간이 부족한 경우가 종종 있으므로 시간 배분을 잘하도록 한다.

대 표 예 제　**[1~3] 다음 글을 읽고, 물음에 답하시오.**

(A)

Robby was a young boy who lived with his elderly mother. She wanted him to learn how to play the piano. She sent her son to a piano teacher. However, there was one small problem. Robby was a very slow learner. The teacher did not have much faith in Robby, but his mother was very enthusiastic, and every week she would send him to the teacher.

(B)

Finally, (a) she gave in and allowed him to play last. When the big day came, the hall was packed, and the children gave their best performances. Finally, it was Robby's turn to play, and he walked in as the last performer. The teacher was very nervous as (b) she thought Robby would spoil the concert. As Robby started playing, the crowd became silent. At the end of his performance, the crowd and the piano teacher gave him a standing ovation.

* standing ovation 기립 박수

(C)

After the concert, the teacher asked Robby how he could play so brilliantly. He said, "I was not able to attend the weekly piano lessons because my mother was sick with cancer. She passed away, and I wanted her to hear me play. Actually, this was the first time (c) she was able to hear me play. She was deaf when she was alive. Now I know she is listening to me in Heaven. I have to play my best for her!"

(D)

One day, Robby stopped attending the piano lessons. The teacher thought that he had given up. In fact, she was quite pleased as (d) she did not feel much hope for Robby. Not long after, the piano teacher was given the task of organizing a piano concert in town. Suddenly, (e) she received a call from Robby, who offered to take part in the concert. The teacher told Robby that he was not good enough. Robby begged her to give him a chance.

정답 및 해설 P.26

1 윗글 (A)에 이어질 내용을 순서에 맞게 배열한 것으로 가장 적절한 것은?   79% 고1 06월 모의고사 변형

① (B) – (D) – (C)   ② (C) – (B) – (D)

③ (C) – (D) – (B)   ④ (D) – (B) – (C)

⑤ (D) – (C) – (B)

2 윗글의 밑줄 친 (a)~(e) 중에서 가리키는 대상이 나머지 넷과 <u>다른</u> 것은?   77% 고1 06월 모의고사 변형

① (a)   ② (b)   ③ (c)   ④ (d)   ⑤ (e)

3 윗글의 Robby에 관한 내용과 일치하지 <u>않는</u> 것은?   74% 고1 06월 모의고사 변형

① 어머니가 원해서 피아노를 배우기 시작했다.

② 처음에 피아노 선생님의 신뢰를 얻지 못했다.

③ 콘서트에서 마지막 순서로 연주했다.

④ 돌아가신 어머니를 위해 피아노를 연주했다.

⑤ 콘서트에서 연주해 달라는 전화를 받았다.

New Words

☐ elderly	나이 있는	☐ performance	연주	☐ give up	포기하다
☐ faith	신뢰	☐ turn	차례	☐ not long after	오래지 않아, 얼마 후
☐ enthusiastic	열성적인	☐ spoil	망치다	☐ task	임무, 일
☐ give in	항복하다	☐ brilliantly	훌륭하게	☐ offer	제공하다
☐ allow	허락하다	☐ attend	참여하다, 참석하다	☐ take part in	~에 참가[참여]하다
☐ pack	가득 채우다	☐ deaf	청각장애가 있는	☐ beg	간청하다

1 주어진 문제 유형을 확인하고, 먼저 선택지를 빠르게 읽는다.

: 유형별로 알맞은 풀이 방법을 떠올리면서 선택지를 통해 대략적인 글의 내용을 예측해본다.

2 주어진 문단을 읽으면서 전체 글의 순서를 결정한다.

: 지시어, 연결어, 관사 등에 유의하며 문단 내 글의 순서 정하기 유형과 같은 방법으로 접근한다.

3 문제 유형에 따라 중요한 단서가 되는 곳에 밑줄을 그으며 읽는다.

: 지문이 길기 때문에 문제에서 원하는 답이 있는 곳을 찾으면 바로 표시를 해두는 것이 좋다.

Check! Reading Steps

Step ONE 글을 읽기 전에 문제 유형이 무엇인지 파악한다.

… 주어진 글 (A)에 이어질 내용을 순서에 맞게 배열한 것으로 가장 적절한 것은?
(글의 순서 유형) *Unit 15 참고

… 밑줄 친 (a)~(e) 중에서 가리키는 대상이 나머지 넷과 다른 것은? (지칭 추론 유형)

… 윗글의 Robby에 관한 내용과 일치하지 않는 것은? (내용 일치 유형) *Unit 8 참고

Step TWO 문단 내 글의 예상 순서를 정한 후, 지칭 추론 유형에 접근한다. 세부 내용 파악 유형인 내용 일치·불일치 문제는 마지막에 푸는 것이 오답을 줄이는 방법이다.

… **[글의 순서 정하기]** 주어진 글은 배우는 속도가 매우 느렸던 Robby가 열정적인 어머니로 인해 매주 피아노 레슨을 받았다는 내용이다. 어느 날, 갑자기 레슨을 그만두었던 그에게서 마을 피아노 콘서트에 참여하겠다고 연락이 왔고, 피아노 선생님의 걱정과는 다르게 성공적으로 연주를 마쳤다. 사실 그는 어머니의 병환과 죽음으로 레슨에 참여하지 못했으며, 청각 장애인이셨던 어머니가 하늘에서 듣고 있다고 생각하고 열심히 연주했다는 내용이 마지막으로 이어지는 것이 글의 순서로 가장 적절하다.

… **[지칭 추론]** (a),(b),(d),(e)는 피아노 선생님을 가리키지만, (c)는 Robby의 어머니를 가리킨다.

… **[세부 내용 파악]** 문단 (D)의 후반부를 보아, 콘서트에서 연주를 하고 싶다는 Robby의 전화를 피아노 선생님께서 받았다는 것을 알 수 있다.

정답 및 해설 p.26

▲ 영어 속담 알아두기

Don't cry before you are hurt.	지레 겁부터 먹지 마라.
Don't put off till tomorrow what you can do today.	오늘 할 수 있는 일을 내일로 미루지 마라.
Don't bite off more than you can chew.	능력 밖의 일을 계획하지 마라.
He who makes no mistakes makes nothing.	실수하지 않으면 이루는 것이 없다.
Make hay while the sun shines.	기회를 놓치지 마라.
Rome was not built in a day.	로마는 하루 아침에 이루어지지 않았다.
Strike while the iron is hot.	쇠뿔도 단김에 빼랬다.
The early bird catches the worm.	일찍 일어나는 새가 벌레를 잡는다.
The pen is mightier than the sword.	펜이 칼보다 강하다.
Haste makes waste.	서두르면 일을 그르친다.

The pot calls the kettle black.	똥 묻은 개가 겨 묻은 개 나무란다.
Time and tide wait for no man.	세월은 사람을 기다리지 않는다.
Two heads are better than one.	백지장도 맞들면 낫다.
Too many cooks spoil the broth.	사공이 많으면 배가 산으로 간다.
Walls have ears.	낮말은 새가 듣고 밤말은 쥐가 듣는다.
Well begun is half done.	시작이 반이다.
You can't judge a book by its cover.	겉모양으로 판단해서는 안 된다.
You can't eat your cake and have it.	두 마리 토끼를 얻을 수 없다.
When in Rome, do as the Romans do.	로마에 가면 로마법을 따라라.
Don't put all your eggs in one basket.	하나에 올인 하지 마라. 분산투자 해라.

A bad workman always blames his tools.	서툰 일꾼이 도구 탓한다.
A bird in the hand is worth two in the bush.	남의 돈 천 냥보다 내 돈 한 냥이 더 가치 있다.
Actions speak louder than words.	말보다 행동
A trouble shared is a trouble halved.	어려움을 나누면 고통은 절반.
All is not gold that glitters.	번쩍인다고 다 금인 것은 아니다.
Bad news travels fast.	나쁜 소문은 빨리 퍼진다.
As you sow, so shall you reap.	뿌린 대로 거둔다.
Blood is thicker than water.	피는 물보다 진하다.
Don't count your chickens before they are hatched.	김칫국부터 마시지 마라.
The grass always looks greener on the other side of the fence.	남의 떡이 더 커 보인다.

[01~03] 다음 글을 읽고, 물음에 답하시오.

(A)

Evan, a young medical student, had to be away from his fiancée for three years to study at college in New York, far away from his hometown, New Orleans. To be separated so long from his love was heartbreaking for him. He was eager to go to see (a) her, but he was too poor to buy a ticket for a long-distance bus to his hometown. He was sad and depressed. He would go to the bus station just to watch the buses for New Orleans drive away while sitting on an old wooden bench.

(B)

He showed the woman her picture. The woman said, "Oh, (b) she is the most beautiful young woman I've ever seen." Then, she began to tell him that she had been married to a traveling salesman who had recently passed away. She told him how they used to cry each time he had to go away but how happy they were when he returned. She said, "Marriage is wonderful. You're going to have a wonderful marriage. Everything's going to be fine." Her words of kindness were a great comfort to him.

(C)

And then the woman suggested he might feel better if he had something to eat. She walked away, and a few minutes later, she came back with a pack of doughnuts and gave it to him. At that moment, an announcement came over the loudspeaker, and she said, "Oh, my goodness! My bus is here." And (c) she hurriedly walked to her bus. Watching her leave, he opened the pack of doughnuts. He couldn't believe his eyes. Inside the box, he found two $100 bills with a note. "Everything's going to be fine. It's time to go to see (d) her!"

(D)

When he was at the bus station as usual, he found himself sitting next to an old woman. She saw him and said, "Honey, you really look depressed." He said, "I am." And before he knew it, he was crying. She reached for his hand and simply asked, "What's wrong, honey?" He told her the story about his fiancée and himself and how much he loved her and how much he missed (e) her.

*fiancée 약혼자

01 주어진 글 (A)에 이어질 내용을 순서에 맞게 배열한 것으로 가장 적절한 것은? 78% 고1 09월 모의고사 변형

① (B) – (D) – (C)
② (C) – (B) – (D)
③ (C) – (D) – (B)
④ (D) – (B) – (C)
⑤ (D) – (C) – (B)

02 밑줄 친 (a)~(e) 중에서 가리키는 대상이 나머지 넷과 다른 것은? 80% 고1 09월 모의고사 변형

① (a)　　② (b)　　③ (c)　　④ (d)　　⑤ (e)

03 윗글의 Evan에 관한 내용과 일치하지 않는 것은? 82% 고1 09월 모의고사 변형

① 약혼녀와 3년간 떨어져 있어야 했다.
② 약혼녀의 사진을 노부인에게 보여주었다.
③ 노부인의 친절한 말에 위안을 얻었다.
④ 노부인에게 도넛을 주었다.
⑤ 버스 정류장에서 노부인을 만났다.

New Words

01~03

□ separate	분리시키다	□ drive away	차를 타고 떠나다	□ hurriedly	서둘러서
□ heartbreaking	가슴 아프게 하는	□ depressed	우울한	□ announcement	발표, 소식
□ eager to	~를 열망하다	□ pass away	세상을 떠나다	□ loudspeaker	확성기
□ long-distance	장거리의	□ marriage	결혼	□ pack	포장, 묶음
□ hometown	고향	□ comfort	위안, 안락	□ note	지폐, 악보

[04~06] 다음 글을 읽고, 물음에 답하시오.

(A)

A seventeen-year-old German boy named Erik Brandes stepped out onto the empty large stage at the Cologne Opera House. It was the most exciting day of Erik's life. (a) The youngest concert promoter in Germany had persuaded the opera house to host a late-night concert of improvised jazz by the American pianist Keith Jarrett. The concert was sold out, and later that evening, Keith would sit down at the piano and play.

*improvise 즉흥적으로 연주하다

(B)

When Keith began to play, everybody immediately knew this was magic. Erik too was deeply touched. Keith was unexpectedly producing the performance of a lifetime despite the piano. (b) His left hand produced thundering, repetitive bass riffs as a way of covering up the piano's lack of resonance. Keith really had to play that piano very hard to get enough volume to get to the balconies. Standing up and sitting down, Keith played the unplayable piano to produce something unique. It was fantastic music beyond imagination that he was playing. In the face of a challenge, he accepted it and flew high.

*bass riff 저음 반복 악절 **resonance 울림, 반향

(C)

Understandably, Keith didn't want to perform. He left and went to wait in his car, and Erik remained there expecting the arrival of furious concert-goers who would arrive soon. (c) The German teenager was disappointed at this, so he followed Keith and begged the jazz pianist to play. The pianist looked at him in the middle of the heavy rain and took pity on him. "Never forget," Keith said. "Only for (d) you." A few hours later, Keith walked out to the unplayable piano in front of the full concert hall.

(D)

But when Erik brought Keith and his producer Manfred to the piano on the stage that afternoon, it didn't go well. Keith and Manfred played a few notes. Then, after a long silence, Manfred came to (e) <u>him</u> and said, "Erik, if you don't get another piano, Keith can't play tonight." Erik knew that Keith had requested a specific instrument, which the opera house had agreed to provide. What he hadn't realized was that the opera house hadn't been able to find the requested Bosendorfer piano, and they had instead installed a tiny little Bosendorfer that was in poor condition.

04 주어진 글 (A)에 이어질 내용을 순서에 맞게 배열한 것으로 적절한 것은? 71% 수능 변형

① (B) – (D) – (C)　　　　　　② (C) – (B) – (D)
③ (C) – (D) – (B)　　　　　　④ (D) – (B) – (C)
⑤ (D) – (C) – (B)

05 밑줄 친 (a)~(e) 중에서 가리키는 대상이 나머지 넷과 <u>다른</u> 것은? 79% 수능 변형

① (a)　　　② (b)　　　③ (c)　　　④ (d)　　　⑤ (e)

06 윗글의 내용으로 적절하지 <u>않은</u> 것은? 86% 수능 변형

① 연주회의 표가 매진되었다.
② 연주가 시작되자마자 관객들은 감동을 받았다.
③ Keith는 충분한 피아노 음량을 만들기 위해 노력했다.
④ Keith는 빗속에 서 있는 Erik을 보고도 외면했다.
⑤ Keith와 Manfred는 연주회장의 피아노를 쳐 보았다.

04~06
□ empty	비어 있는	□ instrument	악기	□ furious	열광적인
□ sold out	(표가) 매진된	□ install	설치하다	□ beg	간청하다
□ silence	침묵	□ tiny	아주 작은	□ pity	동정심
□ request	요청하다	□ understandably	당연히	□ unplayable	연주할 수 없는
□ specific	구체적인, 특정한	□ perform	공연하다	□ thundering	우레[뇌성] 같은

MINI TEST

01 다음 글의 주제로 가장 적절한 것은?

75% 고1 11월 모의고사 변형

One might wonder why we should worry about overconfidence in students. After all, confidence is often considered a positive feature. Indeed, according to research, students who are confident about their ability to succeed at school tend to perform better on academic tests than those with less confidence. However, negative consequences also stem from being too confident in the classroom. Overconfident students end up feeling more disconnected and disillusioned than those with more disappointing expectations. Overconfidence can also leave students with mistaken impressions that they are fully prepared for tests and no longer need to study. Students who have relatively accurate perceptions about their learning progress tend to use more effective study habits and perform better on tests than those who are overconfident about their knowledge.

*overconfidence 지나친 자신감 **disillusioned 환멸을 느끼는

① the negative effects of students' overconfidence on their school lives
② important factors to consider when choosing a college major
③ useful ways to build students' confidence
④ the changing roles of academic tests at schools
⑤ effective ways to change bad study habits

02 다음 글의 제목으로 가장 적절한 것은?

If you're too busy to do laundry, don't worry about it. At least your jeans will stay clean, depending on your definition of "clean." After wearing a pair of unwashed jeans for fifteen months, Josh Le, a student at the University of Alberta, handed them to Dr. McQueen. She sampled the bacteria living on the jeans. Next, Le washed the jeans. He wore the jeans for only two weeks this time, and Dr. McQueen took a sample again. The results? Whether fifteen months or two weeks, the bacteria growth was about the same. Now what about the smell? Le aired his jeans well three times a week, and he still had lots of friends.

① Doing Laundry Is Bad for the Environment
② Is Doing Laundry Necessary That Often?
③ Are Bacteria the Cause of Bad Smells?
④ Unwashed Jeans: Homes For Bacteria
⑤ New Jeans: A Must for Teens

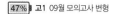

03

다음 글의 밑줄 친 부분 중, 어법상 틀린 것은?　47% 고1 09월 모의고사 변형

Though he probably was not the first to do it, Dutch eyeglass maker Hans Lippershey gets credit for putting two lenses on either end of a tube in 1608 and ① <u>creating</u> a "spyglass." Even then, it was not Lippershey but his children who discovered ② <u>that</u> the double lenses made a nearby weathervane look bigger. These early instruments were just toys because their lenses were not very strong. The first person ③ <u>to turn</u> a spyglass toward the sky was an Italian mathematician and professor named Galileo Galilei. Galileo, who heard about the Dutch spyglass and then made his own, ④ <u>realizing</u> right away how useful the device could be to armies and sailors. As he made better and better spyglasses, which were later named telescopes, Galileo decided ⑤ <u>to point</u> one at the moon.

*credit 인정 **weathervane 풍향계

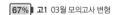

04

다음 글의 밑줄 친 부분 중, 문맥상 낱말의 쓰임이 적절하지 <u>않은</u> 것은?　67% 고1 03월 모의고사 변형

Unfortunately, many insects don't live through the cold winter. Others, however, have come up with clever plans to ① <u>survive</u> until spring. For example, some flies stay in corners of a warm house over the winter, so it's ② <u>unlikely</u> to see them flying outside. Certain honeybees pack together in a small space and move their wings quickly to produce heat. This lets them stay ③ <u>warm</u>. Some mosquitoes, like frogs, sleep through the winter cold. This is because they cannot move around when the temperature goes ④ <u>up</u>. In spring, the females slowly become ⑤ <u>active</u>, flying around, looking for food: fresh blood.

05

다음 글의 빈칸에 들어갈 말로 가장 적절한 것은?　　　　　　　54% 고1 06월 모의고사 변형

　　Perhaps the biggest mistake that most beginning investors make is getting into a panic over losses. This is a big obstacle to making a strong and long-lasting plan. We work hard for our money, and we want to see it grow and work hard for us. But what most beginning investors don't understand is that investing in the stock market is a risk, and with risk, you sometimes take losses. Although an investment may be falling in price, it doesn't mean you have to abandon it in a rush. The point is, as investors, we should not focus on short-term losses but rather on long-term growth. Therefore, be _____ when you invest in stock market.

*stock 주식, 증권

① honest　　　　　　② patient　　　　　　③ productive

④ diligent　　　　　　⑤ cooperative

06

다음 글의 빈칸에 들어갈 말로 가장 적절한 것은?　　　　　　　70% 고1 09월 모의고사 변형

　　Jupiter is here _____. In the early hours of September 10, an astronomer in Oregon found a bright flash of light on Jupiter. Astronomers believe this flash was an asteroid hitting the giant planet. Scientists say that the asteroid may have been heading for Earth, but instead, Jupiter took the blow. And this may not be the first time Jupiter has saved Earth. Jupiter has the strongest gravitational pull of any planet. The gravitational pull of Jupiter grabs passing asteroids and pulls them to its surface — and away from Earth. Scientists are studying possible marks from asteroids on Jupiter. Chances of actually hitting Earth are very unlikely, but scientists keep a close watch on asteroids as there are so many of them in orbit.

*asteroid 소행성

① to affect Earth's gravity　　　　　② to protect our little planet
③ to change the orbit of Earth　　　　④ to prevent explosion of satellites
⑤ to provide us with alternative energy

07

밑줄 친 turns the life stories of these scientists from lead to gold가 다음 글에서 의미하는 바로 가장 적절한 것은?

56% 고2 11월 모의고사 변형

In school, there seems to be only one right way to study science, only one right formula that produces the correct answer on a standardized test. Textbooks with grand titles like *The Principles of Physics* magically show "the principles" in three hundred pages. An authority figure then appears to teach us "the truth." As physicist David Gross explained in his Nobel lecture, textbooks often ignore the many failures, false clues and misconceptions that scientists have suffered from. We learn about Newton's "laws" — as if God's visit or a sudden hit by genius made such discoveries possible — but not about the years he spent exploring, revising, and changing them. Newton failed to establish laws in alchemy as he attempted but failed to turn lead into gold. However, we don't learn about those failures and struggles in our physics classrooms. Instead of telling us all of the stories, good or bad, our education system just turns the life stories of these scientists from lead to gold.

*alchemy 연금술

① discovers the valuable relationships between scientists
② emphasizes difficulties in establishing new scientific theories
③ mixes the various stories of great scientists across the world
④ focuses more on the scientists' work than their personal lives
⑤ shows only the scientists' success ignoring their processes and errors

08 주어진 글 다음에 이어질 글의 순서로 가장 적절한 것은?

74% 고1 11월 모의고사 변형

We frequently overestimate agreement with others and believe that everyone else thinks and feels exactly like we do. This misconception is called the false-consensus effect.

(A) They also had to guess how many other students would do the task. Those who were willing to wear the sign guessed that the majority would also agree to it.

(B) On the other hand, those who refused believed that most students would find it too stupid to do. In both cases, the students imagined themselves to be in the majority.

(C) Psychologist Lee Ross began studying this in 1977. He made a sandwich board with the slogan "Eat at Joe's" and asked randomly selected students to wear it around campus for thirty minutes.

① (A) – (C) – (B)　　　② (B) – (A) – (C)　　　③ (B) – (C) – (A)
④ (C) – (A) – (B)　　　⑤ (C) – (B) – (A)

09 글의 흐름으로 보아, 주어진 문장이 들어가기에 가장 적절한 곳은?  고1 09월 모의고사 변형

> This simple realization is related not only to friends in real life but also to followers on social media websites.

Are your friends more popular than you are? (①) There seems to be no reason to suppose this is true, but it probably is. (②) At work or school, we are all more likely to become friends with someone who has a lot of friends than someone with few friends. (③) It's not that we avoid co-workers and classmates with few friends; rather, it's more probable that we will be among a popular person's friends simply because he or she has more friends. (④) On Twitter, for example, it causes what is called the follower paradox: most people have fewer followers than their followers do. (⑤) Before you decide to become more popular, remember that most people are in a similar situation.

*paradox 역설

10

다음 글의 내용을 한 문장으로 요약하고자 한다. 빈칸 (A)와 (B)에 들어갈 말로 가장 적절한 것은?

64% 고1 09월 모의고사 변형

"Humans, like most animals, have a strong preference for immediate reward over delayed reward. If you offer me $10 today or $11 tomorrow, I'll probably say I'd rather have the $10 today," says Zweig. Even bigger numbers don't seem to make a difference. Financial experts like me frequently use what-if scenarios to try to encourage people to save more and at a younger age. You've heard us say that if at age 20, you saved $100 a month earning 8 percent interest, you'd have $525,454 at retirement. If you waited until you were 30 to begin, you'd have only $229,388. Yes, the examples are striking, but by Zweig's logic, they probably aren't very effective. "A reward you get in the distant future has no emotional kick to it. It's just a possible outcome," he says. "Even if you tell people you'll have a million dollars 30 years from now, the brain doesn't get it."

↓

People feel more ____(A)____ if they are rewarded ____(B)____ regardless of the amount of money.

	(A)		(B)
①	disappointed	⋯⋯	randomly
②	disappointed	⋯⋯	individually
③	relieved	⋯⋯	secretly
④	satisfied	⋯⋯	instantly
⑤	satisfied	⋯⋯	regularly

[11~12] 다음 글을 읽고 물음에 답하시오.

A recent study from Germany proved that hearing the words "This is going to hurt" before we get a shot triggers the pain response in our brains. We actually feel pain before the needle even touches the skin! Researchers used an MRI to study people's brains and found that their pain centers lit up like pinball machines when they heard words that suggested (a) intense pain was coming.

What this tells us is that words are (b) important. When we say or listen to words meaning negative or painful thoughts or feelings, our brains immediately (c) activate to feel that pain. In some ways, this is an amazingly human feature; we are very empathetic creatures. But there are situations where that compassion might cause problems. When a person with chronic pain talks about her pain with a support group, the close relationships are certainly (d) helpful to her. But if she "shares" how she's been struggling during those meetings, might she actually be strengthening that pain in herself and others? It's certainly a valid question.

Whatever the answer is, this area of research shows one thing clearly: We have a great ability to control our own health simply by changing our internal dialogue. Consider this chain of events: Think positive thoughts. Say positive words. Surround yourself with positive people. What will happen? Your body will be able to get health benefits such as (e) higher blood pressure and lower levels of stress hormones.

*empathetic 공감적인

11 윗글의 제목으로 가장 적절한 것은?

62% 고1 09월 모의고사 변형

① Are You Ready to Face Reality?
② How Pain Can Make You Feel Better
③ Empathy: The Bridge Between People
④ Your Brain Is Listening to What You Say
⑤ More Positivity Means Higher Self-confidence

12 밑줄 친 (a)~(e) 중에서 문맥상 낱말의 쓰임이 적절하지 <u>않은</u> 것은?

61% 고1 09월 모의고사 변형

① (a)　　　　② (b)　　　　③ (c)　　　　④ (d)　　　　⑤ (e)

01 다음 글의 주제로 가장 적절한 것은?

73% 고1 09월 모의고사 변형

Science fiction involves much more than shiny robots and fantastic spaceships. In fact, many of the most wonderful pieces of science fiction have their basis in scientific facts. Because a great deal of science fiction is rooted in science, it can be used to bring literature out of the English classroom and into the science classroom. Science fiction not only helps students see scientific principles in action, but it also builds their critical thinking and creative skills. As students read a science fiction text, they must connect the text with the scientific principles. Students can read a science fiction text and a nonfiction text about similar ideas and compare and contrast the two. Students can also build their creative skills by seeing scientific principles, creating science fiction stories, or imagining new ways to apply the knowledge and skills.

① common themes in science fiction movies
② the influence of science fiction on popular culture
③ examples of scientific principles in science fiction
④ the historical development of the science fiction genre
⑤ the benefits of using science fiction in science classrooms

02 다음 글의 제목으로 가장 적절한 것은?

66% 고1 03월 모의고사 변형

Give children options and allow them to make their own decisions on how much they would like to eat, whether they want to eat or not, and what they would like to have. For example, include them in the decision-making process of what to make for dinner "Lisa, would you like to have pasta and meatballs, or chicken and a baked potato?" When you discuss how much they should eat during dinner, serve them a reasonable amount; if they claim they are still hungry after eating enough, ask them to wait five to ten minutes. If they still feel hungry, then they can have a second plate of food. This is behavior that teaches self-confidence and self-control.

① Be a Role Model for Your Children
② Hunger: The Best Sauce for Children
③ Table Manners: Are They Important?
④ Good Nutrition: Children's Brain Power
⑤ Teach Children Food Independence

03

다음 글의 밑줄 친 부분 중, 어법상 틀린 것은?

64% 고1 11월 모의고사 변형

One way to make a chaser work harder is to zigzag. A rabbit ① running from a coyote, for example, does not run endlessly in a straight line. Instead, it moves quickly back and forth, and ② forces the coyote to change directions and to make sharp turns, too. Zigzagging is easier for a rabbit, ③ which is small, than for the larger coyote. The coyote also cannot tell ④ when the rabbit will run this way or that, so it cannot plan its next move. In this way, the rabbit makes the chase more ⑤ difficultly and makes the coyote more tired. Though a coyote may still succeed at catching its prey, there is a chance that it may give up and go look for an easier meal.

04 다음 글의 밑줄 친 부분 중, 문맥상 낱말의 쓰임이 적절하지 <u>않은</u> 것은?

51% 고1 06월 모의고사 변형

In Ontario, there is an old-growth forest near Temagami. Some people want to cut down the trees. Others want to keep it as it is: They believe it is ① <u>unique</u> and must be protected for future generations. Many people are somewhere in the middle, and they want some use and some protection. Most people are in ② <u>favor</u> of using our resources wisely. They prefer to make our resources ③ <u>sustainable</u>. That is, we should use our resources wisely now so that we will still have more for the future. We are all ④ <u>responsible</u> for looking after the environment. We can learn from the First Nations' people who have long known the importance of ⑤ <u>changing</u> the environment for future generations. We will have to use some of what we got from the previous generations and pass on some of them to the future generations.

*First Nations' people 캐나다 원주민

05

다음 글의 빈칸에 들어갈 말로 가장 적절한 것은? 55% 고1 06월 모의고사 변형

Jenny Hernandez is the manager of a medium-sized company that employs about 25 people. Jenny's leadership has been contributing to the success of the company. One characteristic of Jenny's style is her _____. She does not want to give anyone the impression that certain people have an advantage. So she makes a lot of effort to prevent this from happening. For example, she avoids social lunches because she thinks they create the perception of favoritism. Similarly, even though her best friend is one of the employees, she is seldom seen talking with her, and if she is, it is always about business matters.

① fairness   ② diligence   ③ creativity
④ confidence   ⑤ friendliness

06

다음 글의 빈칸에 들어갈 말로 가장 적절한 것은? 77% 고1 03월 모의고사 변형

One summer, a teenager I knew, a young man who had the highest IQ in the region, repainted a neighbor's roof. He climbed up with his paint bucket and roller and started to paint — from the bottom to the top. When he got to the top of the roof, he realized he couldn't help stepping on newly applied paint to get down to the ground. On his way down, he slipped on the fresh paint, fell off the roof, and broke his leg. He was very good at math and reading, but he couldn't think of the idea of starting from the top. Sometimes common sense and practical knowhow are more useful than .

① social skills   ② strong confidence
③ intellectual ability   ④ physical strength
⑤ childhood dreams

07

밑줄 친 "Garbage in, garbage out"이 다음 글에서 의미하는 바로 가장 적절한 것은?

53% | 고3 06월 모의고사 변형

Many companies confuse activities and results. As a result, they design and order a process for innovation, without mentioning the desirable results, just in the form of activities for their employees to carry out. This is a mistake. Salespeople have a genius for doing not what's effective but what's compensated. If your process has an activity such as "submit proposal" or "make a promotional call," then that's just what your employees will do. They don't care whether the calls were to the wrong customers. They don't care whether the proposal wasn't submitted at the right point in the buying decision or didn't have right information. The process asked for only activity, and activity alone was what it got. Salespeople have just done what was asked of them. "Garbage in, garbage out" they will tell you. "It's not our problem, it's this dumb process."

① In seeking results, compensation is important.
② Salespeople should join in a decision-making process.
③ Shared understanding does not always result in success.
④ Activities from false information lead to failure.
⑤ Processes focused only on activities are not effective.

08 주어진 글 다음에 이어질 글의 순서로 가장 적절한 것은?

When you look at a map, you may conclude that the best way to get from Amsterdam to Tokyo is to head in an easterly direction along what is known as the Mediterranean route.

(A) After you've decided on a goal, work hard to accomplish it, but keep looking for ways of achieving the goal more efficiently, perhaps from a different angle. This approach is sometimes known as reframing.

(B) But look at a globe instead of a map, and your perspective may change. Rather than heading east on the Mediterranean route, commercial planes going from Amsterdam to Tokyo now fly north! That's right.

(C) They take what is known as the polar route, so they fly over the North Pole to Alaska and then west to Tokyo, which saves them roughly 1,500 miles! What is the lesson here?

*reframe 재구성

① (A) – (C) – (B)   ② (B) – (A) – (C)   ③ (B) – (C) – (A)

④ (C) – (A) – (B)   ⑤ (C) – (B) – (A)

09

다음 글의 흐름으로 보아, 주어진 문장이 들어가기에 가장 적절한 곳은? `66%` 고1 06월 모의고사 변형

> Other research, however, suggests that, as a whole, women may feel more stress than men.

Fundamental differences may exist between men and women. (①) Perhaps as a child you remember going to your mother when you broke the garage window with a baseball. (②) You went to your mother instead of your father because mom would be less likely to be upset. (③) A study at Ohio State University found that women's blood pressure rises less than men's in response to objective stressors. (④) Ronald Kessler studied at Harvard and found that women feel stress more often because they generally take a wider view of life. (⑤) For example, women may worry about many things at a time while many men can classify their worries and deal with only one problem or stressor before moving on to the next one.

10

다음 글의 내용을 한 문장으로 요약하고자 한다. 빈칸 (A)와 (B)에 들어갈 말로 가장 적절한 것은?

Do animals have a sense of fairness? Researchers decided to test this by paying dogs for "giving their paw." Dogs were asked repeatedly to give their paw. Researchers measured how fast and how many times dogs would give their paw if they were not rewarded for it. Once this baseline level of paw giving was established, the researchers had two dogs sit next to each other and asked each dog in turn to give a paw. Then, one of the dogs was given a better reward than the other. In response, the dog that was being "paid" less for the same work became less willingly to give its paw and stopped giving its paw sooner. This finding raises the very interesting possibility that dogs may have a basic sense of fairness or at least a hatred of inequality.

*paw 동물의 발

↓

The dog that was rewarded less than the other for the same act showed

_____(A)_____ responses, which suggests that dogs may have a sense of

_____(B)_____.

	(A)		(B)
①	willing	⋯⋯	shame
②	willing	⋯⋯	direction
③	normal	⋯⋯	achievement
④	unwilling	⋯⋯	belonging
⑤	unwilling	⋯⋯	equality

[11~12] 다음 글을 읽고, 물음에 답하시오.

> Last year, Roberta Vinci had a tennis match with number one-ranked Serena Williams in the U.S. Open. No one thought Vinci would win, but she did. In an interview after the match, Vinci said she did not think it was (a) <u>possible</u>, so she tried not to think about winning. "In my mind, I said, 'Hit the ball and run. Don't think. Just run.' And then I won."
>
> Vinci's attitude is the opposite of today's culture where we emphasize (b) <u>positivity</u> too much. If you feel like something is impossible then you are told that you are just not thinking positively enough. However, if you really believe that something is impossible, or that you won't succeed, then trying to think positively can (c) <u>increase</u> your anxiety and actually doesn't help at all. Therefore, sometimes the best way to accomplish a difficult objective is to (d) <u>start</u> thinking that it is possible and just to take things step by step. Remember that focusing too much on the goal can prevent you from (e) <u>achieving</u> the thing you want. Forget about it. Just hit the ball and run.

11 윗글의 제목으로 가장 적절한 것은?   61% 고1 06월 모의고사 변형

① The Power of Positive Thinking
② Stop Thinking; Be in the Moment
③ Keep Your Original Plan on Track
④ Physical Activity Reduces Anxiety
⑤ Want to Succeed? Learn from Mistakes!

12 밑줄 친 (a)~(e) 중에서 문맥상 낱말의 쓰임이 적절하지 <u>않은</u> 것은?   74% 고1 06월 모의고사 변형

① (a)   ② (b)   ③ (c)   ④ (d)   ⑤ (e)

01

다음 글의 주제로 가장 적절한 것은? 65% 고1 06월 모의고사 변형

Have you been abroad? Do you travel a lot? Then you know what I'm talking about. Wherever you go on this globe, you can get along with English. But then you realize that mostly there's something you may find odd about the way English is used there. If you are abroad, English is likely to be somewhat different from the way you speak it. Well, if you stay there, wherever that is, for a while, you'll get used to this. And if you stay there even longer, you may even learn some of these features and begin to sound like the locals. What this example teaches us is that English is no longer just "one language."

① the pros and cons of traveling abroad
② the localization of English in different places
③ the necessity for systematic English education
④ various methods to improve one's English ability
⑤ how to get along with local residents abroad

02

다음 글의 제목으로 가장 적절한 것은? 88% 고1 11월 모의고사 변형

A wide range of evidence shows that contact with nature improves children's education, personal and social skills, and health and well-being, leading to the development of responsible citizens. However, research also shows that the connections between children and nature are weaker now than in the past. Children are becoming disconnected from the natural environment. They are spending less and less time outdoors. In fact, the possibility of children visiting any green spaces at all has halved in a generation. Children themselves say that outdoor space is one of the things that they need to feel good and do well.

① Nature: What Children Need
② Decreasing Numbers of Green Area in Cities
③ The Characteristics of Good Citizens
④ Eco-Friendly Education on the Rise
⑤ Children: Designers of the Environment

03

다음 글의 밑줄 친 부분 중, 어법상 틀린 것은?　　　　

　　Ying Liu wanted to stop his six-year-old son, Jing, from watching so much TV. He also wanted to encourage Jing to play the piano and ① to do more math. The first thing Ying did was prepare. He made a list of his son's interests. It ② was included, in addition to watching TV, playing with Legos and going to the zoo. He then suggested to his son ③ that he could trade TV time, piano time, and study time for Legos and visits to the zoo. They established a point system, ④ where he got points whenever he watched less TV. Dad and son monitored the process together. As Jing got points, he felt valued and good about ⑤ himself and spent quality time with Dad.

04

다음 글의 밑줄 친 부분 중, 문맥상 낱말의 쓰임이 적절하지 않은 것은?　　　　

　　The laser pointer, which became popular in the 1990s, was at first typically thick to hold in the hand. Before long, such pointers came in ① slimmer pocket models and became easier to handle. But, the laser pointer had its own ② weakness. Batteries were required and had to be replaced, and the shaky hand movements of a nervous lecturer were ③ shown in the sudden motion of the red dot. Moreover, the red dot could be difficult to see against certain backgrounds; thus it made the laser pointer ④ superior even to a simple stick. To correct this problem, more ⑤ advanced and more expensive green-beam laser pointers came to be introduced.

05

다음 글의 빈칸에 들어갈 말로 가장 적절한 것은? 69% 고1 03월 모의고사 변형

One late evening in August of 1952, in a theater in New York, a man just opened and closed a piano cover three times before an audience, not hitting any keys for four minutes and thirty-three seconds. It was John Cage's 4′33″, the famous musical composition that consists of _____. Cage believed the audience could feel music fully without the artist. Therefore, the only way to prove his belief was to remove the artist from the process of creation. In 4′33″, neither artist nor composer had any impact on the piece, so Cage had no way of controlling what sounds would be heard by the audience.

*piece 곡, 작품

① lyrics   ② chorus   ③ silence
④ laughing   ⑤ humming

06

다음 글의 빈칸에 들어갈 말로 가장 적절한 것은? 72% 고1 03월 모의고사 변형

There's a reason a dog is a man's best friend. Your puppy is always happy to see you. He doesn't care if you failed a math test; he jumps all over you and treats you like the best thing. So what's going on here? Your dog never took a psychology lecture, but he automatically knows the way to your heart: to make you feel important and loved. Now imagine how well people would respond to you if you showed them that kind of attention. It's the number-one way to strengthen relationships. When you show people your _____, the results will show easily.

① love for your pet   ② confidence at work
③ true interest in them   ④ brilliant business ideas
⑤ great respect for trainers

07

밑줄 친 <u>don't knock the box</u>가 다음 글에서 의미하는 바로 가장 적절한 것은? 51% 고3 09월 모의고사 변형

It's not surprising that a server offers you a menu as soon as you go to a restaurant. When she brings you a glass with a clear fluid in it, you don't have to ask if it's water. By expecting what's likely to happen next, you prepare for the most likely scenarios. All these things are expected and are therefore not problems to solve. Moreover, imagine how hard it would be to always consider all the possible uses for all the familiar objects that you interact with. Should I use my hammer or my telephone to pound in that nail? Functional fixedness is a relief, not a curse. Thus, you shouldn't attempt to consider all your options and possibilities. You can't. If you tried to, you'd never get anything done. So <u>don't knock the box</u>.

① Deal with a matter based on your habitual expectations.
② Question what you expect from a familiar object.
③ Replace fixed routines with fresh ones.
④ Think over all possible outcomes of a given situation.
⑤ Extend all the boundaries that guide your thinking to insight.

08

주어진 글 다음에 이어질 글의 순서로 가장 적절한 것은? 65% 고1 03월 모의고사 변형

I did a television show once with Louis Armstrong. Suddenly, as Louis was playing, a fly landed on his nose.

(A) They didn't want to laugh and ruin his performance. When Louis finished, everybody burst into laughter.

(B) So he blew it off. He kept singing, and the fly landed back on his nose. So he blew it off again. It was being taped, and everyone in the audience tried not to show they were laughing.

(C) And then the director came out and said, "Let's do one more take without the fly." But that was the take he should have put on TV.

*take (1회분의) 촬영

① (A) – (C) – (B)   ② (B) – (A) – (C)   ③ (B) – (C) – (A)
④ (C) – (A) – (B)   ⑤ (C) – (B) – (A)

09

글의 흐름으로 보아, 주어진 문장이 들어가기에 가장 적절한 곳은?　 고1 03월 모의고사 변형

> According to him, however, entertainers who are alive are not included.

Most dictionaries list names of famous people. (①) The editors must make difficult decisions about whom to include and whom to exclude. (②) Webster's New World Dictionary, for example, includes Audrey Hepburn but leaves out Spencer Tracy. (③) It lists Bing Crosby, not Bob Hope; Willie Mays, not Mickey Mantle. (④) Executive editor Michael Agnes explains that names are chosen based on their frequency of use and their usefulness to the reader. (⑤) For that very reason, Elton John and Paul McCartney aren't in the dictionary, but both Marilyn Monroe and Elvis Presley, who died decades ago, are.

10

다음 글의 내용을 한 문장으로 요약하고자 한다. 빈칸 (A)와 (B)에 들어갈 말로 가장 적절한 것은?

In one study, researchers asked students to arrange ten posters in order of beauty. They promised that afterward the students could keep one of the ten posters as a reward for their participation. However, when the students finished the task, the researchers said that the students were not allowed to keep the poster that they had rated as the third-most beautiful. Then, they asked the students to arrange all ten posters again from the very beginning. The result was that the poster they were unable to keep was suddenly ranked as the most beautiful. This is an example of the "Romeo and Juliet effect": Just like Romeo and Juliet in the Shakespearean tragedy, people become more attached to each other when their love is prohibited.

↓

> When people find they cannot _____(A)_____ something, they begin to think it is more _____(B)_____.　56% 고1 06월 모의고사 변형

	(A)		(B)		(A)		(B)
①	own	·····	attractive	②	own	·····	forgettable
③	create	·····	charming	④	create	·····	romantic
⑤	accept	·····	disappointing				

[11~12] 다음 글을 읽고, 물음에 답하시오.

Let's think about waiting in line. Whether you're at a bank, supermarket, or amusement park, waiting in line is probably not your idea of (a) fun. Consider the almost (b) universal motivation to get through the line as quickly as possible. Under what circumstances would you be willing to let another person cut in front of you in the line? Small changes in the way that requests are made can often lead to some amazingly big results. But is it possible that just a single word from a requester could drastically increase the likelihood that you'd say, "Yes, go ahead"?

Yes — and the single word is *because*. Behavioral scientist Ellen Langer and her colleagues decided to put the persuasive power of this word to the test. In one study, Langer arranged for a stranger to approach someone waiting in line to use a photocopier and simply to ask, "Excuse me. I have five pages. May I use the copy machine?" Faced with this (c) ambiguous request to cut ahead in line, 60 percent of the people were willing to agree to allow the stranger to go ahead of them. However, when the stranger made the request with a (d) reason ("May I use the copy machine because I'm in a rush?"), 94 percent of the people said yes. After all, providing a (e) solid reason for the request justifies asking to jump ahead.

*justify 정당화하다

11 윗글의 제목으로 가장 적절한 것은?　　　　　　　　　　 81% 고1 11월 모의고사 변형

① Mistakes: A Part of Communication
② Be Consistently Honest with Yourself
③ Magic Word to Get What You Request
④ Strengthen Your Relationship with Others
⑤ Unintended Fortune Through Small Favors

12 밑줄 친 (a)~(e) 중에서 문맥상 낱말의 쓰임이 적절하지 <u>않은</u> 것은?　　 66% 고1 11월 모의고사 변형

① (a)　　　② (b)　　　③ (c)　　　④ (d)　　　⑤ (e)

MEMO

MEMO

MEMO

MEMO

MEMO

수능 영어를 향한 가벼운 발걸음

맨처음 수능 영어

2nd Edition

김현우 이건희 김한나

유형독해 실력편

Workbook

DARAKWON

수능 영어를 향한 가벼운 발걸음

2nd Edition

맨처음 수능 영어

유형독해
실력편

Workbook

| 대 표 예 제 |

A 우리말은 영어로, 영어는 우리말로 쓰시오.

1 achieve _____

2 accept _____

3 contact _____

4 뛰어난, 두드러진 _____

5 수행, 성과 _____

6 학업의 _____

B 괄호 안의 주어진 단어를 바르게 배열하시오.

1 (often, she, classmates, her, helps) or teammates achieve their goals.

→ _____

2 I (have, pleasure, coaching, of, had, the) her in soccer for three years.

→ _____

C 다음 빈칸에 들어갈 알맞은 단어를 적으시오.

1 저는 그녀를 대신하여 당신에게 이 글을 씁니다.

I am writing to you _____ _____ _____ her.

2 저는 그녀가 고등학교 1학년 때에 스페인어를 가르쳤습니다.

I taught her Spanish during her _____ _____ _____ high school.

D 다음 괄호 안의 주어진 단어를 활용하여 문장을 완성하시오.

1 저는 당신이 그녀를 당신의 학교에 받아들일 것을 추천합니다. (that, college) 9단어

→ _____

_____

2 만약 당신이 더 많은 정보가 필요하시면, 저에게 거리낌 없이 연락주세요. (further, feel, to) 10단어

→ _____

| 유형연습 01 |

A 우리말은 영어로, 영어는 우리말로 쓰시오.

1 billion _____

2 sleep disorder _____

3 suffer from _____

4 주로, 대개 _____

5 등록하다 _____

6 다루다, 처리하다 _____

B 괄호 안의 주어진 단어를 바르게 배열하시오.

1 Do you (sleeping, trouble, have)?

→ _____

2 A lot of people (sleep, struggle, disorders, with).

→ _____

C 다음 빈칸에 들어갈 알맞은 단어를 적으시오.

1 그것은 주로 스트레스에 의해 야기됩니다.

It _____ mainly _____ _____ stress.

2 만약 당신이 수면 장애로 고통을 겪고 있다면, 이 무료 세미나에 등록하십시오.

If you _____ _____ a sleep disorder, _____ _____ this free seminar.

D 다음 괄호 안의 주어진 단어를 활용하여 문장을 완성하시오.

1 더 많이 알기 원하시면, 우리 웹사이트를 방문해주세요. (learn) 7단어

→ _____

_____

2 우리는 당신에게 몇 가지 효과적인 방법을 가르치는 것에 초점을 맞출 것입니다. (focus on, several) 8단어

→ _____

_____

| 유형연습 02 |

A 우리말은 영어로, 영어는 우리말로 쓰시오.

1 community   _____

2 determine   _____

3 improve   _____

4 되돌아가다   _____

5 정상의; 정상   _____

6 또한, 게다가   _____

B 괄호 안의 주어진 단어를 바르게 배열하시오.

1 Green County Library (open, stay, to, decided) until 8 p.m.
→ _____

2 This was (library, make, available, services, to) to people.
→ _____

C 다음 빈칸에 들어갈 알맞은 단어를 적으시오.

1 도서관 관리들은 근무 시간을 좀 더 효율적으로 사용하기로 결정했습니다.
Library officials _____ ____ _____ staff time _____ _____.

2 운영 시간은 10월 8일부터 변경될 것입니다.
The operating hours _____ _____ _____ October 8.

D 다음 괄호 안의 주어진 단어를 활용하여 문장을 완성하시오.

1 목요일에 운영 시간은 정상으로 되돌아갈 것입니다. (operating hours) 8단어
→ _____
_____

2 이 변경은 Green County Library의 서비스를 개선할 것입니다. (shift, services) 10단어
→ _____
_____

| 유형연습 03 |

A 우리말은 영어로, 영어는 우리말로 쓰시오.

1 customer   _____

2 plastic bag   _____

3 furthermore   _____

4 운송하다   _____

5 포장하다, 싸다   _____

6 주인, 소유자   _____

B 괄호 안의 주어진 단어를 바르게 배열하시오.

1 Are you wondering (we, do, how, so, can)?
→ _____

2 We (the perfect, for, have, system, shipping, developed) fish to your customers.
→ _____

C 다음 빈칸에 들어갈 알맞은 단어를 적으시오.

1 각각의 봉지는 운송 상자 안에 놓입니다.
Each bag ____ _____ inside a shipping box.

2 우리는 편안함을 유지할 정도로 산소로 충전된 비닐봉지에 각각의 물고기를 포장합니다.
We pack _____ _____ in an oxygen-inflated plastic bag ____ _____ the fish _____ and _____.

D 다음 괄호 안의 주어진 단어를 활용하여 문장을 완성하시오.

1 각각의 봉지는 쿠션에 싸여 있다. (each, wrap) 7단어
→ _____
_____

2 여러분은 그것이 어떻게 이루어지는지 알게 될 것입니다. (see, work) 6단어
→ _____
_____

| 대 표 예 제 |

A 우리말은 영어로, 영어는 우리말로 쓰시오.

1 plain _____

2 lonely _____

3 relaxed _____

4 결심하다 _____

5 이웃, 근처 _____

6 차분한 _____

B 괄호 안의 주어진 단어를 바르게 배열하시오.

1 (was, she, cousin, the, only) he had, and she was a city girl.

→ _____

2 He was (the, in, the, boy, only, neighborhood) who had a cousin in the city.

→ _____

C 다음 빈칸에 들어갈 알맞은 단어를 적으시오.

1 Jancsi는 그날 아침 일찍 일어났다.

Jancsi was up _____ _____ _____ that morning.

2 그는 헝가리 대평원을 그의 고개를 치켜든 채 걷고 있었다.

He was walking around on the big Hungarian plain _____ _____ _____ _____.

D 다음 괄호 안의 주어진 단어를 활용하여 문장을 완성하시오.

1 그는 지난밤 잠을 잘 자지 못했다. (well) 6단어

→ _____

_____

2 그는 학교에서 그녀에 관해 모두에게 말해 주기로 결심했다. (decide) 9단어

→ _____

_____

| 유형연습 01 |

A 우리말은 영어로, 영어는 우리말로 쓰시오.

1 useless _____

2 relieved _____

3 satisfied _____

4 실망스러운 _____

5 당황스러운 _____

6 좌절한 _____

B 괄호 안의 주어진 단어를 바르게 배열하시오.

1 I (but, a, heavy, small, chose) one.

→ _____

2 It (wrapped, shiny, foil, silver, in, was) and a red ribbon.

→ _____

C 다음 빈칸에 들어갈 알맞은 단어를 적으시오.

1 더 작은 상자를 고른 욕심이 덜한 소녀는 머리핀을 받았다.

A _____ greedy girl _____ _____ a smaller box _____ a hairpin.

2 나는 자루 속을 들여다보며, 그것들에는 무엇이 들어있을지 상상했다.

As I _____ _____ the sack, I imagined _____ they contained.

D 다음 괄호 안의 주어진 단어를 활용하여 문장을 완성하시오.

1 그것들은 나에게 쓸모가 없었다! (useless) 5단어

→ _____

_____

2 내 차례가 더 가까워질수록 내 심장은 더 빠르게 뛰었다. (As, turn, closer) 9단어

→ _____

_____

| 유형연습 02 |

A 우리말은 영어로, 영어는 우리말로 쓰시오.

1 monotonous   _____

2 tense   _____

3 urgent   _____

4 즐거운, 명랑한   _____

5 활기찬, 생생한   _____

6 새롭게 하다, 기운 나게 하다   _____

B 괄호 안의 주어진 단어를 바르게 배열하시오.

1 Their mouths (pleasure, were, with, smiling).

→ _____

2 I could see (were, they, happy, very).

→ _____

C 다음 빈칸에 들어갈 알맞은 단어를 적으시오.

1 그들과 그들의 밝은 눈을 보는 것은 좋았다.
____ was good ____ ____ them and their bright eyes.

2 그들은 난생처음으로 재미있는 시간을 보내고 있었다.
They were _____ ____ ____ ____ their lives.

D 다음 괄호 안의 주어진 단어를 활용하여 문장을 완성하시오.

1 개구리들은 그 연못에서 시끄럽게 울어댔다.
(frog, loud, pond) 7단어

→ _____

_____

2 몇몇 남자아이들이 그 작은 개울에서 놀고 있었다.
(stream) 8단어

→ _____

_____

| 유형연습 03 |

A 우리말은 영어로, 영어는 우리말로 쓰시오.

1 sweets   _____

2 temptation   _____

3 grab   _____

4 통로   _____

5 (손, 발을) 뻗다   _____

6 질투하는   _____

B 괄호 안의 주어진 단어를 바르게 배열하시오.

1 It (with, was, aisle, an) all kinds of temptations for him.

→ _____

2 Breaden (along, walking, the aisle, of, was) snacks, chocolate bars, and sweets.

→ _____

C 다음 빈칸에 들어갈 알맞은 단어를 적으시오.

1 그녀는 시장에서 그를 잃어버리지 않으려고 조심했다.
She was _____ ____ ____ ____ him in the market.

2 바로 그의 눈앞에 맛있게 보이는 초코바들이 많이 있었다.
There _____ ____ ____ ____ delicious-looking chocolate bars right ____ ____ ____ his eyes.

D 다음 괄호 안의 주어진 단어를 활용하여 문장을 완성하시오.

1 그의 엄마는 그의 손을 잡고 있었다. (hold) 6단어

→ _____

_____

2 그녀는 친구들에게 인사를 하려고 멈추었다. (hello) 8단어

→ _____

_____

| 대 표 예 제 |

A 우리말은 영어로, 영어는 우리말로 쓰시오.

1 inactive _____

2 cause _____

3 knock down _____

4 증상 _____

5 피로 _____

6 ~을 한 줄로 세우다 _____

B 괄호 안의 주어진 단어를 바르게 배열하시오.

1 (to, knock, all, need, do, you, is) down the first one.

→ _____

2 It'll (to, be, too, never, late, cure) the final symptom.

→ _____

C 다음 빈칸에 들어갈 알맞은 단어를 적으시오.

1 당신은 좀 더 분명한 단서들과 증상들을 알아낼 수 있다.

You can _____ _____ more _____ clues and symptoms.

2 이 문제는 또 다른 불균형을 유발하고, 그것은 몇 개의 더 많은 것들을 유발한다.

This problem causes _____ _____, which _____ several more.

D 다음 괄호 안의 주어진 단어를 활용하여 문장을 완성하시오.

1 신체도 같은 방식으로 작동한다. (work) 6단어

→ _____

_____

2 원래의 문제는 흔히 간과된다. (often) 6단어

→ _____

| 유형연습 01 |

A 우리말은 영어로, 영어는 우리말로 쓰시오.

1 concept _____

2 similarly _____

3 predict _____

4 여분의 _____

5 추돌[충돌]하다 _____

6 ~로서의 역할을 하다 _____

B 괄호 안의 주어진 단어를 바르게 배열하시오.

1 I (to, the idea, tried, explain) using a game.

→ _____

2 (crashing, to, avoid, The only way) was to put extra space.

→ _____

C 다음 빈칸에 들어갈 알맞은 단어를 적으시오.

1 우리는 멈추지 않고 목적지까지 도착해야 했다.

We _____ _____ _____ _____ our destination without stopping.

2 그것은 우리에게 갑작스러운 움직임에 반응하고 적응할 시간을 준다.

It gives us time _____ _____ and _____ _____ any sudden moves.

D 다음 괄호 안의 주어진 단어를 활용하여 문장을 완성하시오.

1 우리는 신호등이 얼마나 오랫동안 녹색으로 켜 있을지 몰랐다. (the light, stay) 10단어

→ _____

_____

2 우리는 우리의 삶에서 필수적인 것을 할 때 마찰을 줄일 수 있다. (the friction, the essential) 12단어

→ _____

_____

| 유형연습 02 |

A 우리말은 영어로, 영어는 우리말로 쓰시오.

1 glacier _____

2 form _____

3 blast _____

4 폭탄 _____

5 황무지 _____

6 형성 _____

B 괄호 안의 주어진 단어를 바르게 배열하시오.

1 Well, (unlikely, sounds, it), but consider this.

→ _____

2 Can (what, you happened, guess) to Alaska's glaciers?

→ _____

C 다음 빈칸에 들어갈 알맞은 단어를 적으시오.

1 만약에 빙하가 다시 형성되기 시작한다면, 사용될 훨씬 더 많은 물이 있을 것이다.

If glaciers _____ forming again, there _____ _____ _____ more water to be used.

2 그리고 만약에 빙하가 다시 형성되기 시작한다면, 우리는 정확히 무엇을 할 것인가?

And _____ glaciers _____ start to form again, what exactly _____ we do?

D 다음 괄호 안의 주어진 단어를 활용하여 문장을 완성하시오.

1 물이 훨씬 더 빨리 빙하가 될 것이다. (much) 6단어

→ _____

_____

2 2만 4천 제곱마일의 황무지는 빙하로 덮여 있었다. (square, cover) 9단어

→ _____

_____

| 유형연습 03 |

A 우리말은 영어로, 영어는 우리말로 쓰시오.

1 invade _____

2 unique _____

3 prehistoric _____

4 규정, 규제 _____

5 구조 _____

6 복원하다 _____

B 괄호 안의 주어진 단어를 바르게 배열하시오.

1 We sometimes (this, as, to, loss, refer) 'cultural pollution.'

→ _____

2 (is, development, Such, always) a double-edged sword.

→ _____

C 다음 빈칸에 들어갈 알맞은 단어를 적으시오.

1 우리 모두가 같은 사회 구조의 일부이다.

We all are _____ _____ _____ _____ social structure.

2 토착민들은 관광을 현대 세계로의 길로 여긴다.

Indigenous people _____ tourism _____ a path _____ the modern world.

D 다음 괄호 안의 주어진 단어를 활용하여 문장을 완성하시오.

1 연구는 이것이 사실이 아니라는 것을 보여주었다. (research, true) 8단어

→ _____

_____

2 관광은 독특한 전통과 문화의 상실을 의미할 수 있다. (tourism, loss) 10단어

→ _____

_____

UNIT 04 요지 · 주장 파악

| 대 표 예 제 |

A 우리말은 영어로, 영어는 우리말로 쓰시오.

1 go past _____

2 probably _____

3 awkward _____

4 ~인 척하다 _____

5 반응하다 _____

6 얼굴을 붉히기, 홍조 _____

B 괄호 안의 주어진 단어를 바르게 배열하시오.

1 (a lot, fun, it's, more, than) feeling awkward and pretending I am not there.

→ _____

2 When I smile at (expecting, are, not, it, people, who), some blush, and others are surprised.

→ _____

C 다음 빈칸에 들어갈 알맞은 단어를 적으시오.

1 그 대신 그 사람에게 활짝 미소지어 보이는 것이 어때?

_____ _____ _____ give that person a big smile instead?

2 아마도 당신은 어색해서 외면하거나 다른 것을 보는 척 할 것이다.

You probably _____ _____ in _____ or pretend you are looking at something else.

D 다음 괄호 안의 주어진 단어를 활용하여 문장을 완성하시오.

1 그것은 나에게 어떤 것에도 비용이 들지 않게 한다. (anything) 6단어

→ _____

2 그것은 나로 하여금 마음속을 온통 따뜻하게 느끼도록 만들어 준다. (inside) 7단어

→ _____

| 유형연습 01 |

A 우리말은 영어로, 영어는 우리말로 쓰시오.

1 manageable _____

2 absorb _____

3 chase _____

4 알아보다, 인식하다 _____

5 운동을 좋아하는 _____

6 감정의, 감정적인 _____

B 괄호 안의 주어진 단어를 바르게 배열하시오.

1 It won't (to, up, be, want, dressed) and displayed in cat shows.

→ _____

2 (is, to, it, important, recognize) your pet's particular needs and respect them.

→ _____

C 다음 빈칸에 들어갈 알맞은 단어를 적으시오.

1 그 고양이는 실내에서 다루기가 훨씬 더 쉬울 것이다.

The cat _____ _____ _____ be much more _____ indoors.

2 당신은 그들을 밖으로 데리고 나가서 매일 한 시간 동안 공을 쫓아다니게 한다.

You take them _____ _____ _____ a ball for an hour every day.

D 다음 괄호 안의 주어진 단어를 활용하여 문장을 완성하시오.

1 그들은 시끄럽고 감정적인 동물이다. (creatures) 6단어

→ _____

2 네 고양이는 수줍음을 많이 타고 겁이 많다. (timid, shy) 6단어

→ _____

| 유형연습 02 |

A 우리말은 영어로, 영어는 우리말로 쓰시오.

1 diminish   _____

2 appealing   _____

3 ultimately   _____

4 표현   _____

5 발화, 연설   _____

6 효과(성)   _____

B 괄호 안의 주어진 단어를 바르게 배열하시오.

1 We use clichés (like, day, every, this) in our speech.

→ _____

2 If you want your writing to be stronger and more effective, (use, try, to, not, clichés).

→ _____

C 다음 빈칸에 들어갈 알맞은 단어를 적으시오.

1 당신은 누군가가 "나는 공을 옮겨야 해."라고 말하는 것을 들어본 적이 있는가?

_____ you _____ _____ anyone say, "I had to carry the ball"?

2 '공을 옮기는'이라는 표현은 어떤 것을 완료하는 데 책임을 진다는 것을 의미한다.

The expression "to carry the ball" means to _____ responsibility for _____ _____ _____.

D 다음 괄호 안의 주어진 단어를 활용하여 문장을 완성하시오.

1 연설에서 이 표현들은 거의 해를 끼치지 않는다. (speech, harm) 7단어

→ _____

_____

2 상투적 문구는 익숙한 것들을 지루하게 만들 수 있다. (clichés, boring) 6단어

→ _____

_____

| 유형연습 03 |

A 우리말은 영어로, 영어는 우리말로 쓰시오.

1 balance sheet   _____

2 capital   _____

3 financial   _____

4 초과 인출된   _____

5 파산시키다; 파산한   _____

6 도전하다, 이의를 제기하다   _____

B 괄호 안의 주어진 단어를 바르게 배열하시오.

1 The efforts may show profit (generation, sheets, on, of, the, our, balance).

→ _____

2 Human efforts for progress of our generation are unsustainable in (and, both, rich, nations, poor).

→ _____

C 다음 빈칸에 들어갈 알맞은 단어를 적으시오.

1 그 빚은 우리 다음 세대들을 파산시킬지도 모른다.

The debt might _____ our next generations _____.

2 그것들은 이미 초과 인출된 환경자원 계좌의 빚을 늘리고 있다.

They _____ _____ the debt on our already _____ environmental resource accounts.

D 다음 괄호 안의 주어진 단어를 활용하여 문장을 완성하시오.

1 그들은 그 손실들을 물려받을 것이다. (inherit, losses) 5단어

→ _____

_____

2 그들은 우리의 결정에 이의를 제기할 수 없다. (decisions) 5단어

→ _____

_____

| 대표예제 |

A 우리말은 영어로, 영어는 우리말로 쓰시오.

1 show up   _____

2 midnight   _____

3 worth   _____

4 육체[신체]적으로   _____

5 운영하다   _____

6 준비하다   _____

B 괄호 안의 주어진 단어를 바르게 배열하시오.

1 (few, those, dollars, extra) earned at midnight just weren't worth it.

→ _____

2 Staying open until late at night wasn't (deal, such, big, a) because we made good money.

→ _____

C 다음 빈칸에 들어갈 알맞은 단어를 적으시오.

1 그 시간에 문을 닫았기 때문에, 손님들은 폐점 전에 나타났다.
Because we closed the shop at that time, our customers _____ _____ before closing.

2 새벽 1시에 가게를 닫고 다시 가게를 여는 것은 육체적으로 고통스러웠다.
Closing at 1:00 a.m. and then coming back to open the store again was _____ _____.

D 다음 괄호 안의 주어진 단어를 활용하여 문장을 완성하시오.

1 우리는 아이들과 더 많은 시간을 보냈고, 휴식을 취했다.
(kids, got) 9단어

→ _____

_____

2 우리는 또한 다음날 일하러 갈 준비가 더 잘 되었다.
(also, prepare) 12단어

→ _____

_____

| 유형연습 01 |

A 우리말은 영어로, 영어는 우리말로 쓰시오.

1 destroy   _____

2 complete   _____

3 protect   _____

4 재생 가능한   _____

5 전체의, 전부의   _____

6 (물에) 잠기게 하다   _____

B 괄호 안의 주어진 단어를 바르게 배열하시오.

1 There are a few things about dams (know, important, that, to, are).

→ _____

2 To build a hydroelectric dam, a large area (be, behind, the dam, flooded, must).

→ _____

C 다음 빈칸에 들어갈 알맞은 단어를 적으시오.

1 때때로 지역 사회 전체가 다른 지역으로 이주되어야 한다.
Whole communities _____ have to _____ _____ to _____ place.

2 댐에서 방류된 물은 평소보다 더 차가울 수 있다.
The water _____ from the dam can be colder _____ _____.

D 다음 괄호 안의 주어진 단어를 활용하여 문장을 완성하시오.

1 이것이 생태계에 영향을 미칠 수 있다.
(ecosystems) 5단어

→ _____

_____

2 연어의 생활 주기는 완성될 수 없다.
(salmon, life cycle) 7단어

→ _____

_____

| 유형연습 02 |

A 우리말은 영어로, 영어는 우리말로 쓰시오.

1 confidence _____

2 stimulation _____

3 individual _____

4 인식하는, 알고 있는 _____

5 동기부여 _____

6 집중력 _____

B 괄호 안의 주어진 단어를 바르게 배열하시오.

1 They (to, people, deeply, connect, more, can) the world.

→ _____

2 Learning (arts, also, the, can, improve) motivation, concentration, confidence, and teamwork.

→ _____

C 다음 빈칸에 들어갈 알맞은 단어를 적으시오.

1 수년간의 연구는 그것이 아이들이 성장하는 데 정말 도움이 된다는 것을 보여준다.

Years of research _____ that it is really _____ for children _____ _____.

2 예술에 참여하는 것은 비판적 사고와 언어 능력의 향상과 연관이 있다.

Involvement in the arts _____ _____ _____ gains in critical thinking and verbal skills.

D 다음 괄호 안의 주어진 단어를 활용하여 문장을 완성하시오.

1 예술은 우리가 그들의 존재를 인식하도록 만들어준다.
(make, existence) 7단어

→ _____

2 그것들은 사회적 유대감을 강화할 기초를 만들어 낸다.
(create, social bonds) 10단어

→ _____

| 유형연습 03 |

A 우리말은 영어로, 영어는 우리말로 쓰시오.

1 communicate _____

2 release _____

3 supervision _____

4 권위 _____

5 문자[말] 그대로 _____

6 거역하는, 반항하는 _____

B 괄호 안의 주어진 단어를 바르게 배열하시오.

1 The child (can, secure, away, feel, and, more, move) from them.

→ _____

2 It (successfully, a child, for, is, release, to, impossible) himself.

→ _____

C 다음 빈칸에 들어갈 알맞은 단어를 적으시오.

1 그 아이는 부모로부터 성공적으로 떠나갈 수 없다.

The child cannot _____ successfully _____ from his parents.

2 그는 말 그대로 또 비유적으로 부모가 정확하게 어디에 있는지 알지 못한다.

He knows exactly _____ his parents _____, both _____ and figuratively.

D 다음 괄호 안의 주어진 단어를 활용하여 문장을 완성하시오.

1 그의 부모는 그들이 서 있는 곳을 안다.
(where, stand) 6단어

→ _____

2 아이는 부모의 애정 어린 권위 안에서 안전해야만 한다.
(must, loving) 10단어

→ _____

| 대표예제 |

A 우리말은 영어로, 영어는 우리말로 쓰시오.

1 phrase _____
2 description _____
3 annoyed _____
4 가치(관) _____
5 독립(심) _____
6 화 _____

B 괄호 안의 주어진 단어를 바르게 배열하시오.

1 To find your values, think carefully about (you've, words, written, the).
 → _____

2 One of the ways to check your values is to look at (frustrates, what, upsets, you, or).
 → _____

C 다음 빈칸에 들어갈 알맞은 단어를 적으시오.

1 화는 흔히 무시된 가치나 방향이 엇나간 열정을 뜻한다.
 Anger often means an _____ value or a _____ passion.

2 누군가 스스로 알아낼 수 있는 어떤 것에 관해 질문할 때, 당신은 화를 낼지도 모른다.
 You may get annoyed when someone asks you about _____ he could find _____ _____.

D 다음 괄호 안의 주어진 단어를 활용하여 문장을 완성하시오.

1 무엇이 당신에게 가장 중요한 것인지 집중하라.
 (focus on) 8단어
 → _____
 _____

2 당신이 화가 났거나 좌절했던 특정한 때를 생각해봐라.
 (mad, times, when) 10단어
 → _____
 _____

| 유형연습 01 |

A 우리말은 영어로, 영어는 우리말로 쓰시오.

1 strategy _____
2 install _____
3 imply _____
4 우연히 ~하다 _____
5 놀라운, 주목할만한 _____
6 극적인 _____

B 괄호 안의 주어진 단어를 바르게 배열하시오.

1 Officials hired a team (a number of, install, blue lights, to) in many locations.
 → _____

2 The city's officials noticed (a, criminal, decline, dramatic, activity, in).
 → _____

C 다음 빈칸에 들어갈 알맞은 단어를 적으시오.

1 정부는 놀라운 범죄 예방책을 우연히 발견했다.
 The government _____ _____ find a _____ crime prevention strategy.

2 파란색 전등은 보통의 노란색과 흰색 전등보다 더 매력적이고 차분하다.
 Blue lights are _____ attractive and _____ _____ the _____ yellow and white lights.

D 다음 괄호 안의 주어진 단어를 활용하여 문장을 완성하시오.

1 경찰들이 언제나 지켜보고 있었다. (watch) 5단어
 → _____
 _____

2 그 파란색 전등은 경찰차 위의 전등처럼 보였다.
 (lights, like, top) 12단어
 → _____
 _____

| 유형연습 02 |

A 우리말은 영어로, 영어는 우리말로 쓰시오.

1 marvelous　　＿＿＿＿＿＿＿＿＿＿

2 insight　　＿＿＿＿＿＿＿＿＿＿

3 evidence　　＿＿＿＿＿＿＿＿＿＿

4 직관적인　　＿＿＿＿＿＿＿＿＿＿

5 자격, 자질　　＿＿＿＿＿＿＿＿＿＿

6 이기다, 패배시키다　　＿＿＿＿＿＿＿＿＿＿

B 괄호 안의 주어진 단어를 바르게 배열하시오.

1 You (might, of, heard, have) such stories of expert intuition.
→ ＿＿＿＿＿＿＿＿＿＿＿＿＿＿＿＿

2 Our (abilities, intuitive, as, marvelous, as, are) the amazing insights of an experienced physician.
→ ＿＿＿＿＿＿＿＿＿＿＿＿＿＿＿＿

C 다음 빈칸에 들어갈 알맞은 단어를 적으시오.

1 우리 대부분은 우리가 대화의 주제였다는 것을 인식한다.
Most of us ＿＿＿＿＿＿ that we were the ＿＿＿＿＿ of conversation.

2 우리 대부분은 전화 통화의 첫 단어에서 분노를 감지하는 데 민감하다.
Most of us are sensitive in ＿＿＿＿＿ ＿＿＿＿ in the first word of a telephone call.

D 다음 괄호 안의 주어진 단어를 활용하여 문장을 완성하시오.

1 전문가의 직관은 우리에게 마법 같이 보인다. (expert, seem) 8단어
→ ＿＿＿＿＿＿＿＿＿＿＿＿＿＿＿＿
＿＿＿＿＿＿＿＿＿＿＿＿＿＿＿＿

2 우리들 각각은 직관적인 지식을 수행한다. (perform) 6단어
→ ＿＿＿＿＿＿＿＿＿＿＿＿＿＿＿＿
＿＿＿＿＿＿＿＿＿＿＿＿＿＿＿＿

| 유형연습 03 |

A 우리말은 영어로, 영어는 우리말로 쓰시오.

1 generate　　＿＿＿＿＿＿＿＿＿＿

2 various　　＿＿＿＿＿＿＿＿＿＿

3 intellectually　　＿＿＿＿＿＿＿＿＿＿

4 특정한　　＿＿＿＿＿＿＿＿＿＿

5 해석　　＿＿＿＿＿＿＿＿＿＿

6 신호 체계　　＿＿＿＿＿＿＿＿＿＿

B 괄호 안의 주어진 단어를 바르게 배열하시오.

1 (of, always, the, communicating, act, is) a joint, creative effort.
→ ＿＿＿＿＿＿＿＿＿＿＿＿＿＿＿＿

2 The sign system of honeybees (to, seems, to, superior, be) human language.
→ ＿＿＿＿＿＿＿＿＿＿＿＿＿＿＿＿

C 다음 빈칸에 들어갈 알맞은 단어를 적으시오.

1 언어는 다양한 의미와 해석을 생성할 수 있다.
Language can ＿＿＿＿＿＿ ＿＿＿＿＿＿ meanings and understanding.

2 불분명하게 표현된 개념은 단순한 사실보다 독자에게 더 지적으로 자극이 될 수 있다.
＿＿＿＿＿＿ ＿＿＿＿＿＿ ideas may be more ＿＿＿＿＿＿ stimulating for readers ＿＿＿＿＿ simple facts.

D 다음 괄호 안의 주어진 단어를 활용하여 문장을 완성하시오.

1 단어들의 의미는 다양하다. (meanings) 6단어
→ ＿＿＿＿＿＿＿＿＿＿＿＿＿＿＿＿
＿＿＿＿＿＿＿＿＿＿＿＿＿＿＿＿

2 언어는 단순한 정보의 교환보다 더 가치 있다. (simple, exchange) 8단어
→ ＿＿＿＿＿＿＿＿＿＿＿＿＿＿＿＿
＿＿＿＿＿＿＿＿＿＿＿＿＿＿＿＿

| 대표예제 |

A 우리말은 영어로, 영어는 우리말로 쓰시오.

1 international _____

2 amount _____

3 tourism _____

4 ~보다 적은 _____

5 합계, 총액; 전체의 _____

6 돈을 쓰는 사람, 소비자 _____

B 괄호 안의 주어진 단어를 바르게 배열하시오.

1 It was (than, less, half, of, the amount) spent by the USA.

→ _____

2 The USA spent (much, than, as, twice, as, more) Russia on international tourism.

→ _____

C 다음 빈칸에 들어갈 알맞은 단어를 적으시오.

1 중국은 총 1,650억 달러로 목록의 최상위에 있었다.

China was _____ _____ _____ _____ the list with a total of 165 billion dollars.

2 미국보다 200억 달러 더 적게 돈을 소비한 독일은 3위를 차지했다.

Germany, which spent 20 billion dollars less than the USA, _____ _____ _____.

D 다음 괄호 안의 주어진 단어를 활용하여 문장을 완성하시오.

1 러시아는 국제 관광에 가장 적은 금액의 돈을 소비했다. (on) 10단어

→ _____

2 위 도표는 2014년의 세계 최상위 국제 관광 소비 국가를 보여준다. (above, top, spender) 12단어

→ _____

| 유형연습 01 |

A 우리말은 영어로, 영어는 우리말로 쓰시오.

1 out of _____

2 e-book _____

3 as a whole _____

4 비율 _____

5 격차 _____

6 최소한 _____

B 괄호 안의 주어진 단어를 바르게 배열하시오.

1 The graph shows the percentage of American people (who, one, least, at, read) e-book.

→ _____

2 About (out, American, two, ten, aged, of, adults) 50-64 read at least one e-book.

→ _____

C 다음 빈칸에 들어갈 알맞은 단어를 적으시오.

1 2013년의 전자책 독서 비율이 각 연령대에서 2012년보다 더 높았다.

The e-book reading rates in 2013 _____ _____ in each age group _____ in 2012.

2 2012년과 2013년 사이의 백분율 차이는 가장 나이 많은 그룹에서 가장 적었다.

The _____ _____ between 2012 and 2013 was the smallest for _____ _____ group.

D 다음 괄호 안의 주어진 단어를 활용하여 문장을 완성하시오.

1 그 백분율은 2013년에 거의 두 배가 되었다. (percentage, double) 6단어

→ _____

2 그 비율은 25%에서 42%로 증가했다. (rates, increase) 7단어

→ _____

| 유형연습 02 |

A 우리말은 영어로, 영어는 우리말로 쓰시오.

1 gender   _____

2 urban   _____

3 period   _____

4 시골의, 지방의   _____

5 ~에 관하여(는)   _____

6 백분율, 비율   _____

B 괄호 안의 주어진 단어를 바르게 배열하시오.

1 The percentage of male children in the period (than, was, that, lower) of female children in the period.

→ _____

2 The percentages (the, were, in, same) the 2002-2003 period and the 2004-2005 period.

→ _____

C 다음 빈칸에 들어갈 알맞은 단어를 적으시오.

1 남자 아이들의 비율이 여자 아이들의 비율보다 더 높았다.

The percentages of _____ children were _____ _____ _____ of female children.

2 도시 지역에서 가장 낮은 비율이 시골 지역의 가장 높은 비율보다도 더 높았다.

_____ _____ percentage in _____ areas was greater than _____ _____ percentage in _____ areas.

D 다음 괄호 안의 주어진 단어를 활용하여 문장을 완성하시오.

1 그 비율들은 시골 지역에서보다 도시 지역에서 더 높았다. (percentages, areas) 11단어

→ _____

2 위의 그래프는 천식으로 진단을 받은 아이들의 비율을 보여 준다. (diagnosed, asthma) 11단어

→ _____

| 유형복습 Unit 01~06 |

A 우리말은 영어로, 영어는 우리말로 쓰시오.

1 intuition   _____

2 detect   _____

3 timid   _____

4 연락하다   _____

5 연어   _____

6 안전한, 확실한   _____

B 괄호 안의 주어진 단어를 바르게 배열하시오.

1 The grass was sparkling (drops, water, of, with, tiny).

→ _____

2 (wide, with, his eyes, open), Breaden stretched out his arm to grab a bar.

→ _____

C 다음 빈칸에 들어갈 알맞은 단어를 적으시오.

1 모든 도서관 서비스는 이 운영시간 동안 계속 가능할 것입니다.

All library services will still be _____ during those hours.

2 나는 남은 파티를 다른 아이들이 자신의 선물을 즐기는 것을 지켜보면서 시간을 보냈다.

I spent the rest of the party _____ the other kids _____ their gifts.

D 다음 괄호 안의 주어진 단어를 활용하여 문장을 완성하시오.

1 숲 전체가 물에 잠길 수도 있다. (entire, drowned) 5단어

→ _____

2 예술 경험의 즐거움은 개인의 인생을 감미롭게 하는 것 이상이다. 13단어

(the pleasures, sweeten, individual)

→ _____

| 대표예제 |

A 우리말은 영어로, 영어는 우리말로 쓰시오.

1 stream _____

2 smooth _____

3 length _____

4 강둑 _____

5 넓은, 광대한 _____

6 멸종 위기에 처한 _____

B 괄호 안의 주어진 단어를 바르게 배열하시오.

1 (the, shell, on, back, its) is smooth and olive colored.

→ _____

2 Cantor's giant softshell turtles can grow (length, to, up, 6 feet, in).

→ _____

C 다음 빈칸에 들어갈 알맞은 단어를 적으시오.

1 그것은 지금 멸종 위기에 처해 있으며 대부분 분포지에서 사라졌다.

It is now endangered and has disappeared from _____ _____ _____ _____.

2 자라는 삶의 95%를 수중의 모래 속에 파묻혀 움직이지 않고 보낸다.

The turtle spends 95 percent of its life _____ and _____ under the sand in the water.

D 다음 괄호 안의 주어진 단어를 활용하여 문장을 완성하시오.

1 그것은 숨을 쉬기 위해서 하루에 두 번만 수면으로 올라온다. (rise, surface, take) 13단어

→ _____

_____

2 자라는 내륙의 유속이 느린 민물 강과 개울에서 주로 발견된다. (slow-moving, freshwater) 12단어

→ _____

_____

| 유형연습 01 |

A 우리말은 영어로, 영어는 우리말로 쓰시오.

1 similarity _____

2 feature _____

3 nearly _____

4 (나무의) 몸통 _____

5 회전하다[시키다] _____

6 놀랄 만한, 놀라운 _____

B 괄호 안의 주어진 단어를 바르게 배열하시오.

1 They (in, thickets, are, dense, found, bamboo).

→ _____

2 Tarsiers also have huge eyes (their, size, to, body, compared).

→ _____

C 다음 빈칸에 들어갈 알맞은 단어를 적으시오.

1 그들의 가는 꼬리는 그들의 전체 몸통 길이 보다 훨씬 더 길다.

Their thin tail is _____ _____ _____ their overall body length.

2 그들은 이러한 생활 방식을 위한 많은 신체적 특징이 있다.

They have _____ _____ _____ physical _____ for this lifestyle.

D 다음 괄호 안의 주어진 단어를 활용하여 문장을 완성하시오.

1 안경원숭이들은 쥐와 크기가 비슷하다. (tarsiers, similar, rats, in) 7단어

→ _____

_____

2 그들은 뛰어난 청력을 갖고 있다. (excellent, sense, hearing) 7단어

→ _____

_____

| 유형연습 02 |

A 우리말은 영어로, 영어는 우리말로 쓰시오.

1 stiffen　＿＿＿＿＿＿＿＿＿

2 architecture　＿＿＿＿＿＿＿＿＿

3 persuade　＿＿＿＿＿＿＿＿＿

4 상표, 이름표　＿＿＿＿＿＿＿＿＿

5 (병에) 걸리다　＿＿＿＿＿＿＿＿＿

6 존경하다, 칭찬하다　＿＿＿＿＿＿＿＿＿

B 괄호 안의 주어진 단어를 바르게 배열하시오.

1 Doctors predicted (that, not, to, would, able, he, be, walk) again.

　→ ＿＿＿＿＿＿＿＿＿＿＿＿＿

2 The museum displayed (those, of, design, both, his own, and, vehicles) that he admired.

　→ ＿＿＿＿＿＿＿＿＿＿＿＿＿

C 다음 빈칸에 들어갈 알맞은 단어를 적으시오.

1 그의 아버지는 그가 모형 비행기와 보트를 만들도록 격려했다.

His father ＿＿＿＿＿ him ＿＿＿ ＿＿＿＿ miniature airplanes and boats.

2 그는 상품 라벨들을 다시 디자인하게 해달라고 회사 대표를 설득했다.

He ＿＿＿＿＿ the head of his company ＿＿＿ let him ＿＿＿＿ the product labels.

D 다음 괄호 안의 주어진 단어를 활용하여 문장을 완성하시오.

1 그는 8살 때 소아마비에 걸렸다. (polio, at) 5단어

　→ ＿＿＿＿＿＿＿＿＿＿＿＿＿

　＿＿＿＿＿＿＿＿＿＿＿＿＿

2 그의 오른팔은 거의 쓸모 없게 되었다. (arm, useless) 6단어

　→ ＿＿＿＿＿＿＿＿＿＿＿＿＿

　＿＿＿＿＿＿＿＿＿＿＿＿＿

| 유형연습 03 |

A 우리말은 영어로, 영어는 우리말로 쓰시오.

1 habitat　＿＿＿＿＿＿＿＿＿

2 incredible　＿＿＿＿＿＿＿＿＿

3 environmental　＿＿＿＿＿＿＿＿＿

4 구조화하다; 구조　＿＿＿＿＿＿＿＿＿

5 썩다, 부패하다　＿＿＿＿＿＿＿＿＿

6 억센, 튼튼한　＿＿＿＿＿＿＿＿＿

B 괄호 안의 주어진 단어를 바르게 배열하시오.

1 The environmental difficulties (actually, long, helpful, lives, for, are, their).

　→ ＿＿＿＿＿＿＿＿＿＿＿＿＿

2 Bristlecone pines are unusual (grow, the, regions, trees, in, mountain, that) of western America.

　→ ＿＿＿＿＿＿＿＿＿＿＿＿＿

C 다음 빈칸에 들어갈 알맞은 단어를 적으시오.

1 이런 상황의 결과로 만들어지는 세포들은 조밀하게 배열된다.

Cells that are produced ＿＿＿ ＿＿＿ ＿＿＿＿ ＿＿＿＿ these conditions are densely arranged.

2 이 나무들이 그렇게 오래 살거나 살아남는 것조차 믿을 수 없는 것처럼 보였다.

It seems ＿＿＿＿ that these trees live ＿＿＿ ＿＿＿＿ or even ＿＿＿＿ at all.

D 다음 괄호 안의 주어진 단어를 활용하여 문장을 완성하시오.

1 이 상록수들은 보통 수천 년 동안 산다. (evergreens) 8단어

　→ ＿＿＿＿＿＿＿＿＿＿＿＿＿

　＿＿＿＿＿＿＿＿＿＿＿＿＿

2 더 풍요로운 상황에서 그것들은 더 빨리 자라지만 더 일찍 죽는다. (richer, die) 9단어

　→ ＿＿＿＿＿＿＿＿＿＿＿＿＿

　＿＿＿＿＿＿＿＿＿＿＿＿＿

| 대 표 예 제 |

A 우리말은 영어로, 영어는 우리말로 쓰시오.

1 elementary _____

2 guardian _____

3 available _____

4 함께하다, 참가하다 _____

5 동행하다, 동반하다 _____

6 편안한 _____

B 괄호 안의 주어진 단어를 바르게 배열하시오.

1 Pizza and soft drinks (be, for, will, sale, available).

→ _____

2 (students, by, must, be, accompanied, a, parents) or guardian for the entire evening.

→ _____

C 다음 빈칸에 들어갈 알맞은 단어를 적으시오.

1 조각 피자: $1.50, 청량 음료: $1.00

Pizza _____: $1.50, _____ _____: $1.00

2 5월 12일 목요일에 있는 가족 영화의 밤 무료 행사에 우리와 함께 하세요.

Join us for a _____ family movie night _____ Thursday, May 12.

D 다음 괄호 안의 주어진 단어를 활용하여 문장을 완성하시오.

1 모든 분을 위한 무료 팝콘! (popcorn, everyone) **4단어**

→ _____

_____

2 각자의 담요나 베개를 가져오셔서 편안히 있기를 바랍니다! (get) **9단어**

→ _____

| 유형연습 01 |

A 우리말은 영어로, 영어는 우리말로 쓰시오.

1 eco-friendly _____

2 up to _____

3 adventure _____

4 곡, 선율 _____

5 청구하다, 부과하다 _____

6 서로 작용하는, 쌍방향의 _____

B 괄호 안의 주어진 단어를 바르게 배열하시오.

1 You can enjoy all of (what, has, Sycamore City, offer, to).

→ _____

2 For further information, (visit, at, our, please, website) www.syctownbikebus.com.

→ _____

C 다음 빈칸에 들어갈 알맞은 단어를 적으시오.

1 최대 11명의 친구들과 함께 페달로 작동되는 모험을 경험하세요!

_____ a _____ adventure with up to 11 of your friends!

2 당신이 좋아하는 곡에 맞춰 춤추며 상호적인 게임을 할 수 있습니다.

You can dance to your favorite _____ and play _____ games.

D 다음 괄호 안의 주어진 단어를 활용하여 문장을 완성하시오.

1 한 시간에 자전거 버스는 $100입니다.
(for, bike bus) **8단어**

→ _____

_____

2 추가 시간에는 10분당 10달러가 부과됩니다.
(additional, per) **9단어**

→ _____

_____

| 유형연습 02 |

A 우리말은 영어로, 영어는 우리말로 쓰시오.

1 exhibit _____

2 display _____

3 sculpture _____

4 다양성 _____

5 유명한 _____

6 우수함, 양질 _____

B 괄호 안의 주어진 단어를 바르게 배열하시오.

1 (and, wonderful, enjoy, come, the) drawings.

→ _____

2 Free (for, residents, admission, Virginia).

→ _____

C 다음 빈칸에 들어갈 알맞은 단어를 적으시오.

1 그것은 전시품들의 다양성과 우수함으로 유명합니다.
It _____ _____ _____ the variety and quality
of its exhibits.

2 버지니아 교향악단이 전시회 첫날 공연을 할 것입니다.
The Virginia Philharmonic will _____ _____
the first day of the show.

D 다음 괄호 안의 주어진 단어를 활용하여 문장을 완성하시오.

1 유명한 예술가들의 작품이 전시될 것입니다.
(works, displayed) 7단어

→ _____

_____

2 우리는 Virginia 미술 전시회에 함께 하도록 당신을
초대합니다. (join, Art Show) 10단어

→ _____

_____

| 유형복습 Unit 07~09 |

A 우리말은 영어로, 영어는 우리말로 쓰시오.

1 resistant _____

2 harshness _____

3 admission _____

4 추구하다 _____

5 낮은, 적은 _____

6 도마뱀 _____

B 괄호 안의 주어진 단어를 바르게 배열하시오.

1 The densely structured wood (insects, to,
attack, is, by, resistant) and other pests.

→ _____

2 (the habitats, considering, these trees, of), it
seems almost incredible that they live so long.

→ _____

C 다음 빈칸에 들어갈 알맞은 단어를 적으시오.

1 이 기회가 그의 경력에서 산업디자이너로서 첫 단계가
되었다.
This _____ was the first step toward his
career as an _____ designer.

2 Stevens는 건축학을 공부했으나 졸업하지 않고 Cornell을
그만두었다
Stevens studied _____ but left Cornell
_____ graduating.

D 다음 괄호 안의 주어진 단어를 활용하여 문장을 완성하시오.

1 그것들은 높이가 15에서 40피트까지 달한다.
(range, height) 9단어

→ _____

_____

2 그것은 2월이나 3월에 강둑에 20개에서 28개의 알을
낳는다. (20 to 28, in) 12단어

→ _____

_____

| 대 표 예 제 |

A 우리말은 영어로, 영어는 우리말로 쓰시오.

1 explore _____

2 pay attention to _____

3 have a fun -ing _____

4 알아차리다, 주목하다 _____

5 독특한 _____

6 ~을 명심하다 _____

B 괄호 안의 주어진 단어를 바르게 배열하시오.

1 You're the only artist in the world (do, can, draw, you, who, the, way).

→ _____

2 Notice (grown, how, or, have, you, improved) as you practice.

→ _____

C 다음 빈칸에 들어갈 알맞은 단어를 적으시오.

1 당신의 그림에 대해 당신이 가장 좋아하는 것에 주의를 기울여라.

_____ _____ _____ _____ you like the most about your drawings.

2 이 점을 명심한다면, 독특한 예술을 그리는데 훨씬 더 즐거울 것이다.

_____ _____ _____ _____, you'll have a lot more fun drawing unique art.

D 다음 괄호 안의 주어진 단어를 활용하여 문장을 완성하시오.

1 그림을 그리기 위한 올바른 방법이 아무 것도 없다.
(there, no one) 8단어

→ _____

_____

2 당신 자신만의 그림 그리는 방식을 탐구하는 것은 중요하다.
(personal, style) 7단어

→ _____

_____

| 유형연습 01 |

A 우리말은 영어로, 영어는 우리말로 쓰시오.

1 cool _____

2 field _____

3 bathtub _____

4 (개가) 짖다 _____

5 고르다, 뽑다 _____

6 ~을 목표로 삼다 _____

B 괄호 안의 주어진 단어를 바르게 배열하시오.

1 Uncle Arthur (Indians, there, that, stayed, said, the).

→ _____

2 We kids were (would, that, catch, the, dog, thinking) him.

→ _____

C 다음 빈칸에 들어갈 알맞은 단어를 적으시오.

1 그는 목욕통까지 달려가 그것을 스스로 뒤집어 썼다.
He ran to the bathtub and _____ it _____ himself.

2 그는 항상 야영하기에 가장 좋은 장소를 고를 수 있었다.
He could always pick the best _____ _____.

D 다음 괄호 안의 주어진 단어를 활용하여 문장을 완성하시오.

1 그는 들려줄 멋진 이야기가 항상 있었다.
(would, to tell) 9단어

→ _____

_____

2 그의 이야기들은 우리가 곤경에서 벗어나기 위해 머리를 쓰도록 돕는 것에 목표를 두었다. (get out of trouble, use our brains) 8단어

→ _____

_____

| 유형연습 02 |

A 우리말은 영어로, 영어는 우리말로 쓰시오.

1 compare _____

2 range _____

3 for a while _____

4 광고하다 _____

5 유용한 _____

6 필수품 _____

B 괄호 안의 주어진 단어를 바르게 배열하시오.

1 It (a, been, for, has, there, while, out).
→ _____

2 Advertising (a, become, necessity, has) in everybody's daily life.
→ _____

C 다음 빈칸에 들어갈 알맞은 단어를 적으시오.

1 광고는 사람들이 그들 스스로 최적의 상품을 찾도록 도와준다.
_____ helps people find the best items _____ _____.

2 그들이 전체 범위의 상품을 알게 되었을 때, 그들은 그것들을 비교할 수 있다.
When they _____ _____ _____ a whole range of goods, they _____ _____ _____ compare them.

D 다음 괄호 안의 주어진 단어를 활용하여 문장을 완성하시오.

1 그 상품들은 시장에서 이용 가능하다.
(products, market) 7단어
→ _____

2 소비자들은 아마도 그것을 사지 않을 것이다.
(would, probably) 6단어
→ _____

| 유형연습 03 |

A 우리말은 영어로, 영어는 우리말로 쓰시오.

1 define _____

2 courageous _____

3 meaning _____

4 특질, 특징 _____

5 무관심, 냉담 _____

6 결단력 _____

B 괄호 안의 주어진 단어를 바르게 배열하시오.

1 (be, in, situations, to, courageous, all) requires great determination.
→ _____

2 The dictionary defines courage (as, which, to, enables, pursue, a quality, one) a right course of action.
→ _____

C 다음 빈칸에 들어갈 알맞은 단어를 적으시오.

1 '용기'라는 단어는 라틴어의 'cor'에서 파생되었다.
The word "courage" _____ _____ the Latin word cor.

2 완벽한 용기는 모든 사람 앞에서 우리가 해야 하는 어떤 것이다.
Perfect courage is _____ _____ something that we should do _____ everybody.

D 다음 괄호 안의 주어진 단어를 활용하여 문장을 완성하시오.

1 "courage"는 많은 의미를 가질 수 있다.
(meanings) 5단어
→ _____

2 도덕적 용기를 보여주기는 쉽지 않다. (It, moral) 8단어
→ _____

UNIT 11 어휘 적절성 파악

| 대표예제 |

A 우리말은 영어로, 영어는 우리말로 쓰시오.

1 avoid _____

2 the number of _____

3 at the moment _____

4 갈등 _____

5 고치다 _____

6 정직한 _____

B 괄호 안의 주어진 단어를 바르게 배열하시오.

1 I know that is (sure, a, way, conflicts, to, decrease, the number of) between us.

→ _____

2 When I said something different and broke the promise, (bigger, there, a, was, battle, much).

→ _____

C 다음 빈칸에 들어갈 알맞은 단어를 적으시오.

1 나는 아들에게 그 순간 그들이 듣고 싶어 하는 말을 하는 습관이 있었다.

I had _____ _____ ____ _____ my sons what they wanted to hear at the moment.

2 그들이 듣고 싶어 하는 말이 아니지만, 나는 정직하게 그것을 말하려고 한다.

I know it's not _____ they want to _____, but I try to be honest and say it.

D 다음 괄호 안의 주어진 단어를 활용하여 문장을 완성하시오.

1 나는 이 습관을 고치려 노력한다. (effort, correct) 8단어

→ _____

2 나는 싸움을 피하기 위해 약속을 했다. (make, order) 10단어

→ _____

| 유형연습 01 |

A 우리말은 영어로, 영어는 우리말로 쓰시오.

1 stimulate _____

2 argue _____

3 adapt _____

4 시력 _____

5 노출시키다 _____

6 친숙함, 익숙함 _____

B 괄호 안의 주어진 단어를 바르게 배열하시오.

1 If your baby (less, year, than, old, is, a), the answer is clear.

→ _____

2 A baby's vision (not, enough, focus, has, developed, to, on) the screen.

→ _____

C 다음 빈칸에 들어갈 알맞은 단어를 적으시오.

1 그들은 심지어 혼자 앉아 있을 수도 없다.

They can't _____ sit up _____ _____ _____.

2 그들은 부모가 전통적인 방식으로 아이들을 격려해야 한다고 주장한다.

They _____ that parents should _____ their children in _____ ways.

D 다음 괄호 안의 주어진 단어를 활용하여 문장을 완성하시오.

1 사람들은 그 질문에 다른 답들을 가지고 있다. (different, answers) 7단어

→ _____

2 다른 사람들은 일찍 컴퓨터에 노출되는 것이 도움이 된다고 주장한다. (others, exposure, helpful) 9단어

→ _____

| 유형연습 02 |

A 우리말은 영어로, 영어는 우리말로 쓰시오.

1 gather   _____

2 accurately   _____

3 predict   _____

4 영향을 미치다   _____

5 극도로, 극히   _____

6 상호 연관된   _____

B 괄호 안의 주어진 단어를 바르게 배열하시오.

1 The collection of data (interesting, shows, facts, some).

  → _____

2 Winds in one area (followed, winds, by, are, similar) in another.

  → _____

C 다음 빈칸에 들어갈 알맞은 단어를 적으시오.

1 과학자들은 이제 날씨에 관한 자세한 정보를 모을 수 있다.

  Scientists can now _____ detailed information _____ _____ _____.

2 과학자들은 날씨의 변화를 더 정확하게 예측하기 위해 정보를 수집한다.

  Scientists collect information _____ _____ changes in the weather _____ _____.

D 다음 괄호 안의 주어진 단어를 활용하여 문장을 완성하시오.

1 한 지역에서의 변화는 다른 지역들에 영향을 미친다. (change, area) 8단어

  → _____

2 바람 유형의 변화는 강우량에 영향을 미친다. (patterns, rainfall, affect) 9단어

  → _____

| 유형연습 03 |

A 우리말은 영어로, 영어는 우리말로 쓰시오.

1 worthwhile   _____

2 optimal   _____

3 passive   _____

4 늘어나다, ~에 이르다   _____

5 단거리 선수   _____

6 ~와는 반대로   _____

B 괄호 안의 주어진 단어를 바르게 배열하시오.

1 (moments, lives, in, the, our, best) are not the passive times.

  → _____

2 It could be placing the last block on a tower (fingers, built, she, with, has, shaking).

  → _____

C 다음 빈칸에 들어갈 알맞은 단어를 적으시오.

1 우리는 그러한 것들을 성취하기 위해서 열심히 일한다.

  We _____ _____ to _____ them.

2 최적의 경험은 우리가 발생하게 만드는 어떤 것이다.

  _____ experience is something that we _____ _____.

D 다음 괄호 안의 주어진 단어를 활용하여 문장을 완성하시오.

1 수천 가지의 기회와 도전들이 있다. (opportunities, challenges) 7단어

  → _____

2 그러한 경험들도 즐길 수 있다. (such, enjoyable) 6단어

  → _____

| 대 표 예 제 |

A 우리말은 영어로, 영어는 우리말로 쓰시오.

1 customer _____

2 focus on _____

3 in other words _____

4 불리하게 하다 _____

5 직원, 종업원 _____

6 ~하는 경향이 있다 _____

B 괄호 안의 주어진 단어를 바르게 배열하시오.

1 You will get disadvantaged (anything, without, return, getting, in).

→ _____

2 The word "between" tends to suggest that (back, you, take, a, will, step).

→ _____

C 다음 빈칸에 들어갈 알맞은 단어를 적으시오.

1 당신은 4월 1일에서 4월 15일 사이에 출발할 수 있다.

You can start _____ April 1 _____ April 15.

2 영리한 협상가는 재빨리 더 값싼 가격이나 더 늦은 마감일에 초점을 맞출 것이다.

Any clever _____ will quickly focus on the cheaper price or _____ _____ deadline.

D 다음 괄호 안의 주어진 단어를 활용하여 문장을 완성하시오.

1 범위를 제시하는 것이 종종 합리적이라고 느낀다. (It, give) 8단어

→ _____

_____

2 나는 10,000달러에서 15,000달러 사이 정도면 이를 할 수 있다. (for, $) 9단어

→ _____

| 유형연습 01 |

A 우리말은 영어로, 영어는 우리말로 쓰시오.

1 intruder _____

2 risk-taking _____

3 driving force _____

4 모험심이 강한, 모험적인 _____

5 번식, 복제 _____

6 집단적인 _____

B 괄호 안의 주어진 단어를 바르게 배열하시오.

1 Having a personality means (of, consistent, showing, behavior, pattern, a) over time.

→ _____

2 A colony that (explores, food, widely, more, for) tends to respond more aggressively to intruders.

→ _____

C 다음 빈칸에 들어갈 알맞은 단어를 적으시오.

1 그러한 군락은 위험을 더 감수하는 습성을 지닌다.

_____ _____ colony has a _____ risk-taking personality.

2 수백 마리로 이루어진 개미 군락들은 행동하는 방식에 있어서 차이를 보인다.

Colonies of several hundreds of ants show differences in _____ _____ they _____.

D 다음 괄호 안의 주어진 단어를 활용하여 문장을 완성하시오.

1 연구자들은 바위 개미(rock ants)의 군락을 연구했다. (study, colonies) 6단어

→ _____

_____

2 특정한 유형들의 행동이 함께 나타난다. (types, go together) 6단어

→ _____

_____

| 유형연습 02 |

A 우리말은 영어로, 영어는 우리말로 쓰시오.

1 competition _____

2 entry _____

3 property _____

4 여유가 되다, 형편이 되다 _____

5 금세공업자 _____

6 신뢰할 수 있는 _____

B 괄호 안의 주어진 단어를 바르게 배열하시오.

1 (those, afford, could, who, it) were able to enjoy high wages.

→ _____

2 Those (with, could, working, gold, demand) a monopoly price for their services.

→ _____

C 다음 빈칸에 들어갈 알맞은 단어를 적으시오.

1 그들은 유사한 기술을 갖고 있는 노동자들보다 훨씬 더 많은 임금을 받았다.

They earned much higher _____ than workers _____ _____ skills.

2 재화 시장은 경쟁 부족이 가격을 상승시킬 수 있는 유일한 곳이 아니다.

The goods market is not only _____ _____ a lack of competition is able to push _____ up.

D 다음 괄호 안의 주어진 단어를 활용하여 문장을 완성하시오.

1 독점 효과는 노동 시장에서 일어날 수 있다. (monopoly effects, appear) 8단어

→ _____
_____

2 이것은 진입에 대한 상당한 어려움을 만들었다. (create, huge, entry) 7단어

→ _____
_____

| 유형연습 03 |

A 우리말은 영어로, 영어는 우리말로 쓰시오.

1 in essence _____

2 royalty _____

3 indifferent _____

4 주의를 기울이는, 신경을 쓰는 _____

5 마주보다, ~와 향하다 _____

6 지위, 신분 _____

B 괄호 안의 주어진 단어를 바르게 배열하시오.

1 In essence, they (can, they, look, want, wherever).

→ _____

2 Subordinates (to, tend, at, gaze) dominant individuals at a distance.

→ _____

C 다음 빈칸에 들어갈 알맞은 단어를 적으시오.

1 하급자들은 그들이 언제, 어디를 볼 수 있는지에 있어서 더 제한적이다.

Subordinates are _____ _____ in where and _____ they can look.

2 과학은 권력이 있는 사람들이 더 많은 자유를 갖는다는 것을 보여준다.

Science shows that _____ _____ have power have more _____.

D 다음 괄호 안의 주어진 단어를 활용하여 문장을 완성하시오.

1 다시 말해서, 더 높은 직급의 사람들은 무관심할 수 있다. (higher-status) 8단어

→ _____
_____

2 왕은 그가 원하는 사람은 누구나 자유롭게 쳐다본다. (free, anyone) 10단어

→ _____
_____

| 대 표 예 제 |

A 우리말은 영어로, 영어는 우리말로 쓰시오.

1 reminder　＿＿＿＿＿＿＿＿＿＿＿＿＿

2 regular　＿＿＿＿＿＿＿＿＿＿＿＿＿

3 on purpose　＿＿＿＿＿＿＿＿＿＿＿＿＿

4 노력, 수고　＿＿＿＿＿＿＿＿＿＿＿＿＿

5 노출하다[시키다]　＿＿＿＿＿＿＿＿＿＿＿＿＿

6 타자를 치다　＿＿＿＿＿＿＿＿＿＿＿＿＿

B 괄호 안의 주어진 단어를 바르게 배열하시오.

1 It was (a, what, time and effort, put, lot, of, in, I).
　→ ＿＿＿＿＿＿＿＿＿＿＿＿＿＿＿＿＿

2 I later changed my passwords to a goal (working, I've, on, been).
　→ ＿＿＿＿＿＿＿＿＿＿＿＿＿＿＿＿＿

C 다음 빈칸에 들어갈 알맞은 단어를 적으시오.

1 나는 끊임없이 이메일을 확인한다.
　I keep checking my email ＿＿＿＿ ＿＿＿＿
　＿＿＿＿.

2 반복 때문에 비밀번호로 사용한 것이 내 일부가 되었음을 깨달았다.
　I realized that what I used for my password became a part of me ＿＿＿＿ ＿＿＿＿ ＿＿＿＿＿＿.

D 다음 괄호 안의 주어진 단어를 활용하여 문장을 완성하시오.

1 그것은 내가 일 외에 가장 많이 하는 것이었다. (the most) 9단어
　→ ＿＿＿＿＿＿＿＿＿＿＿＿＿＿＿＿＿

　＿＿＿＿＿＿＿＿＿＿＿＿＿＿＿＿＿＿

2 나는 테니스에 대해 항상 의도적으로 생각하지 않았다. (on) 9단어
　→ ＿＿＿＿＿＿＿＿＿＿＿＿＿＿＿＿＿

　＿＿＿＿＿＿＿＿＿＿＿＿＿＿＿＿＿＿

| 유형연습 01 |

A 우리말은 영어로, 영어는 우리말로 쓰시오.

1 confident　＿＿＿＿＿＿＿＿＿＿＿＿＿

2 systematic　＿＿＿＿＿＿＿＿＿＿＿＿＿

3 meanwhile　＿＿＿＿＿＿＿＿＿＿＿＿＿

4 여정, 여행　＿＿＿＿＿＿＿＿＿＿＿＿＿

5 경향, 추세　＿＿＿＿＿＿＿＿＿＿＿＿＿

6 조건 없는　＿＿＿＿＿＿＿＿＿＿＿＿＿

B 괄호 안의 주어진 단어를 바르게 배열하시오.

1 We can see the dangers (from, of, optimism, unrealistic, a study) on weight loss.
　→ ＿＿＿＿＿＿＿＿＿＿＿＿＿＿＿＿＿

2 He asked the women to describe (success, like, their roads, would, what, to, be).
　→ ＿＿＿＿＿＿＿＿＿＿＿＿＿＿＿＿＿

C 다음 빈칸에 들어갈 알맞은 단어를 적으시오.

1 그것은 어려움에 직면할 때 우리가 더 많은 노력을 투입하도록 한다.
　It forces us to put in more effort ＿＿＿ ＿＿＿
　＿＿＿＿ ＿＿＿ difficulty.

2 성공할 것이라고 확신했던 과체중 여성들이 26파운드를 감량했다.
　＿＿＿＿＿＿ women who were ＿＿＿＿＿ that they would ＿＿＿＿＿ lost 26 pounds.

D 다음 괄호 안의 주어진 단어를 활용하여 문장을 완성하시오.

1 그 결과는 놀라웠다. (results, surprising) 4단어
　→ ＿＿＿＿＿＿＿＿＿＿＿＿＿＿＿＿＿

　＿＿＿＿＿＿＿＿＿＿＿＿＿＿＿＿＿＿

2 성공을 향한 길은 어려울 것이라고 믿는 것이 더 큰 성공으로 이어진다. (believing, leads to, greater) 13단어
　→ ＿＿＿＿＿＿＿＿＿＿＿＿＿＿＿＿＿

　＿＿＿＿＿＿＿＿＿＿＿＿＿＿＿＿＿＿

| 유형연습 02 |

A 우리말은 영어로, 영어는 우리말로 쓰시오.

1 productive _____

2 self-knowledge _____

3 reward _____

4 직업, 이력 _____

5 야망 _____

6 철학 _____

B 괄호 안의 주어진 단어를 바르게 배열하시오.

1 How (do, with, you, others, work)?
→ _____

2 You'll need (get, of, a, yourself, deep, to, understanding).
→ _____

C 다음 빈칸에 들어갈 알맞은 단어를 적으시오.

1 당신은 당신이 선택한 직업에서 최고까지 오를 수 있다.
You can _____ to the top of your chosen _____.

2 직장 생활 동안에 자신을 계속 생산적으로 유지하는 것은 당신에게 달려 있다.
It's _____ _____ you to keep yourself _____ during your work life.

D 다음 괄호 안의 주어진 단어를 활용하여 문장을 완성하시오.

1 우리는 기회의 시대에 살고 있다.
(age, opportunity) 7단어
→ _____

2 이러한 기회와 함께 책임이 따라온다.
(comes, responsibility) 5단어
→ _____

| 유형연습 03 |

A 우리말은 영어로, 영어는 우리말로 쓰시오.

1 comparatively _____

2 primitive _____

3 inherit _____

4 탄성의, 탄력 있는 _____

5 식민지로 만들다 _____

6 원주민의, 토착의 _____

B 괄호 안의 주어진 단어를 바르게 배열하시오.

1 They must have brought (only, a, small, of, the technology, part) in their homeland.
→ _____

2 They didn't have (large, a, to, enough, collective, develop, brain) them much further.
→ _____

C 다음 빈칸에 들어갈 알맞은 단어를 적으시오.

1 그들은 비교적 간편하게 여행을 했음에 틀림없다.
They _____ _____ _____ comparatively light.

2 그렇게 먼 길을 이동한 사람들은 수가 적었음에 틀림없다.
The people who traveled _____ ____ _____ _____ must have been small in number.

D 다음 괄호 안의 주어진 단어를 활용하여 문장을 완성하시오.

1 몇백 명의 사람들은 복잡한 기술을 유지할 수 없다.
(a few, sustain, complex) 9단어
→ _____

2 인류의 성공은 숫자와 관계에 달려있다. (human beings, depend on, connections) 10단어
→ _____

UNIT **13** 27

| 대 표 예 제 |

A 우리말은 영어로, 영어는 우리말로 쓰시오.

1 patience _____

2 discipline _____

3 day-to-day _____

4 자료, 재료 _____

5 제시간에 _____

6 발달하다[시키다] _____

B 괄호 안의 주어진 단어를 바르게 배열하시오.

1 That discipline (areas, over, to, other, carries), such as doing homework on time.
→ _____

2 Studying while listening to music causes students (to, difficult, have, a, learning, time, the material).
→ _____

C 다음 빈칸에 들어갈 알맞은 단어를 적으시오.

1 매일 행해지는 음악 연습은 인내심과 책임감을 발달시킨다.
Day-to-day practice in music develops _____ and _____.

2 음악 훈련은 그들이 자신감을 발달하도록 계속해서 돕는다.
Musical training continues to _____ them _____ self-confidence.

D 다음 괄호 안의 주어진 단어를 활용하여 문장을 완성하시오.

1 음악 공부는 아이들이 학교에서 하는 모든 학습을 향상시킨다. (all the learning) 11단어
→ _____
_____

2 그것은 언어와 의사소통 기술들을 발달시키는 데 도움이 된다. (to develop) 8단어
→ _____

| 유형연습 01 |

A 우리말은 영어로, 영어는 우리말로 쓰시오.

1 black market _____

2 occasionally _____

3 forbid _____

4 창시자, 설립자 _____

5 전통적으로 _____

6 선언하다 _____

B 괄호 안의 주어진 단어를 바르게 배열하시오.

1 (market, developed, there, a, black) for the meat.
→ _____

2 A dishonest farmer (a buyer, trick, selling, would, by, a bag) containing not a pig but a cat.
→ _____

C 다음 빈칸에 들어갈 알맞은 단어를 적으시오.

1 그들은 돼지고기 판매를 금지하는 법을 통과시켰다.
They _____ a law _____ the sale of pork.

2 이슬람교의 창시자가 돼지고기는 깨끗하지 않다고 선언했었다.
The _____ of the Muslim religion _____ _____ pork to be unclean.

D 다음 괄호 안의 주어진 단어를 활용하여 문장을 완성하시오.

1 돼지들은 불결하다고 여겨졌다. (think, dirty) 6단어
→ _____
_____

2 고양이들은 깨끗하다고 믿어졌다. (believe, clean) 6단어
→ _____
_____

| 유형연습 02 |

A 우리말은 영어로, 영어는 우리말로 쓰시오.

1 on average   _____

2 passion   _____

3 perception   _____

4 실험   _____

5 무의미한   _____

6 이점   _____

B 괄호 안의 주어진 단어를 바르게 배열하시오.

1 People (were, to, asked, minutes, count, three) in their heads.

→ _____

2 If it only feels like six after a long work, you (have, will, going, energy, to keep, more).

→ _____

C 다음 빈칸에 들어갈 알맞은 단어를 적으시오.

1 시간은 나이가 더 많은 집단에서 더 빨리 가는 것 같았다.

Time _____ _____ pass faster for the older group.

2 65세와 같이 시간을 인식하는 것은 많은 이점들이 있다.

There are a lot of benefits to _____ time _____ 65-year-olds.

D 다음 괄호 안의 주어진 단어를 활용하여 문장을 완성하시오.

1 당신은 성급한 행동으로 서두르지 않는다.
(rush, quick) 6단어

→ _____

2 얼마나 오래 일했는지에 대한 당신의 인식을 바꿔라.
(of, how long, work) 10단어

→ _____

| 유형연습 03 |

A 우리말은 영어로, 영어는 우리말로 쓰시오.

1 bump   _____

2 shaky   _____

3 amusement park   _____

4 거꾸로 뒤집힌   _____

5 멋진, 재미있는   _____

6 위치   _____

B 괄호 안의 주어진 단어를 바르게 배열하시오.

1 When you're starting out, (accept, feel, how, you, try to, enjoy, and) the ride.

→ _____

2 It was really cool (see, couldn't, you, even if, that) when you first started.

→ _____

C 다음 빈칸에 들어갈 알맞은 단어를 적으시오.

1 당신은 어떤 방향으로 선로가 당신을 이끌지 조절할 수 없다.

You can't control _____ _____ the track will take you.

2 당신이 바닥에 있을 때, 당신은 오직 바로 앞에 있는 것만 볼 수 있다.

When you're _____ _____ _____, you can see only what's _____ in front of you.

D 다음 괄호 안의 주어진 단어를 활용하여 문장을 완성하시오.

1 인생은 롤러코스터를 타는 것과 같을 수 있다.
(ride, roller coaster) 8단어

→ _____

2 꼭대기에 도달할 때 당신은 전체 모습을 훨씬 더 잘 볼 수 있다. (get, whole, picture, a lot) 9단어

→ _____

| 대 표 예 제 |

A 우리말은 영어로, 영어는 우리말로 쓰시오.

1 ship _____

2 peacefully _____

3 graze _____

4 풍경(화) _____

5 겁먹은 _____

6 이전의, 앞의 _____

B 괄호 안의 주어진 단어를 바르게 배열하시오.

1 His secretary called and (send, asked, to, the painting, him) to England.

→ _____

2 Henry Luce hung (landscape, of, Churchill's, one, paintings) in his office in New York.

→ _____

C 다음 빈칸에 들어갈 알맞은 단어를 적으시오.

1 며칠 후, 그 그림은 운송되어 되돌아왔는데 약간의 변화가 있었다.

_____ _____ _____ _____, the painting was shipped back but slightly changed.

2 미국을 여행하던 중, Churchill은 Luce의 사무실을 방문하였다.

_____ _____ _____ _____ the United States, Churchill visited Luce in his office.

D 다음 괄호 안의 주어진 단어를 활용하여 문장을 완성하시오.

1 Luce는 그가 수상을 화나게 한 것 같아서 걱정했다. (perhaps, prime minister) 10단어

→ _____

_____

2 저는 풀밭에 뭔가가 더 필요하다고 생각해요. (it, need, grassland) 9단어

→ _____

| 유형연습 01 |

A 우리말은 영어로, 영어는 우리말로 쓰시오.

1 physical _____

2 aroma _____

3 chemistry _____

4 선사 시대의 _____

5 직면하다 _____

6 즉시 _____

B 괄호 안의 주어진 단어를 바르게 배열하시오.

1 Humans faced challenges different (from, they, today, face, those).

→ _____

2 The body would respond by shooting hormones (into, at, lightning, the blood, speed).

→ _____

C 다음 빈칸에 들어갈 알맞은 단어를 적으시오.

1 그 어려움은 그가 직접 사자와 마주치고 알게 됐는지도 모른다.

The challenge _____ _____ _____ to find himself face-to-face with a lion.

2 인간들이 싸우거나 도망갔을 때, 그것은 재빨리 정상으로 돌아갔다.

When humans _____ fought _____ ran away, it would quickly _____ _____ normal.

D 다음 괄호 안의 주어진 단어를 활용하여 문장을 완성하시오.

1 뇌는 '위험!'이라는 신호를 보냈을 것이다. (brain, would, signal) 7단어

→ _____

_____

2 그것은 몸을 더 강하고 더 빠르게 만들었다. (that, make, stronger) 7단어

→ _____

_____

| 유형연습 02 |

A 우리말은 영어로, 영어는 우리말로 쓰시오.

1 situation _____

2 candlelight _____

3 apology _____

4 영향을 미치다 _____

5 편안한, 느긋한 _____

6 불행히도 _____

B 괄호 안의 주어진 단어를 바르게 배열하시오.

1 A candlelight dinner is (way, fantastic, to, a, influence) a person's mood.

→ _____

2 She (surprised, the, is, by, delicious, aroma) of the dinner he has prepared.

→ _____

C 다음 빈칸에 들어갈 알맞은 단어를 적으시오.

1 그 남자는 저녁식사를 함으로써 그 상황을 구하려고 한다.
The man tries to save the situation _____ _____ a dinner.

2 다른 사람들이 우리 기분에 영향을 주려고 하는 많은 상황이 있다.
There are many _____ _____ other people try to influence our mood.

D 다음 괄호 안의 주어진 단어를 활용하여 문장을 완성하시오.

1 당신은 전에 이렇게 해본 적이 있을 것이다.
(probably, before) 6단어

→ _____

_____

2 낭만적인 음악은 그 아내가 그의 사과를 받아들이도록 돕는다. (romantic, accept) 9단어

→ _____

_____

| 유형연습 03 |

A 우리말은 영어로, 영어는 우리말로 쓰시오.

1 unlearn _____

2 get burned _____

3 vicious cycle _____

4 유도하다, 설득하다 _____

5 심리학자 _____

6 처벌 _____

B 괄호 안의 주어진 단어를 바르게 배열하시오.

1 The person is learning (to, avoid, possibility, of, punishment, the).

→ _____

2 This avoidance must be unlearned (through, positive, some, experiences) with math.

→ _____

C 다음 빈칸에 들어갈 알맞은 단어를 적으시오.

1 처벌에 대한 단순한 위협도 바라는 행동을 끌어내기에 충분하다.
The mere threat of punishment is _____ _____ _____ the desired behavior.

2 당신은 화상을 피하고자 뜨거운 다리미에서 손을 멀리한다.
You _____ your hand _____ from a hot iron _____ _____ getting burned.

D 다음 괄호 안의 주어진 단어를 활용하여 문장을 완성하시오.

1 심리학자들은 이것을 회피 훈련이라고 부른다.
(avoidance, training) 5단어

→ _____

_____

2 당신은 물에 젖게 되는 것을 피하고자 우산을 가져간다.
(carry, get) 8단어

→ _____

_____

워크북 정답 다운로드
www.darakwon.co.kr

| 대 표 예 제 |

A 우리말은 영어로, 영어는 우리말로 쓰시오.

1 cost   _____

2 article   _____

3 take advantage of   _____

4 한정된, 제한된   _____

5 판촉행사   _____

6 제품   _____

B 괄호 안의 주어진 단어를 바르게 배열하시오.

1 (that, it, important, realize, is, to) shopping is really a search for information.

→ _____

2 Shoppers should understand that getting (any of, sources of, these, information) has costs.

→ _____

C 다음 빈칸에 들어갈 알맞은 단어를 적으시오.

1 오직 당신만이 그 비용을 감수할지 말지를 결정할 수 있다.
Only you can decide _____ _____ _____ the costs or not.

2 쇼핑객들은 보통 쇼핑할 수 있는 한정된 시간을 가지고 있다.
Shoppers usually have a limited amount of _____ _____ _____.

D 다음 괄호 안의 주어진 단어를 활용하여 문장을 완성하시오.

1 이러한 비용에는 교통비와 시간이 포함될 수 있다.
(transportation costs, may) 8단어

→ _____

_____

2 당신은 드레스를 입어보는 것 같이 실제 사용으로 정보를 얻을 수도 있다. (actual, such as, try on) 13단어

→ _____

_____

| 유형연습 01 |

A 우리말은 영어로, 영어는 우리말로 쓰시오.

1 temperature   _____

2 breathe   _____

3 mud   _____

4 묻다   _____

5 연못   _____

6 (구멍 등을) 파다   _____

B 괄호 안의 주어진 단어를 바르게 배열하시오.

1 The turtle stops (its, air, nose and mouth, through, breathing).

→ _____

2 The turtle (starts, breathing, out, itself, and, digs) normally again.

→ _____

C 다음 빈칸에 들어갈 알맞은 단어를 적으시오.

1 그 거북은 피부를 통해 공기를 받아들인다.
The turtle gets _____ _____ its skin.

2 거북은 포유류처럼 자동적인 체온 조절 능력이 없다.
A turtle doesn't have _____ body temperature control _____ mammals.

D 다음 괄호 안의 주어진 단어를 활용하여 문장을 완성하시오.

1 그것의 체온은 그것의 환경에 따라서 변화한다.
(according to) 7단어

→ _____

_____

2 그것은 연못 바닥의 진흙 안으로 깊이 구멍을 판다.
(hole, into, bottom) 8단어

→ _____

_____

| 유형연습 02 |

A 우리말은 영어로, 영어는 우리말로 쓰시오.

1 technique   _____

2 likelihood   _____

3 method   _____

4 유전학   _____

5 치료(법)   _____

6 진단하다   _____

B 괄호 안의 주어진 단어를 바르게 배열하시오.

1 Studying those families has (allowed, to, trace, doctors, basis, the genetic) of diseases.

→ _____

2 DNA (behind, a crime, at the scene, left, of) has been used as evidence in court.

→ _____

C 다음 빈칸에 들어갈 알맞은 단어를 적으시오.

1 어떤 진보들은 인간의 유전학 분야에서 이루어져 왔다.
Some advances _____ _____ _____ in the area of human genetics.

2 과학자들은 개인들의 DNA 순서를 비교하는 방법을 개발했다.
Scientists developed methods to _____ the DNA _____ of individuals.

D 다음 괄호 안의 주어진 단어를 활용하여 문장을 완성하시오.

1 그 기법들은 의학 분야에서 유용하다.
(useful, field, medicine) 9단어

→ _____

_____

2 이것은 의사들이 어떤 질병을 진단하도록 돕는다.
(to diagnose, disease) 7단어

→ _____

_____

| 유형연습 03 |

A 우리말은 영어로, 영어는 우리말로 쓰시오.

1 old-fashioned   _____

2 investment   _____

3 adaptation   _____

4 연간의, 매년의   _____

5 이동, 변화   _____

6 수익성이 있는   _____

B 괄호 안의 주어진 단어를 바르게 배열하시오.

1 Global society will increase (to 36%, of, investments, from 24%, annual, the GDP).

→ _____

2 They (only, happen, will, through, intervention, national) based on political decisions.

→ _____

C 다음 빈칸에 들어갈 알맞은 단어를 적으시오.

1 이러한 엄청난 투자의 증가는 일어나지 않을 것이다.
These huge increases in investment would _____ _____ _____.

2 다른 몫은 석탄에서 더 비싼 연료로의 이동에 투자될 것이다.
Another share will be _____ in the shift _____ coal _____ more expensive fuels.

D 다음 괄호 안의 주어진 단어를 활용하여 문장을 완성하시오.

1 그것들은 구식의 물건보다 더 비싸다.
(old-fashioned, stuff) 7단어

→ _____

_____

2 해안을 따라 새로운 보호벽들에 투자가 이루어질 것이다.
(investment, make, protective, in) 8단어

→ _____

_____

| 대 표 예 제 |

A 우리말은 영어로, 영어는 우리말로 쓰시오.

1 department _____

2 observe _____

3 stare _____

4 칭찬하다; 칭찬 _____

5 동료 _____

6 심리학 _____

B 괄호 안의 주어진 단어를 바르게 배열하시오.

1 Colleagues (in, asked, return, were, to, leave) fifty cents for coffee.

→ _____

2 When the mirrors (their, reflected, at, back, images, them), they took only one piece of candy.

→ _____

C 다음 빈칸에 들어갈 알맞은 단어를 적으시오.

1 그들은 그들 학부의 커피 마시는 곳에서 실험을 했다.

They _____ _____ _____ in their department's coffee area.

2 사람들은 그들이 냈던 것보다 2.76배 더 많은 돈을 냈다.

People contributed 2.76 _____ _____ _____ than they did.

D 다음 괄호 안의 주어진 단어를 활용하여 문장을 완성하시오.

1 아이들은 캔디를 한 개만 가져가라는 말을 들었다.
(be told, take, piece) 10단어

→ _____
_____

2 10주 동안, 교수들은 두 개의 포스터를 번갈아 가며 교체했다. (For, alternate) 8단어

→ _____
_____

| 유형연습 01 |

A 우리말은 영어로, 영어는 우리말로 쓰시오.

1 indicator _____

2 remarkably _____

3 observe _____

4 기부금, 출연금 _____

5 번갈아 나타나다 _____

6 ~당 _____

B 괄호 안의 주어진 단어를 바르게 배열하시오.

1 Images of a pair of eyes (with, were, alternated, images, flowers, of).

→ _____

2 We can see the importance (of, encouraging, reputation, in, cooperation).

→ _____

C 다음 빈칸에 들어갈 알맞은 단어를 적으시오.

1 두 눈에 영상이 있을 때, 세 배가 넘는 돈이 지불되었다.

Three times more money was paid when _____ _____ images of eyes.

2 소비된 우유의 양이 전체 소비를 가장 잘 보여주는 지표임이 밝혀졌다.

The amount of milk consumed _____ _____ to be the best _____ of total consumption.

D 다음 괄호 안의 주어진 단어를 활용하여 문장을 완성하시오.

1 우유 리터당 거의 세 배가 넘는 돈이 지불되었다.
(almost, pay, liter of) 11단어

→ _____
_____

2 그들은 학생들이 그 상자에 얼마나 많이 넣었는지 보았다.
(look, put) 10단어

→ _____
_____

| 유형연습 02 |

A 우리말은 영어로, 영어는 우리말로 쓰시오.

1 rely on _____

2 contextual _____

3 evaluate _____

4 ~보다는 (오히려) _____

5 나타내다, 대표하다 _____

6 통제할 수 있는 _____

B 괄호 안의 주어진 단어를 바르게 배열하시오.

1 It must be judged (what, under the control, of the individuals, is, in terms of).

→ _____

2 A good performance (smaller, a, loss, compared, is, to) the average group.

→ _____

C 다음 빈칸에 들어갈 알맞은 단어를 적으시오.

1 어떤 요인들은 모든 사람의 업무 수행을 억제한다.

Some factors _____ the _____ of everyone.

2 사람들은 작년에 그랬던 것만큼 상품을 많이 구매하고 있지 않다.

People are not _____ products _____ _____ _____ they did in the previous year.

D 다음 괄호 안의 주어진 단어를 활용하여 문장을 완성하시오.

1 이 15% 수치는 평균 업무 수행을 나타낼 것이다. (figure, would, represent, average) 7단어

→ _____

2 경기에는 일반적인 침체가 있다. (general, downturn, economy) 8단어

→ _____

| 유형복습 Unit 10~13 |

A 우리말은 영어로, 영어는 우리말로 쓰시오.

1 demand _____

2 sustain _____

3 simply put _____

4 강우량 _____

5 적응 _____

6 유연한 _____

B 괄호 안의 주어진 단어를 바르게 배열하시오.

1 Large sections of the working class (difficulty, skilled, had, entering, professions).

→ _____

2 How soon is (to, soon, start, kids, a computer, on, too)?

→ _____

C 다음 빈칸에 들어갈 알맞은 단어를 적으시오.

1 한 이야기는 큰 개에게 쫓기고 있던 한 남자에 관한 것이었다.

One story was about a guy _____ _____ by a big dog.

2 당신은 자신의 강점과 자기 이해의 조합으로부터 일을 할 수 있다.

You can operate from a _____ of your strengths and self-knowledge.

D 다음 괄호 안의 주어진 단어를 활용하여 문장을 완성하시오.

1 그것들은 나의 꿈을 지속적으로 상기시켜 주는 것이 되었다. (regular, reminders) 7단어

→ _____

2 당신의 가장 귀중한 가치는 무엇인가? 힌트는 분명하다. (precious, hint) 10단어

→ _____

| 대 표 예 제 |

A 우리말은 영어로, 영어는 우리말로 쓰시오.

1 prove _____

2 occur _____

3 in turn _____

4 반응 _____

5 우정, 친교 _____

6 결과적으로 _____

B 괄호 안의 주어진 단어를 바르게 배열하시오.

1 When we laugh, others (certain, be, can, it, that, is) an honest reaction.

→ _____

2 It serves as a kind of social glue that (keeps, connected, to, another, one, people).

→ _____

C 다음 빈칸에 들어갈 알맞은 단어를 적으시오.

1 결속감은 우리에게 신뢰감과 편안함을 준다.
Bond gives us _____ _____ _____ _____ and comfort.

2 웃음은 우리가 다른 사람들에게 보내는 사회적 단서로 보여진다.
Laughter is seen as a _____ _____ that we send to others.

D 다음 괄호 안의 주어진 단어를 활용하여 문장을 완성하시오.

1 그것은 왜 웃음이 다른 사람에게 퍼져나가는지 설명하는 것을 도울 수 있다. (can, others) 9단어

→ _____
_____

2 다른 사람들에 의해 받아들여지기를 원하는 것은 인간 본성의 일부분이다. (others, nature, wanting) 11단어

→ _____
_____

| 유형연습 01~02 |

A 우리말은 영어로, 영어는 우리말로 쓰시오.

1 examine _____

2 opposite _____

3 in contrast _____

4 ~을 돌보다 _____

5 ~에 따르면 _____

6 ~에 참여하다 _____

B 괄호 안의 주어진 단어를 바르게 배열하시오.

1 Everyone rated (much, they, how, the, enjoyed, afternoon).

→ _____

2 I worked for very little pay, so I (park, cleaning, have, the, must, enjoyed).

→ _____

C 다음 빈칸에 들어갈 알맞은 단어를 적으시오.

1 한 그룹은 그들의 시간에 대한 보수를 매우 잘 받았다.
One group _____ _____ very well for their time.

2 나는 공원 청소하는 것을 싫어함에 틀림없다.
I _____ _____ cleaning the park.

D 다음 괄호 안의 주어진 단어를 활용하여 문장을 완성하시오.

1 그들은 가장 좋은 방법을 조사하기 위한 실험에 참가 중이었다. (participate, experiment, way) 11단어

→ _____
_____

2 그 결과는 정확한 반대였다. (result, exact) 6단어

→ _____
_____

| 유형연습 03~04 |

A 우리말은 영어로, 영어는 우리말로 쓰시오.

1 organizational _____

2 individuality _____

3 collectivity _____

4 나누다, 분할하다 _____

5 의견이 일치하지 않다 _____

6 동점, 무승부 _____

B 괄호 안의 주어진 단어를 바르게 배열하시오.

1 They (tend, to, suggestions, offer, than, more) members of smaller groups.

→ _____

2 This is impossible in groups (odd, an, of, with, number) members.

→ _____

C 다음 빈칸에 들어갈 알맞은 단어를 적으시오.

1 이러한 차이는 규모가 더 큰 집단들이 문제를 해결하기 위한 더 큰 요구가 있음을 보여줄 수 있다.

These differences may _____ the _____ _____ of larger groups to solve the problem.

2 모든 사람이 토론에 균등하게 참여하는 것은 더 어렵다.

It is harder for everyone _____ _____ _____ equally _____ discussions.

D 다음 괄호 안의 주어진 단어를 활용하여 문장을 완성하시오.

1 증가된 크기는 여러모로 집단의 생명에 영향을 끼친다. (increase, affect, way) 8단어

→ _____

_____

2 더 큰 집단이 더 작은 집단보다 더 생산적이다. (large, productive, small) 8단어

_____

_____

| 유형복습 Unit 14~16 |

A 우리말은 영어로, 영어는 우리말로 쓰시오.

1 advance _____

2 stuff _____

3 secretary _____

4 침입하다 _____

5 속이다 _____

6 정확한 _____

B 괄호 안의 주어진 단어를 바르게 배열하시오.

1 The low-level light of the candle (her, a, puts, relaxed, in, mood).

→ _____

2 They would not come about if (were, to, left, investment, the market).

→ _____

C 다음 빈칸에 들어갈 알맞은 단어를 적으시오.

1 흙 속에 묻히면 거북은 어떻게 숨을 쉴 수 있을까?

How can it _____ when it's _____?

2 농부들은 도시 주민들에게 큰 가방에 숨겨진 돼지를 팔곤 했다.

Farmers would sell to _____ in cities pigs _____ in large bags.

D 다음 괄호 안의 주어진 단어를 활용하여 문장을 완성하시오.

1 일부는 신재생 에너지 공급의 구축으로 들어갈 것이다. (some, construction, energy supply) 12단어

→ _____

_____

2 이것은 글자 그대로 고양이가 가방 밖으로 나가게 하는 것이다. (literally, let) 9단어

→ _____

_____

| 대 표 예 제 |

A 우리말은 영어로, 영어는 우리말로 쓰시오.

1 망치다 _____

2 나이 있는 _____

3 간청하다 _____

4 brilliantly _____

5 enthusiastic _____

6 give in _____

B 괄호 안의 주어진 단어를 바르게 배열하시오.

1 She received a call from Robby, who (take, offered, part, to, in) the concert.

→ _____

2 After the concert, the teacher asked Robby (could, how, he, play, so, brilliantly).

→ _____

C 다음 빈칸에 들어갈 알맞은 단어를 적으시오.

1 선생님은 Robby에게 많은 신뢰를 갖지 않았다.
The teacher did not _____ _____ _____ in Robby.

2 청중과 선생님은 그에게 기립박수를 보냈다.
The crowd and the piano teacher gave him a _____ _____.

D 다음 괄호 안의 주어진 단어를 활용하여 문장을 완성하시오.

1 그녀가 살아 있을 때, 그녀는 귀가 들리지 않았다.
(deaf, alive) 7단어

→ _____

_____

2 그녀는 항복했고 그가 마지막으로 연주하는 것을 허락했다.
(give in, allow, last) 9단어

→ _____

| 유형연습 01~03 |

A 우리말은 영어로, 영어는 우리말로 쓰시오.

1 depressed _____

2 marriage _____

3 hurriedly _____

4 ~를 열망하다 _____

5 가슴 아프게 하는 _____

6 포장, 묶음 _____

B 괄호 안의 주어진 단어를 바르게 배열하시오.

1 He (found, himself, to, sitting, next) an old woman.

→ _____

2 She told him (how, used, they, to, cry) each time he had to go away.

→ _____

C 다음 빈칸에 들어갈 알맞은 단어를 적으시오.

1 Evan은 대학에서 공부하기 위해 그의 약혼녀와 3년간 떨어져 있어야 했다.
Evan _____ _____ _____ _____ from his fiancée for three years to study at college.

2 그 여자는 "그녀는 내가 본 가장 아름다운 젊은 여인이다"라고 말했다.
The woman said "she is _____ _____ _____ young woman I've ever seen".

D 다음 괄호 안의 주어진 단어를 활용하여 문장을 완성하시오.

1 그는 너무 가난해서 그 티켓을 살 수 없었다.
(too, poor, buy) 8단어

→ _____

_____

2 그는 그 나이든 여인에게 그녀의 사진을 보여주었다.
(show, picture) 8단어

→ _____

_____

| 유형연습 04~06 |

A 우리말은 영어로, 영어는 우리말로 쓰시오.

1 sold out   _____

2 understandably   _____

3 install   _____

4 뇌성같이 울리는   _____

5 연주할 수 없는   _____

6 동정(심), 연민   _____

B 괄호 안의 주어진 단어를 바르게 배열하시오.

1 Keith had to play that piano very hard to get (the balconies, volume, to get, enough, to).

→ _____

2 The pianist looked at him (heavy, the, in, of, rain, the middle) and took pity on him.

→ _____

C 다음 빈칸에 들어갈 알맞은 단어를 적으시오.

1 17살 된 독일 소년은 텅 빈 큰 무대로 나갔다.
A 17-year-old German boy _____ _____ onto the empty large stage.

2 어려움에 직면해서 그는 그것을 받아들이고 높이 날아올랐다.
_____ _____ _____ _____ a challenge, he _____ it and flew high.

D 다음 괄호 안의 주어진 단어를 활용하여 문장을 완성하시오.

1 그것은 그의 생애에서 가장 신나는 날이었다.
(exciting) 9단어

→ _____

_____

2 그는 재즈 피아니스트에게 연주를 해달라고 간청했다.
(beg, play) 7단어

→ _____

_____

| 유형복습 Unit 17~19 |

A 우리말은 영어로, 영어는 우리말로 쓰시오.

1 bond   _____

2 take part in   _____

3 suppress   _____

4 소유물   _____

5 지키다, 방어하다   _____

6 (경기) 침체   _____

B 괄호 안의 주어진 단어를 바르게 배열하시오.

1 We should (contextual, affecting, consider, factors) the individual's performance.

→ _____

2 This experiment (only, was, one location, in, conducted), but the difference is impressive.

→ _____

C 다음 빈칸에 들어갈 알맞은 단어를 적으시오.

1 그들의 행동은 더 목표 지향적이 되어야 한다.
Their behavior must become more _____.

2 전자는 후자보다 더 의견이 일치하지 않고 더 많은 의견의 동점 상태를 겪는다.
_____ _____ disagree more than _____ _____ and suffer more ties.

D 다음 괄호 안의 주어진 단어를 활용하여 문장을 완성하시오.

1 거울들이 집 밖에 놓여졌다. (place, outside) 6단어

→ _____

_____

2 우리가 열심히 노력할지라도 우리는 스스로를 웃길 수 없다.
(although, make) 11단어

→ _____

_____

MINI TEST

Workbook

| MINI TEST 01 |

A 우리말은 영어로, 영어는 우리말로 쓰시오.

1 stem from _____

2 accurate _____

3 relatively _____

4 긍정적인 _____

5 고려하다, 여기다 _____

6 잘못된, 잘못 알고 있는 _____

B 괄호 안의 주어진 단어를 바르게 배열하시오.

1 One might wonder (should, about, worry, why, we, overconfidence) in students.
→ _____

2 Students who are confident (perform, tests, tend, on, better, to, academic) than others.
→ _____

C 다음 빈칸에 들어갈 알맞은 단어를 적으시오.

1 자신감은 자주 긍정적인 특성으로 여겨진다.
Confidence _____ _____ _____
a positive feature.

2 부정적인 결과들도 지나치게 자신감 있는 것에서 생겨난다.
Negative consequences also _____ _____
being too confident.

D 다음 괄호 안의 주어진 단어를 활용하여 문장을 완성하시오.

1 그들은 시험에 완전히 준비되어있다.
(fully, prepare, tests) 6단어
→ _____
_____

2 그들은 학교에서 성공할 자신들의 능력에 대한 자신감이 있다. (confident, succeed) 10단어
→ _____
_____

| MINI TEST 02 |

A 우리말은 영어로, 영어는 우리말로 쓰시오.

1 definition _____

2 growth _____

3 must _____

4 표본을 추출하다 _____

5 빨지 않은, 더러운 _____

6 세탁, 빨래 _____

B 괄호 안의 주어진 단어를 바르게 배열하시오.

1 Whether fifteen months or two weeks, (same, the, was, about, the, bacteria, growth).
→ _____

2 Le aired his jeans well (times, three, week, a), and he still had lots of friends.
→ _____

C 다음 빈칸에 들어갈 알맞은 단어를 적으시오.

1 당신의 청바지는 적어도 깨끗하게 남아있을 것이다.
At least your jeans will _____ clean.

2 그녀는 청바지에 살고 있는 박테리아의 표본을 추출했다.
She _____ the bacteria _____ on the jeans.

D 다음 괄호 안의 주어진 단어를 활용하여 문장을 완성하시오.

1 그는 그 청바지를 2주 동안만 입었다. (for) 8단어
→ _____
_____

2 너무 바빠서 세탁을 할 수 없더라도 그것에 대해 걱정하지 마라. (If, too, laundry) 11단어
→ _____
_____

| MINI TEST 03 |

A 우리말은 영어로, 영어는 우리말로 쓰시오.

1 tube _____

2 instrument _____

3 discover _____

4 소형 망원경 _____

5 장치, 기구 _____

6 근처의 _____

B 괄호 안의 주어진 단어를 바르게 배열하시오.

1 (first, the, to turn, a spyglass, person) toward the sky was Galileo Galilei.

→ _____

2 It was (not, his children, him, who, discovered, but) that the double lenses made it look bigger.

→ _____

C 다음 빈칸에 들어갈 알맞은 단어를 적으시오.

1 그는 관 양끝에 두 개의 렌즈를 붙인 것을 인정받고 있다.

He _____ _____ for _____ two lenses on _____ end of a tube.

2 그는 그 장치가 군대와 선원들에게 얼마나 유용할지를 즉시 깨달았다.

He realized right away _____ _____ the device could be to _____ and sailors.

D 다음 괄호 안의 주어진 단어를 활용하여 문장을 완성하시오.

1 이런 초기 도구들은 단지 장난감들에 불과했다.
(early, toys) 6단어

→ _____

_____

2 그는 망원경 하나를 달로 향하게 결정했다.
(decide, point, telescope) 9단어

→ _____

_____

| MINI TEST 04 |

A 우리말은 영어로, 영어는 우리말로 쓰시오.

1 survive _____

2 honeybee _____

3 fresh _____

4 (해답 등을) 찾아내다 _____

5 ~할 것 같지 않은 _____

6 활동적인, 활발한 _____

B 괄호 안의 주어진 단어를 바르게 배열하시오.

1 It's (unlikely, them, see, to, flying, outside).

→ _____

2 Some flies (house, of, in, a, corners, warm, stay) over the winter

→ _____

C 다음 빈칸에 들어갈 알맞은 단어를 적으시오.

1 많은 곤충들이 추운 겨울 동안 줄곧 살지 못한다.
Many insects don't _____ the cold winter.

2 어떤 곤충들은 봄까지 생존할 수 있는 영리한 계획을 찾아내었다.
Some insects have _____ _____ _____ clever plans to survive until spring.

D 다음 괄호 안의 주어진 단어를 활용하여 문장을 완성하시오.

1 그 암컷들은 음식을 찾으며 주위를 날아다닌다.
(females, around look for) 7단어

→ _____

_____

2 어떤 꿀벌들은 열을 내기 위해 그들의 날개를 빠르게 움직인다. (certain, wings, quickly, produce) 9단어

→ _____

_____

| MINI TEST 05 |

A 우리말은 영어로, 영어는 우리말로 쓰시오.

1 investor   _____

2 productive   _____

3 cooperative   _____

4 장기적인, 오래 지속되는   _____

5 포기하다, 버리다   _____

6 공황, 극심한 공포   _____

B 괄호 안의 주어진 단어를 바르게 배열하시오.

1 The biggest mistake that most beginning investors make (into, is, getting, losses, a panic, over).

→ _____

2 (most, understand, beginning, investors, don't, what) is that investing in the market is a risk.

→ _____

C 다음 빈칸에 들어갈 알맞은 단어를 적으시오.

1 이것은 확고하고 장기적인 계획을 세우는데 큰 장애물이다.
This is a big _____ _____ _____ a strong and long-lasting plan.

2 우리는 돈을 벌기 위해 열심히 일하고 우리의 돈이 불어나는 것을 보기를 원한다.
We work hard for our money, and we want to _____ it _____.

D 다음 괄호 안의 주어진 단어를 활용하여 문장을 완성하시오.

1 우리는 장기적인 성장에 집중해야 한다.
(focus, long-term) 6단어

→ _____

2 주식 시장에 투자할 때 인내심을 가져라.
(patient, invest, stock) 8단어

→ _____

| MINI TEST 06 |

A 우리말은 영어로, 영어는 우리말로 쓰시오.

1 astronomer   _____

2 satellite   _____

3 alternative   _____

4 중력   _____

5 영향을 미치다   _____

6 막다, 예방하다   _____

B 괄호 안의 주어진 단어를 바르게 배열하시오.

1 This (be, may, first, the, not, time) Jupiter has saved Earth.

→ _____

2 The gravitational pull of Jupiter grabs passing asteroids and (them, its, to, pulls, surface).

→ _____

C 다음 빈칸에 들어갈 알맞은 단어를 적으시오.

1 이 광채는 어느 소행성이 그 거대한 행성에 부딪친 것이었다.
This _____ was an asteroid _____ the giant planet.

2 그 소행성은 지구를 향하는 중이었을 것이나, 목성이 그 충돌을 대신했다
The asteroid may have been _____ _____ Earth, but Jupiter took the _____.

D 다음 괄호 안의 주어진 단어를 활용하여 문장을 완성하시오.

1 한 천문학자가 목성에서 밝은 빛의 번쩍임을 발견했다.
(flash, Jupiter) 10단어

→ _____

2 목성은 어떤 행성보다 가장 강력한 중력의 끌어당김을 가지고 있다. (strong, pull, any planet) 9단어

→ _____

| MINI TEST 07 |

A 우리말은 영어로, 영어는 우리말로 쓰시오.

1 formula   _____

2 establish   _____

3 physics   _____

4 묵살하다, 무시하다   _____

5 마치 ~인 것처럼   _____

6 표준화된   _____

B 괄호 안의 주어진 단어를 바르게 배열하시오.

1 An authority figure (appears, us, to, teach) "the truth."

    → _____

2 We learn about Newton's "laws" as if God's visit (such, made, possible, discoveries).

    → _____

C 다음 빈칸에 들어갈 알맞은 단어를 적으시오.

1 과학을 공부하는 단 하나의 올바른 방식이 있는 것처럼 보인다.

    _____ seems _____ _____ only one right way _____ _____ science.

2 우리의 교육 시스템은 이러한 과학자들의 인생 이야기들을 납에서 금으로 바꿔 버린다.

    Our education system just _____ the life stories of these scientists _____ lead _____ gold.

D 다음 괄호 안의 주어진 단어를 활용하여 문장을 완성하시오.

1 교과서들은 종종 그 많은 실패들을 묵살한다. (ignore) 6단어

    → _____

    _____

2 Newton은 연금술에서 법칙을 확립하지 못했다. (establish, alchemy) 7단어

    → _____

    _____

| MINI TEST 08 |

A 우리말은 영어로, 영어는 우리말로 쓰시오.

1 on the other hand   _____

2 overestimate   _____

3 consensus   _____

4 무작위로   _____

5 빈번히, 자주   _____

6 대다수, 다수   _____

B 괄호 안의 주어진 단어를 바르게 배열하시오.

1 He asked (randomly, wear, to, it, students, selected) around campus.

    → _____

2 They had to guess (students, would, many, do, other, how) the task.

    → _____

C 다음 빈칸에 들어갈 알맞은 단어를 적으시오.

1 이런 오해는 허위 합의 효과라고 불린다.

    This misconception is called the _____ _____.

2 기꺼이 그 광고판을 걸치겠다는 사람들은 대다수가 그것에 동의할 거라고 추측했다.

    _____ _____ were willing to wear the sign guessed that the majority would _____ to it.

D 다음 괄호 안의 주어진 단어를 활용하여 문장을 완성하시오.

1 다른 모든 사람들이 우리와 정확히 똑같이 생각하고 느낀다. (everyone else, exactly) 9단어

    → _____

    _____

2 그 학생들은 자신들이 다수에 속할 것이라고 가정했다. (imagine, majority) 9단어

    → _____

    _____

| MINI TEST 09 |

A 우리말은 영어로, 영어는 우리말로 쓰시오.

1 co-worker _____

2 realization _____

3 related _____

4 가정하다, 추측하다 _____

5 있음 직한, 있을 수 있는 _____

6 ~할[일] 것 같은 _____

B 괄호 안의 주어진 단어를 바르게 배열하시오.

1 There (no, suppose, to, to, reason, seems, be) this is true, but it probably is.

→ _____

2 Most people have (followers, followers, do, than, fewer, their).

→ _____

C 다음 빈칸에 들어갈 알맞은 단어를 적으시오.

1 이것은 팔로어(추종자)의 역설이라고 불리는 것을 초래한다.

It causes _____ _____ _____ the follower paradox.

2 우리는 많은 친구가 있는 누군가와 친구가 되기 쉽다.

We _____ _____ _____ become friends with someone _____ has a lot of friends.

D 다음 괄호 안의 주어진 단어를 활용하여 문장을 완성하시오.

1 당신의 친구들이 당신보다 더 인기가 있습니까?
(popular, are) 8단어

→ _____
_____

2 대부분의 사람들이 비슷한 상황에 있다는 것을 기억해라.
(that, most, situation) 9단어

→ _____
_____

| MINI TEST 10 |

A 우리말은 영어로, 영어는 우리말로 쓰시오.

1 individually _____

2 secretly _____

3 emotional kick _____

4 즉각, 즉시 _____

5 규칙적으로 _____

6 눈에 띄는, 놀라운 _____

B 괄호 안의 주어진 단어를 바르게 배열하시오.

1 (to, even, seem, bigger, don't, numbers) make a difference.

→ _____

2 Financial experts (people, to, more, encourage, save) and at a younger age.

→ _____

C 다음 빈칸에 들어갈 알맞은 단어를 적으시오.

1 나는 아마도 오늘 차라리 10달러를 갖겠다고 말할 것이다.

I'll _____ say I _____ _____ have the $10 today.

2 인간은 지연된 보상보다 즉각적인 보상에 더 강한 선호를 가진다.

Humans have a strong _____ for immediate reward over _____ reward.

D 다음 괄호 안의 주어진 단어를 활용하여 문장을 완성하시오.

1 그것은 단지 가능한 결과물일 뿐이다.
(just, possible, outcome) 6단어

→ _____
_____

2 당신이 받은 보상은 그것에 대한 정서적 감흥을 갖지 않는다.
(reward, get, no, kick, to) 10단어

→ _____
_____

| MINI TEST 11~12 |

A 우리말은 영어로, 영어는 우리말로 쓰시오.

1 light up _____

2 activate _____

3 empathy _____

4 반응 _____

5 극심한, 강렬한 _____

6 타당한, 유효한 _____

B 괄호 안의 주어진 단어를 바르게 배열하시오.

1 (tells, what, this, us) is that words are important.

→ _____

2 We actually feel pain (the, before, needle, touches, the, skin)!

→ _____

C 다음 빈칸에 들어갈 알맞은 단어를 적으시오.

1 당신의 몸은 더 낮은 혈압과 같은 건강상의 이점들을 얻을 수 있을 것이다.

Your body will _____ _____ _____ get health benefits _____ _____ lower blood pressure.

2 우리는 내적 대화를 변화시킴으로써 우리 자신의 건강을 제어하는 큰 능력을 가진다.

We have a great ability _____ _____ our own health _____ _____ our internal dialogue.

D 다음 괄호 안의 주어진 단어를 활용하여 문장을 완성하시오.

1 그들이 그 말을 들었을 때, 그들의 고통 중추는 밝아졌다. (pain centers, words) 10단어

→ _____

_____

2 동정이 문제들을 야기할지도 모르는 상황들이 있다. (there, compassion, cause) 8단어

→ _____

_____

| MINI TEST Review |

A 우리말은 영어로, 영어는 우리말로 쓰시오.

1 negative _____

2 mosquito _____

3 clue _____

4 망원경 _____

5 은퇴 _____

6 ~와 상관없이 _____

B 괄호 안의 주어진 단어를 바르게 배열하시오.

1 One might wonder (we, worry, why, should, about, overconfidence) in students.

→ _____

2 (were, you, until, you, waited, if, 30) to begin, you'd have only $229,388.

→ _____

C 다음 빈칸에 들어갈 알맞은 단어를 적으시오.

1 그것은 당신이 그것을 성급하게 포기해야 한다는 것을 의미하지 않는다.

It doesn't mean you have to abandon it _____ _____ _____.

2 과학자들은 궤도를 돌고 있는 소행성들이 많기 때문에 그것들을 주시하고 있다.

Scientists keep _____ _____ _____ on asteroids as there are many of them in _____.

D 다음 괄호 안의 주어진 단어를 활용하여 문장을 완성하시오.

1 이것이 그것들을 따뜻하게 유지시켜 준다. (lets, stay) 5단어

→ _____

_____

2 답이 무엇이든지 이 연구의 분야는 한 가지를 분명하게 보여준다. (the answer, one thing, clearly) 12단어

→ _____

_____

| MINI TEST 01 |

A 우리말은 영어로, 영어는 우리말로 쓰시오.

1 contrast _____

2 theme _____

3 a great deal of _____

4 공상 과학 소설 _____

5 비판적인 _____

6 문학 _____

B 괄호 안의 주어진 단어를 바르게 배열하시오.

1 Science fiction (helps, see, students, scientific, principles) in action.

→ _____

2 Many of (pieces, wonderful, of, science fiction, the most) have their basis in scientific facts.

→ _____

C 다음 빈칸에 들어갈 알맞은 단어를 적으시오.

1 학생들은 과학적 원리들을 알아 봄으로써 창의적 능력을 기를 수 있다.

Students _____ _____ their creative skills _____ _____ scientific principles.

2 많은 공상 과학 소설이 문학 작품을 과학 교실로 가져오기 위해 사용될 수 있다.

A great deal of science fiction can _____ _____ _____ _____ literature into the science classroom.

D 다음 괄호 안의 주어진 단어를 활용하여 문장을 완성하시오.

1 학생들은 그 둘을 비교하고 대조할 수 있다. (compare) 7단어

→ _____

_____

2 그들은 그 글을 과학적인 원리들과 연결시켜야만 한다. (must, connect, text, principles) 9단어

→ _____

_____

| MINI TEST 02 |

A 우리말은 영어로, 영어는 우리말로 쓰시오.

1 claim _____

2 sauce _____

3 independence _____

4 (음식을) 차려내다 _____

5 적당한, 알맞은 _____

6 예절, 예의 _____

B 괄호 안의 주어진 단어를 바르게 배열하시오.

1 Give children options and (to, them, decisions, own, their, allow, make).

→ _____

2 Include them in the decision-making process (for, to, dinner, what, of, make).

→ _____

C 다음 빈칸에 들어갈 알맞은 단어를 적으시오.

1 파스타와 미트볼을 먹고 싶니, 아니면 닭고기와 구운 감자를 먹고 싶니?

_____ you _____ _____ have pasta and meatballs, _____ chicken and a baked potato?

2 그들이 저녁을 얼마나 먹어야 하는지 의논할 때, 그들에게 적당량의 음식을 제공하라.

When you discuss _____ _____ they _____ eat during dinner, _____ them a _____ amount.

D 다음 괄호 안의 주어진 단어를 활용하여 문장을 완성하시오.

1 그들에게 5분에서 10분 동안 기다리라고 요청하라. (ask, wait) 8단어

→ _____

_____

2 이것은 자신감과 자기통제를 가르쳐 주는 행동이다. (behavior, self-confidence, self-control) 8단어

→ _____

_____

| MINI TEST 03 |

A 우리말은 영어로, 영어는 우리말로 쓰시오.

1 chaser _____

2 direction _____

3 sharp _____

4 계속해서, 끝없이 _____

5 갈지자로 나아가다 _____

6 먹이, 사냥감 _____

B 괄호 안의 주어진 단어를 바르게 배열하시오.

1 A rabbit running from a coyote (does, endlessly, run, in, line, straight, not, a).

→ _____

2 The coyote also cannot tell (when, run, this, or, way, that, the, rabbit, will).

→ _____

C 다음 빈칸에 들어갈 알맞은 단어를 적으시오.

1 추격자의 일을 더 힘들게 만드는 한 가지 방법은 갈지자로 움직이는 것이다.

One way _____ _____ a chaser work _____

is _____ _____.

2 갈지자로 움직이는 것은 몸집이 더 큰 코요테보다 몸집이 작은 토끼에게 더 쉽다.

_____ is _____ _____ a rabbit, _____

is small, _____ _____ the larger coyote.

D 다음 괄호 안의 주어진 단어를 활용하여 문장을 완성하시오.

1 그것은 코요테가 방향을 바꾸도록 강요한다. (directions) 7단어

→ _____

_____

2 그 토끼는 추격을 더 어렵게 만든다. (make, the chase) 7단어

→ _____

_____

| MINI TEST 04 |

A 우리말은 영어로, 영어는 우리말로 쓰시오.

1 preserve _____

2 generation _____

3 resource _____

4 전수하다, 넘겨주다 _____

5 지속 가능한 _____

6 현명하게 _____

B 괄호 안의 주어진 단어를 바르게 배열하시오.

1 They believe (it, for, must, protected, be) future generations.

→ _____

2 We should use our resources wisely now (still, that, have, so, we, will, more) for the future.

→ _____

C 다음 빈칸에 들어갈 알맞은 단어를 적으시오.

1 다른 사람들은 그것을 그 상태 그대로 지키고 싶어 한다.

_____ want to keep it _____ _____ _____.

2 대부분의 사람들은 우리의 자원을 현명하게 사용하는 것을 찬성한다.

_____ people are _____ _____ _____ using

our resources _____.

D 다음 괄호 안의 주어진 단어를 활용하여 문장을 완성하시오.

1 Temagami 근처에 오래된 나무 숲이 하나 있다. (there, old-growth) 7단어

→ _____

_____

2 어떤 사람들은 그 나무들을 베기 원한다. (cut down) 8단어

→ _____

_____

| MINI TEST 05 |

A 우리말은 영어로, 영어는 우리말로 쓰시오.

1 contribute _____

2 characteristic _____

3 impression _____

4 부지런함, 근면함 _____

5 편애, 치우친 사랑 _____

6 유리한 점, 이점 _____

B 괄호 안의 주어진 단어를 바르게 배열하시오.

1 She is the manager of (employs, a, that, medium-sized, company) about 25 people.

→ _____

2 She (anyone, not, give, want, does, to, the impression) that certain people have an advantage.

→ _____

C 다음 빈칸에 들어갈 알맞은 단어를 적으시오.

1 그녀의 리더십은 회사의 성공에 기여해왔다.

Her leadership has been _____ _____ the success _____ the company.

2 그녀는 이러한 일이 일어나는 것을 방지하기 위해서 많은 노력을 한다.

She makes a lot of effort to _____ this _____ happening.

D 다음 괄호 안의 주어진 단어를 활용하여 문장을 완성하시오.

1 그녀 방식의 한 가지 특징은 그녀의 공평함이다.
(style, fairness) 8단어

→ _____

_____

2 그녀는 그것들이 편애의 인식을 만들어낸다고 생각한다.
(create, the perception) 8단어

→ _____

_____

| MINI TEST 06 |

A 우리말은 영어로, 영어는 우리말로 쓰시오.

1 common sense _____

2 intellectual _____

3 practical _____

4 양동이, 통 _____

5 바르다, 붙이다 _____

6 미끄러지다 _____

B 괄호 안의 주어진 단어를 바르게 배열하시오.

1 (way, his, on, down), he fell off the roof and broke his leg.

→ _____

2 A young man (in, the highest, IQ, the region, had, who) repainted a neighbor's roof.

→ _____

C 다음 빈칸에 들어갈 알맞은 단어를 적으시오.

1 그는 맨 아래부터 꼭대기까지 페인트를 칠하기 시작했다.

He started to paint _____ the bottom _____ the top.

2 그는 땅으로 내려가기 위해 새로 갓 바른 페인트를 밟을 수밖에 없었다.

He couldn't _____ _____ on newly _____ paint to get down to the ground.

D 다음 괄호 안의 주어진 단어를 활용하여 문장을 완성하시오.

1 상식이 지적인 능력보다 더 유용하다.
(useful, ability) 8단어

→ _____

_____

2 그는 맨 위부터 시작해야 한다는 생각을 할 수 없었다.
(of, idea, the top) 11단어

→ _____

_____

| MINI TEST 07 |

A 우리말은 영어로, 영어는 우리말로 쓰시오.

1 innovation _____

2 compensate _____

3 proposal _____

4 혼동하다 _____

5 비범한 재능, 천재 _____

6 바보 같은 _____

B 괄호 안의 주어진 단어를 바르게 배열하시오.

1 They don't care (calls, the, whether, to, were) the wrong customers.

→ _____

2 Salespeople have just done (asked, was, of, what, them).

→ _____

C 다음 빈칸에 들어갈 알맞은 단어를 적으시오.

1 판매원들은 효과적인 일이 아니라 보상받은 일을 하는 데 비범한 재능이 있다.

Salespeople have a genius for doing _____ _____'s effective _____ _____'s compensated.

2 과정이 활동을 요구했을 뿐이고, 활동만이 그것이 얻게 된 것이었다.

The process asked for only activity, and activity alone _____ _____ _____ _____.

D 다음 괄호 안의 주어진 단어를 활용하여 문장을 완성하시오.

1 그들은 혁신을 위한 과정을 기획하고 명령한다.
(design, order, innovation) 8단어

→ _____

_____

2 그것은 단지 당신의 직원이 할 것이다. (employee) 7단어

→ _____

_____

| MINI TEST 08 |

A 우리말은 영어로, 영어는 우리말로 쓰시오.

1 accomplish _____

2 roughly _____

3 efficiently _____

4 지구(본), 세계 _____

5 민간의, 상업의 _____

6 접근법; 접근하다 _____

B 괄호 안의 주어진 단어를 바르게 배열하시오.

1 The best way is to head along (route, the, as, Mediterranean, is, what, known).

→ _____

2 They fly over the North Pole and then west, (them, saves, 1,500, roughly, miles, which)!

→ _____

C 다음 빈칸에 들어갈 알맞은 단어를 적으시오.

1 목표를 더 효율적으로 달성하기 위한 방법을 계속 찾아라.

_____ _____ _____ ways of _____ the goal more efficiently.

2 지도 대신 지구본을 보면, 여러분의 관점이 바뀔지도 모른다.

Look at a globe _____ _____ a map, and your _____ may change.

D 다음 괄호 안의 주어진 단어를 활용하여 문장을 완성하시오.

1 도쿄(Tokyo)로 가는 민항기들은 북쪽으로 비행한다!
(commercial, going, north) 7단어

→ _____

_____

2 그들은 북극 항공로라고 알려진 것을 택한다.
(take, what, polar route) 9단어

→ _____

_____

| MINI TEST 09 |

A 우리말은 영어로, 영어는 우리말로 쓰시오.

1 fundamental _____

2 objective _____

3 classify _____

4 ~ 대신에 _____

5 화가 난, 속상한 _____

6 스트레스 요인 _____

B 괄호 안의 주어진 단어를 바르게 배열하시오.

1 Women feel stress more often because
(generally, of, wider, a, view, they, take, life).

→ _____

2 Many men can deal with only one problem (to,
on, before, the, one, next, moving).

→ _____

C 다음 빈칸에 들어갈 알맞은 단어를 적으시오.

1 엄마가 화를 덜 낼 것 같았기 때문에 당신은 어머니에게 갔다.
You went to your mother because mom would
_____ _____ _____ _____ be upset.

2 스트레스 요인에 대한 반응으로 여성의 혈압이 남성의
혈압보다 덜 상승한다.
Women's blood pressure rises _____ _____
men's _____ _____ _____ stressors.

D 다음 괄호 안의 주어진 단어를 활용하여 문장을 완성하시오.

1 남성들과 여성들 사이에 근본적인 차이점들이 존재할지도
모른다. (differences, may, exist) 8단어

→ _____

_____

2 다른 연구는 여성들이 남성들보다 더 많은 스트레스를
느낄지도 모른다고 시사한다. (suggest, may) 11단어

→ _____

_____

| MINI TEST 10 |

A 우리말은 영어로, 영어는 우리말로 쓰시오.

1 fairness _____

2 belonging _____

3 inequality _____

4 기준(치), 토대 _____

5 설립[설정]하다 _____

6 기꺼이 _____

B 괄호 안의 주어진 단어를 바르게 배열하시오.

1 The researchers had (dogs, sit, to, next, each,
two, other).

→ _____

2 The dog (was, the same, for, being, paid, work,
less, that) became less willingly to give its paw.

→ _____

C 다음 빈칸에 들어갈 알맞은 단어를 적으시오.

1 연구자들은 개들이 발을 얼마나 여러 번 내미는지 측정했다.
Researchers measured _____ _____
_____ dogs would give their paw.

2 그 개들 중 한 마리는 다른 개보다 더 나은 보상을 받았다.
One of the dogs _____ _____ a better
reward _____ the other.

D 다음 괄호 안의 주어진 단어를 활용하여 문장을 완성하시오.

1 동물들은 공정에 대한 감각이 있을까?
(a sense of, fairness) 7단어

→ _____

_____

2 개들은 자신의 발을 내밀도록 요구받았다.
(ask, give, paw) 7단어

→ _____

_____

| MINI TEST 11~12 |

A 우리말은 영어로, 영어는 우리말로 쓰시오.

1 attitude   _____

2 positivity   _____

3 impossible   _____

4 제대로 진행 중인   _____

5 강조하다   _____

6 불안감   _____

B 괄호 안의 주어진 단어를 바르게 배열하시오.

1 Trying to think positively can increase your anxiety and actually (all, at, doesn't, help).

→ _____

2 The (accomplish, way, difficult, a, to, best, objective) is to take things step by step.

→ _____

C 다음 빈칸에 들어갈 알맞은 단어를 적으시오.

1 누구도 Vinci가 승리할 것이라고 생각하지 않았다.

_____ _____ thought Vinci _____ win.

2 Vinci의 태도는 긍정을 강조하는 오늘날의 문화와 반대.

Vinci's attitude is the _____ of today's culture _____ we emphasize _____.

D 다음 괄호 안의 주어진 단어를 활용하여 문장을 완성하시오.

1 그녀는 그것이 가능하다고 생각하지 않았다.
(possible) 7단어

→ _____

_____

2 그녀는 승리에 대하여 생각하지 않으려고 노력했다.
(try, winning) 7단어

→ _____

_____

| MINI TEST Review |

A 우리말은 영어로, 영어는 우리말로 쓰시오.

1 process   _____

2 reasonable   _____

3 perspective   _____

4 과학적인   _____

5 강요하다, ~하게 만들다   _____

6 수치심, 창피   _____

B 괄호 안의 주어진 단어를 바르게 배열하시오.

1 A coyote may (its, succeed, still, at, catching, prey).

→ _____

2 Allow them to make their own decisions on (or not, want, whether, to eat, they).

→ _____

C 다음 빈칸에 들어갈 알맞은 단어를 적으시오.

1 개들은 최소한 불평등함에 대한 증오심을 가지고 있을 수 있다.

Dogs may have at least a _____ of _____.

2 그녀가 가장 친한 친구와 이야기하는 모습은 거의 볼 수 없다.

She is _____ seen talking with her best friend.

D 다음 괄호 안의 주어진 단어를 활용하여 문장을 완성하시오.

1 많은 공상 과학 소설이 과학에 기초를 두고 있다.
(a great deal of, rooted) 10단어

→ _____

_____

2 그들은 우리의 자원을 지속 가능하게 만들기를 선호한다.
(prefer, sustainable) 7단어

→ _____

_____

| MINI TEST 01 |

A 우리말은 영어로, 영어는 우리말로 쓰시오.

1 resident _____

2 mostly _____

3 somewhat _____

4 국외[해외]로 _____

5 지역화 _____

6 체계적인 _____

B 괄호 안의 주어진 단어를 바르게 배열하시오.

1 If you stay there even longer, you may (to, begin, the locals, like, sound).

→ _____

2 If you are abroad, English is likely to be somewhat (different, the, way, speak, it, from, you).

→ _____

C 다음 빈칸에 들어갈 알맞은 단어를 적으시오.

1 당신이 그곳에 머무른다면, 거기가 어디든지, 이것에 익숙하게 될 것이다.

If you stay there, wherever that is, you'll _____ _____ _____ this.

2 이 사례가 우리에게 가르쳐 주는 것은 영어가 더 이상 '단일어'가 아니라는 것이다.

_____ this example _____ _____ is that English is no longer "one language."

D 다음 괄호 안의 주어진 단어를 활용하여 문장을 완성하시오.

1 당신은 이 지구상 어디를 가든지, 영어와 잘 지낼 수 있다. (globe, get along with) 12단어

→ _____

_____

2 당신은 그곳에서 영어가 사용되는 방식이 이상한 것을 발견할 수 있다. (may, about the way) 11단어

→ _____

_____

| MINI TEST 02 |

A 우리말은 영어로, 영어는 우리말로 쓰시오.

1 well-being _____

2 outdoors _____

3 possibility _____

4 접촉; 접촉하다 _____

5 친환경적인 _____

6 증거 _____

B 괄호 안의 주어진 단어를 바르게 배열하시오.

1 The connections between children and nature are (weaker, than, in, past, now, the).

→ _____

2 (range of, evidence, a wide, that, shows) contact with nature improves their education.

→ _____

C 다음 빈칸에 들어갈 알맞은 단어를 적으시오.

1 아이들은 자연 환경으로부터 단절되고 있다.

Children are _____ _____ from the natural environment.

2 아이들이 어떤 녹지 공간을 방문할 가능성은 한 세대 만에 절반이 되었다.

The possibility of children visiting any green spaces at all has _____ in a _____.

D 다음 괄호 안의 주어진 단어를 활용하여 문장을 완성하시오.

1 그것은 책임감 있는 시민들의 성장을 이끈다. (development) 8단어

→ _____

_____

2 야외 공간은 그들이 기분이 좋아지는데 필요한 것들 중 하나이다. (the things, that) 13단어

→ _____

_____

| MINI TEST 03 |

A 우리말은 영어로, 영어는 우리말로 쓰시오.

1 interest _____

2 encourage _____

3 trade _____

4 감시하다, 점검하다 _____

5 양질의; 품질 _____

6 제안하다 _____

B 괄호 안의 주어진 단어를 바르게 배열하시오.

1 He also (play, to, wanted, to, encourage, Jing) the piano.

→ _____

2 They established a point system, where (he, points, he, watched, got, whenever) less TV.

→ _____

C 다음 빈칸에 들어갈 알맞은 단어를 적으시오.

1 그것은 TV 시청뿐 아니라, Lego 가지고 놀기와 동물원 가기를 포함했다.

It included, _____ _____ _____ watching TV, playing with Legos and going to the zoo.

2 그는 스스로에 대해 가치 있다고 느꼈고 아빠와 귀중한 시간을 보냈다.

He felt _____ about himself and spent _____ time with Dad.

D 다음 괄호 안의 주어진 단어를 활용하여 문장을 완성하시오.

1 Ying이 가장 먼저 한 일은 준비였다. (the, did) 7단어

→ _____

_____

2 그는 아들에게 TV 시간을 Lego 놀이와 교환할 수 있다고 제안했다. (suggested, trade, for Legos) 13단어

→ _____

_____

| MINI TEST 04 |

A 우리말은 영어로, 영어는 우리말로 쓰시오.

1 moreover _____

2 inferior _____

3 hold _____

4 운동, 움직임 _____

5 대체로, 전형적으로 _____

6 진보한, 발전된 _____

B 괄호 안의 주어진 단어를 바르게 배열하시오.

1 The laser pointer was at first typically (hand, thick, hold, in, the, to).

→ _____

2 The movements of a nervous lecturer (were, motion, the sudden, in, shown) of the red dot.

→ _____

C 다음 빈칸에 들어갈 알맞은 단어를 적으시오.

1 오래지 않아, 그러한 포인터들은 다루기가 더 쉬워졌다.

Before long, such pointers became _____ _____ _____.

2 그것은 심지어 단순한 막대보다 레이저 포인터를 더 열등하게 만들었다.

It made the laser pointer _____ even _____ a simple stick.

D 다음 괄호 안의 주어진 단어를 활용하여 문장을 완성하시오.

1 건전지들이 필요했고 교체되어야 했다. (require, had to, replace) 8단어

→ _____

_____

2 이 붉은 점은 특정 배경에서는 보기 어려울 수 있었다. (against, certain) 11단어

→ _____

_____

| MINI TEST 05 |

A 우리말은 영어로, 영어는 우리말로 쓰시오.

1 composition _____

2 humming _____

3 remove _____

4 가사 _____

5 영향, 충격 _____

6 그러므로 _____

B 괄호 안의 주어진 단어를 바르게 배열하시오.

1 It was John Cage's 4′33″, the famous musical composition (of, that, silence, consists).

→ _____

2 (prove, to, his, the, only, belief, way) was to remove the artist from the process of creation.

→ _____

C 다음 빈칸에 들어갈 알맞은 단어를 적으시오.

1 4′33″에서는, 아티스트나 작곡가 모두 곡에 어떤 영향도 미치지 않았다.

In 4′33″, _____ artist _____ composer had any impact on the piece.

2 한 남자가 피아노 뚜껑을 세 번 열었다 닫고는 4분 동안 어느 건반도 치지 않았다.

A man opened and closed a piano cover three times, _____ _____ any keys for four minutes.

D 다음 괄호 안의 주어진 단어를 활용하여 문장을 완성하시오.

1 Cage는 청중이 아티스트 없이 완전히 음악을 느낄 수 있다고 믿었다. (fully, the artist) 11단어

→ _____

_____

2 Cage는 어떤 소리가 청중에게 들릴지 제어할 방법이 없었다. (no, what, be heard, by) 14단어

→ _____

_____

| MINI TEST 06 |

A 우리말은 영어로, 영어는 우리말로 쓰시오.

1 result _____

2 lecture _____

3 attention _____

4 강화하다 _____

5 존경; 존경하다 _____

6 자동으로 _____

B 괄호 안의 주어진 단어를 바르게 배열하시오.

1 He jumps all over you and (the, treats, you, like, best, thing).

→ _____

2 Imagine (people, would, you, well, respond to, how) if you showed them that kind of attention.

→ _____

C 다음 빈칸에 들어갈 알맞은 단어를 적으시오.

1 그것은 관계를 강화시키는 최고의 방법이다.

It's the number-one way to _____

_____.

2 그는 당신의 마음으로 가는 길을 자동으로 안다.

He automatically knows _____ _____ _____ your heart.

D 다음 괄호 안의 주어진 단어를 활용하여 문장을 완성하시오.

1 그는 당신이 수학시험에 떨어졌는지 아닌지 신경 쓰지 않는다. (care, math test, if) 9단어

→ _____

_____

2 당신이 사람들에게 그들에 대한 당신의 진정한 관심을 보일 때, 그 결과는 쉽게 드러날 것이다. (When, true, interest, show) 14단어

→ _____

_____

| MINI TEST 07 |

A 우리말은 영어로, 영어는 우리말로 쓰시오.

1 insight _____

2 server _____

3 outcome _____

4 확대하다 _____

5 경계 _____

6 액체 _____

B 괄호 안의 주어진 단어를 바르게 배열하시오.

1 (what's, to, expecting, by, likely) happen next, you prepare for the most likely scenarios.

→ _____

2 Imagine how hard it would be to always consider all the possible uses for all the (you, interact, objects, that, with, familiar).

→ _____

C 다음 빈칸에 들어갈 알맞은 단어를 적으시오.

1 기능적 고정성은 저주가 아니라 안도이다.

_____ fixedness is a _____ , not a _____.

2 습관적인 기대를 기초로 하여 문제를 처리하라.

Deal with a matter based on your _____ _____.

D 다음 괄호 안의 주어진 단어를 활용하여 문장을 완성하시오.

1 당신은 결코 그 어떤 일도 끝낼 수 없을 것이다. (would, get) 6단어

→ _____

_____

2 정해진 일상을 새로운 일상으로 교체하라. (ones) 6단어

→ _____

_____

| MINI TEST 08 |

A 우리말은 영어로, 영어는 우리말로 쓰시오.

1 blow off _____

2 land _____

3 ruin _____

4 공연 _____

5 갑자기 _____

6 녹화하다 _____

B 괄호 안의 주어진 단어를 바르게 배열하시오.

1 Everyone in the audience (to, tried, not, show) they were laughing.

→ _____

2 He kept singing, and the fly landed back on his nose. So (off, blew, it, again, he).

→ _____

C 다음 빈칸에 들어갈 알맞은 단어를 적으시오.

1 그들은 웃어서 그의 공연을 망치고 싶지 않았다.

They didn't want to laugh and _____ _____ _____.

2 그가 공연을 끝냈을 때, 모든 사람들이 웃음보를 터뜨렸다.

When he finished, everybody _____ _____ _____.

D 다음 괄호 안의 주어진 단어를 활용하여 문장을 완성하시오.

1 그것이 그가 TV에 내보냈어야 할 촬영분이었다. (that, the take, should, put) 10단어

→ _____

_____

2 Louis가 연주하고 있을 때, 파리 한 마리가 그의 코에 내려앉았다. (As, playing, land) 10단어

→ _____

_____

| MINI TEST 09 |

A 우리말은 영어로, 영어는 우리말로 쓰시오.

1 frequency _____

2 exclude _____

3 decade _____

4 결정 _____

5 편집자 _____

6 ~에 기초하여 _____

B 괄호 안의 주어진 단어를 바르게 배열하시오.

1 The editors must make difficult decisions (whom, about, to, include).

→ _____

2 (For, reason, that, very), Elton John and Paul McCartney aren't in the dictionary.

→ _____

C 다음 빈칸에 들어갈 알맞은 단어를 적으시오.

1 이름들은 그것들의 사용 빈도에 기초하여 선택된다.

Names are chosen _____ on their _____ of use.

2 그 사전은 Audrey Hepburn은 포함하지만 Spencer Tracy는 뺀다.

The dictionary includes Audrey Hepburn but _____ _____ Spencer Tracy.

D 다음 괄호 안의 주어진 단어를 활용하여 문장을 완성하시오.

1 그에 따르면 살아 있는 예능인들은 포함되지 않는다. (entertainers, alive) 10단어

→ _____

_____

2 대부분의 사전들은 유명한 사람의 이름들을 목록에 싣고 있다. (list) 7단어

→ _____

| MINI TEST 10 |

A 우리말은 영어로, 영어는 우리말로 쓰시오.

1 charming _____

2 afterward _____

3 attached _____

4 평가하다; 속도 _____

5 금지하다, 막다 _____

6 배열하다 _____

B 괄호 안의 주어진 단어를 바르게 배열하시오.

1 People become (more, to, each, other, attached) when their love is prohibited.

→ _____

2 When the students finished the task, they (not, were, allowed, keep, to, the poster).

→ _____

C 다음 빈칸에 들어갈 알맞은 단어를 적으시오.

1 이것은 '로미오와 줄리엣 효과'의 한 예시이다.

This is an _____ of the "Romeo and Juliet _____".

2 학생들은 그것을 참여한 것에 대한 보상으로 가질 수 있었다.

The students could keep it as a _____ for their _____.

D 다음 괄호 안의 주어진 단어를 활용하여 문장을 완성하시오.

1 그 포스터는 가장 아름다운 것으로 갑자기 순위가 매겨졌다. (rank, as) 9단어

→ _____

_____

2 연구원들은 학생들에게 10개의 포스터를 아름다운 것 순서대로 배열하도록 요청했다. (ask, in order, beauty) 11단어

→ _____

_____

| MINI TEST 11~12 |

A 우리말은 영어로, 영어는 우리말로 쓰시오.

1 likelihood _____

2 drastically _____

3 get through _____

4 보편적인 _____

5 동기 부여, 자극 _____

6 행동의, 행동에 관한 _____

B 괄호 안의 주어진 단어를 바르게 배열하시오.

1 Consider the almost universal motivation to get through the line (as, possible, as, quickly).

→ _____

2 Under what circumstances would you be willing to (in, let, cut, another, the, line, person)?

→ _____

C 다음 빈칸에 들어갈 알맞은 단어를 적으시오.

1 부탁하는 방법에 있어 작은 변화는 큰 결과를 이끌 수 있다.
Small changes in the way that _____ are _____ can lead to big results.

2 그 부탁에 대한 확실한 이유를 제공하는 것은 먼저 하려는 요청을 정당화한다.
Providing a _____ reason for the request _____ asking to jump ahead.

D 다음 괄호 안의 주어진 단어를 활용하여 문장을 완성하시오.

1 줄을 서서 기다리는 것은 아마도 당신의 재미있는 생각이 아니다. (probably, your idea, of) 10단어

→ _____

2 그들은 낯선 사람이 그들보다 먼저 하는 것에 기꺼이 동의했다. (willing to, allow, go ahead of) 14단어

→ _____

| MINI TEST Review |

A 우리말은 영어로, 영어는 우리말로 쓰시오.

1 odd _____

2 superior _____

3 wait in line _____

4 청중 _____

5 연구자 _____

6 비극 _____

B 괄호 안의 주어진 단어를 바르게 배열하시오.

1 Then you know (about, what, talking, I'm).

→ _____

2 It's not surprising that a server offers you a menu (to, as, you, go, a, soon, as, restaurant).

→ _____

C 다음 빈칸에 들어갈 알맞은 단어를 적으시오.

1 영어는 당신이 말하는 방식과 다소 다를 수 있다.
English ___ ___ ___ be somewhat different from the way you speak it.

2 Ying Liu는 그의 여섯 살짜리 아들이 TV를 너무 많이 보는 것을 멈추게 하고 싶었다.
Ying Liu wanted to ___ his six-year-old son ___ watching so much TV.

D 다음 괄호 안의 주어진 단어를 활용하여 문장을 완성하시오.

1 그들은 점점 더 적은 시간을 야외에서 보내고 있다. (less and less) 8단어

→ _____

2 그들은 이 단어의 설득력을 시험해보기로 결정하였다. (put, persuasive, the test) 13단어

→ _____

MEMO

MEMO

MEMO

MEMO

MEMO

맨처음 수능 영어

2nd Edition

유형독해
실력편

- 정답률 높은 기출 문제만을 선별
- 모의고사 및 수능 기출 지문을 쉽게 변형
- 수능 유형 학습에서 수능 실전 감각까지 익히는 체계적인 단계별 학습
- 전 지문 워크북 문제 제공으로 반복 복습 및 응용 학습 가능

수능 영어를 향한 가벼운 발걸음

2nd Edition

맨처음
수능 영어

유형독해
실력편

정답 & 해설

대 표 예 제

정답 ①

　저는 Ashley Hale를 위해 이 글을 씁니다. 저는 고등학교 3년간 Ashley의 축구 코치를 맡아 지도했고, 그녀가 1학년 때는 스페인어를 가르치는 기쁨을 누렸습니다. Ashley는 운동과 학업 성과 모두에서 뛰어났습니다. 그녀는 자주 학급 친구나 팀 동료가 목표를 달성할 수 있도록 돕습니다. 저는 그녀가 당신 학교의 매우 성공적인 구성원이 될 것이라 믿으며 그녀의 대학교 입학을 추천합니다. 더 많은 정보가 필요하시면 거리낌 없이 연락 주십시오. 시간 내주셔서 감사합니다.

해설

Ashley Hale의 고등학교 선생님께서 그녀의 우수한 태도를 글로 쓴 대학 입학 추천서이다. 따라서 이 글의 목적으로 가장 적절한 것은 ①이다.

어휘

on behalf of	~을 대신하여
pleasure	기쁨
coach	지도하다
freshman year	1학년
athletic	육상(경기)의
academic	학업의
performance	수행, 성과
achieve	달성하다
recommend	추천하다
accept	받아들이다
college	대학
further	더 많은
information	정보
feel free to	거리낌 없이 ~하다
contact	연락하다

유형 연습하기　　정답 01 ②　02 ③　03 ⑤　　본문 p.14

01

정답 ②

　수면에 어려움을 겪으십니까? 실제로, 전 세계 수십억의 사람들이 수면장애로 고통받고 있습니다. 그들 대다수에게 숙면을 취한다는 것은 거의 불가능한 일이고, 그것은 주로 스트레스에 의해 야기됩니다. 만약 당신이 수면 장애로 고통을 겪고 있다면, 수면 건강에 관한 무료 세미나에 등록하십시오. 그것은 Trinitas병원에서 10월 22일에서 24일까지 열릴 예정입니다. 우리는 스트레스와 관련된 수면 문제를 해결하는 몇 가지 효과적인 방법을 알려 드리는 것에 초점을 맞출 것입니다. 등록은 낮 12시에 시작합니다. 더 많은 정보를 원하시면 www.narsad.org를 방문하십시오.

해설

수면 장애를 겪는 사람들에게 무료 세미나에 등록하라고 권유하는 글이다. 따라서 이 글의 목적으로 가장 적절한 것은 ②이다.

어휘

have trouble -ing	~하는 데 어려움을 겪다
billion	십억, 10억
struggle	몸부림치다, 힘겹게 나아가다
sleep disorder	수면 장애
suffer from	~로 고통 받다
register	등록하다
deal with	~을 해결하다
stress-related	스트레스와 관련된

02

정답 ③

　2년 전, Green County Library는 매주 목요일에는 저녁 8시까지 개방하기로 결정했습니다. 이것은 저녁 시간 동안에만 도서관을 방문할 수 있는 사람들에게 도서관 서비스가 가능하도록 만들기 위한 것이었습니다. 그러나 그 늦은 시간에 방문객 숫자가 증가하지 않았고, 그래서 도서관 관리들은 운영 시간을 조정하여 근무 시간을 좀 더 효율적으로 사용하기로 결정했습니다. 그래서 저는 여러분들께 운영 시간이 10월 8일부터 변경될 것을 알려드려야 합니다. 목요일 운영 시간은 정상적인 운영시간인 오전 9시부터 오후 6시까지로 되돌아갈 것입니다. 모든 정상적인 도서관 서비스는 이 운영시간 동안 계속 가능할 것입니다. 또한, 이 변경은 Green County Library의 지역사회에 대한 서비스를 개선하고 향상시킬 것입니다.

해설

저녁에만 도서관을 이용 할 수 있는 사람들을 위해 매주 목요일 늦은 시간까지 도서관을 운영했지만, 실제로 방문객 숫자가 증가하지 않아서 원래의 운영시간으로 되돌린다는 내용을 알리는 글이다. 따라서 이 글의 목적으로 가장 적절한 것은 ③이다

어휘

available	이용 가능한
official	관리, 직원
normal	정상; 정상의
shift	변경, 이동
improve	개선하다, 향상하다
community	지역사회
determine	결정하다
operating hours	운영시간

03

정답 ⑤

　애완동물 가게 주인들을 위한 희소식이 있습니다!
　저희 ABLE Shipping이 물고기를 여러분의 고객들에게 운송해 줄 수 있는 완벽한 체계를 개발했습니다. 저희는 전국으로 살아있는 물고기를 운송할 수 있고, (그래도) 물고기는 괜찮을 겁니다. 저희가 어떻게 그렇게 할 수 있는지 궁금하신가요? 여기에 비밀이 있습니다. 저희는 물고기를 느긋하고 편안하게 할 정도로 충분한 물을 담은, 산소가 충전된 비닐봉지 안에 각각의 물고기를 포장합니다. 게다가, 각각의 봉지는 쿠션으로 싸여 운송 상자 안에 놓입니다. 여러분의 물고기는 여러분 고객의 현관에 도착할 때까지 줄곧 이동을 즐기게 됩니다. 1-800-456-4959로 전화를 주시거나 fishlove@ableshipping.

com으로 이메일을 보내시면, 여러분은 그것이 어떻게 이루어지는지를 알게 될 것입니다.

이 글은 ABLE Shipping이 그들의 서비스를 이용하게 되는 애완동물 가게 주인들에게 물고기를 안전하게 포장하여 애완동물 가게의 고객들에게 운송한다고 광고하는 글이므로 이 글의 목적으로 가장 적절한 것은 ⑤이다.

어휘

owner	주인, 소유자
develop	성장[발달]시키다
ship	운송하다
customer	고객, 손님
plastic bag	비닐봉지
furthermore	게다가
wrap	싸다, 포장하다
place	놓다, 두다

UNIT 02 심경·분위기 파악   본문 p.16

대표예제   정답 ②

Jancsi는 그날 아침 일찍 일어났다. 사촌인 Kate가 오늘 오기 때문에 그는 지난밤 잠을 잘 자지 못했다. 그녀는 그의 유일한 사촌이었고 도시 소녀였다. 그것도 부다페스트 출신의 진짜 도시 소녀였다. 삼촌으로부터 편지를 받은 후로 그는 헝가리 대평원을 고개를 치켜든 채 걸어 다녔다. 인근에서 그는 도시에 사는 사촌을 가진 유일한 소년이었고, 그녀는 오랫동안 머무르기 위해 오늘 오는 것이었다. 그는 학교에서 모두에게 그녀에 관해 말해 주기로 결심했다.

해설

시골 출신인 주인공 Jancsi에게 도시 출신인 사촌 Kate가 방문하기로 하여 한껏 기대하고 있으므로, Jansci의 심정으로 적절한 것은 ② excited and proud(흥분되고 기대하는)이다.
① 외롭고 지루한
③ 차분하고 편안한
④ 놀랍고 무서운
⑤ 미안하고 후회하는

어휘

bright and early	아침 일찍
with one's head up	고개를 치켜든 채
neighborhood	이웃
cousin	사촌
plain	평원
stay	머무르다
decide	결심하다
lonely	외로운
calm	차분한
scared	겁먹은
relaxed	편안한

regretful	후회하는

유형 연습하기   정답 01 ① 02 ② 03 ①   본문 p.18

01   정답 ①

나이가 많은 아이들이 자신의 선물을 여는 것을 지켜보며 나는 이미 그 큰 선물들이 반드시 가장 좋은 것들은 아니라는 것을 알았다. 내 나이의 한 소녀는 역사적 인물들이 있는 커다란 색칠 그림책을 받았고, 반면 작은 상자를 고른 욕심이 덜한 소녀는 예쁜 머리핀을 받았다. 내 차례가 가까워질수록 내 심장은 기대감으로 빠르게 뛰었다. 나는 자루 속을 들여다보며 남아있는 선물들을 빠르게 만져보고 무게를 재어보고 내용물을 상상했다. 나는 반짝이는 은색 포장지와 빨간 리본으로 포장된 작지만 무거운 것을 골랐다. 그것은 건전지 꾸러미로 내가 바라던 선물이 아니었다. 그것들은 나에게 쓸모가 없었다! 그래서 나는 파티의 남은 시간을 다른 아이들이 자신의 선물을 즐기는 것을 보면서 보냈다.

해설

'I'는 나이가 많은 아이들부터 자루 속에서 선물을 하나씩 골라 여는 것을 보며 자신의 차례를 기다리다가 마침내 자신의 선물을 골라 열었지만 원하지 않았던 쓸모없는 것임을 확인했다. 따라서 'I'의 심경 변화로 가장 적절한 것은 ① excited → disappointed(흥분된 → 실망스러운)이다.
② 두려운 → 안도하는
③ 만족스러운 → 당황스러운
④ 자랑스러운 → 걱정스러운
⑤ 좌절한 → 즐거운

어휘

greedy	탐욕스러운
expectation	기대
sack	자루
foil	포장지
useless	쓸모없는
excited	흥분된
disappointed	실망스러운
fearful	두려운
satisfied	만족스러운
embarrassed	당황스러운
frustrated	좌절스러운

02   정답 ②

비가 그쳤다. 도로는 깨끗했고, 나무에서 먼지가 씻겨 나갔다. 땅에서는 새로운 기운이 돌아났다. 개구리들은 연못에서 시끄럽게 울어댔다. 그들은 몸집이 컸고 입은 즐거움으로 미소를 짓고 있었다. 풀은 작은 물방울들로 인해 반짝이고 있었다. 몇몇 남자아이들이 비가 와서 만들어진 길옆 작은 개울에서 놀고 있었다. 그들과 그들의 밝은 눈을 보아서 좋았다. 그들은 이제까지 없던 재미를 맛보고 있었으며, 나는 그들이 매우 행복하다는 것을 알 수 있었다. 누군가 그들에게 뭔가를 말했을 때, 그들은 즐거워서 웃음을 터뜨렸다.

stretch out	(손, 발을) 뻗다
grab	붙잡다, 움켜잡다
sigh	한숨 쉬다
relieved	안도하는
delighted	즐거운
jealous	질투하는

해설

비가 그친 후 깨끗한 도로와 나무, 땅, 연못에서 울어 대는 개구리, 즐겁게 노는 남자아이들을 보며 그들이 매우 행복하다는 것을 알 수 있었다는 진술을 하고 있으므로, 글의 분위기로 가장 적절한 것은 ② merry and lively(즐겁고 활기찬)이다.
① 슬프고 우울한
③ 긴장되고 긴급한
④ 재미있고 유머스러운
⑤ 지루하고 단조로운

어휘

refresh	새롭게 하다, 기운나게 하다
dust	먼지
pond	연못
sparkle	반짝이다
stream	개울
have the time of one's life	난생처음으로 재밌는 시간을 보내다
gloomy	우울한
merry	즐거운, 명랑한
lively	활기찬, 생생한
tense	긴장된
urgent	긴급한
monotonous	단조로운

03 정답 ①

귀여운 세 살짜리 남자아이 Breaden은 환하게 웃으며 스낵류, 초코바류, 사탕류가 있는 통로를 따라 걷고 있었다. 그 아이에게 그것은 온갖 종류의 유혹 하는 것들이 있는 통로였다. "와!" 하고 그는 외쳤다. 바로 그의 눈앞에 맛있게 보이는 초코바들이 있었다. 그의 엄마는 그의 손을 잡고 있었다. 그녀는 외아들인 Breaden에 항상 초점을 맞췄으며, 그녀는 시장에서 그 아이를 잃어버리지 않으려고 조심했다. 갑자기 그녀는 그녀의 친구들에게 인사하기 위해 멈췄다. Breaden도 역시 멈추었다. 눈을 휘둥그레 뜨고 입으로는 침을 흘리며 Breaden은 팔을 뻗어서 초코바 하나를 막 움켜쥐려고 했으나, 그 때 무엇인가가 자기 손을 꼭 잡는 것을 느꼈다. 그는 올려다보았다. "Breaden, 오늘은 안 돼!" 그는 그것이 무슨 의미인지 알고 있었다. "알았어요, 엄마" 하고 그는 한숨을 쉬었다. 그의 어깨가 축 늘어졌다.

해설

엄마를 따라서 슈퍼마켓에 온 세 살짜리 아이가 먹을 것을 집으려고 하다가 엄마에게 제지를 당 한다는 내용의 글이므로, Breaden의 심경 변화로 가장 적절한 것은 ① excited → disappointed(흥분한 → 실망한)이다.
② 당황한 → 만족한
③ 외로운 → 기쁜
④ 짜증난 → 안도하는
⑤ 즐거운 → 질투하는

어휘

aisle	통로
sweets	단것, 단 음식
temptation	유혹

UNIT 03 함축적 의미 파악 본문 p.20

대 표 예 제 정답 ⑤

신체는 하나의 작은 불균형에서 시작하여, 문제들을 쌓는 경향이 있다. 이 문제는 또 다른 불균형을 유발하고, 그것은 몇 개의 더 많은 것들을 유발한다. 결국 당신은 어떤 증상을 갖게 된다. 그것은 마치 일련의 도미노를 한 줄로 세워 놓는 것과 같다. 당신이 첫 번째 도미노를 쓰러뜨리기만 하면, 많은 다른 것들도 또한 쓰러질 것이다. 신체도 같은 방식으로 작동한다. 원래의 문제는 흔히 간과된다. 당신이 뒤쪽의 도미노 중 몇 개가 쓰러진 것을 발견했을 때, 당신은 좀 더 분명한 단서들과 증상들을 알아낼 수 있다. 결국 여러분은 두통, 피로 또는 심지어 질병까지도 얻게 된다. 여러분이 단지 마지막 증상만을 치료하려 하려고 노력한다면, 그 문제의 원인은 해결되지 않는다. 최초의 도미노가 원인, 즉 가장 중요한 문제이다.

해설

도미노들이 쓰러지는 것은 가장 첫 번째가 쓰러졌기 때문이고 이것은 마치 신체의 증상과 비슷하여 마지막 증상을 치료하기 위해서는 가장 처음의 원인을 해결해야 한다는 내용의 글로, 밑줄 친 부분이 의미하는 바로 가장 적절한 것은 ⑤ '최종 증상은 최초의 사소한 문제에서 나온다.'이다.
① 질병을 치료하는 데 정해진 순서는 없다.
② 작은 건강 문제는 저절로 해결된다.
③ 당신은 나이가 들면서 점점 더 무기력해진다.
④ 마지막 증상을 치료하는데 결코 늦지 않을 것이다

어휘

cause	유발하다; 원인
imbalance	불균형
trigger	유발하다
symptom	증상
line up	~을 한 줄로 세우다
a series of	일련의
knock down	~을 쓰러뜨리다
overlooked	간과된, 못보고 넘어간
figure out	알아내다
obvious	분명한
clue	단서
fatigue	피로
inactive	무기력한

01
정답 ②

나는 한때 나의 아이들에게 완충 지대의 개념을 설명하려고 했다. 우리는 차에 있었고 나는 게임을 이용하여 그 아이디어를 설명하려고 했다. 나는 우리가 멈추지 않고 목적지까지 도착해야 했다고 상상해 보자고 말했다. 우리는 우리 앞에서 무슨 일이 일어날지 예측할 수 없었을 것이다. 우리는 신호등이 얼마나 오랫동안 녹색으로 켜 있을지, 아니면 앞차의 운전자가 갑자기 브레이크를 밟을지 몰랐을 것이다. 추돌을 피하는 유일한 방법은 우리 차와 우리 앞에 있는 차 사이에 여분의 공간을 두는 것이었을 것이다. 이 공간은 완충 지대로서의 역할을 한다. 그것은 우리에게 다른 차들의 갑작스러운 움직임에 반응하고 적응할 시간을 준다. 마찬가지로, 우리는 단지 완충 지대를 만듦으로써 우리의 삶에서 필수적인 것을 할 때 마찰을 줄일 수 있다.

해설

도로에서 운전할 때 앞 차와의 완충 지대를 두는 것이 우리가 다른 차들의 갑작스러운 움직임에 반응하고 적응할 시간을 준다는 내용으로 보아, 밑줄 친 부분이 이 글에서 의미하는 바로 가장 적절한 것은 ② '항상 예상치 못한 사건에 대비하는 것'이다.
① 배우는 것이 이기는 것보다 더 중요하다는 것을 아는 것
③ 이미 시작한 것을 결코 멈추지 않는 것
④ 운전할 때 분명한 목적지를 갖는 것
⑤ 다른 이들과 평화로운 관계를 유지하는 것

어휘

explain	설명하다
concept	개념
destination	목적지
predict	예측하다
avoid	피하다
crash	추돌[충돌]하다
extra	여분의
space	공간
act as	~로서의 역할을 하다
respond	반응하다
adapt	적응하다, 조정하다, 개작하다
sudden	갑작스러운
similarly	마찬가지로
reduce	줄이다
essential	필수적인
unexpected	예상치 못한
relationship	관계

02
정답 ①

이 점에 대해 생각해보라. 만약에 빙하가 다시 형성되기 시작한다면, 사용될 훨씬 더 많은 물이 있을 것이다. 마지막 빙하기에는 존재하지 않았던 Hudson만(灣), 오대호, 캐나다의 수십만 개의 호수의 물이 훨씬 더 빨리 빙하가 될 것이다. 그리고 만약에 빙하가 다시 형성되기 시작한다면, 우리는 정확히 무엇을 할 것인가? 그것들을 폭탄이나 아

마 핵미사일로 폭파할 것인가? 글쎄, 그럴 것 같이 들리지 않지만, 이것을 고려해 보라. 1964년에, 북미에서 가장 큰 지진이 2천 개의 핵폭탄의 힘으로 알래스카를 강타했다. 거의 3천마일 떨어진 텍사스에서 물이 수영장 밖으로 흘러 넘쳤다. 앵커리지의 어떤 거리는 20피트 가라앉았다. 그 지진은 2만 4천 제곱 마일의 황무지를 파괴시켰는데, 그 황무지는 빙하로 덮여 있었다. 당신은 알래스카의 빙하에 무슨 일이 벌어졌는지 추측할 수 있겠는가? 아무런 영향도 미치지 못했다.

해설

빙하의 힘이 강력하여 1964년에 알래스카에서 발생한 북미의 가장 커다란 지진조차도 빙하에 아무런 영향을 미치지 못했으므로, 밑줄 친 말이 의미하는 바로 가장 적절한 것은 ① '빙하를 파괴하려는 것은 아무런 소용이 없을 것이다'이다.
② 녹고 있는 빙하가 해수면을 상승시킬 것이다.
③ 황무지는 빙하에 의해 손상을 입지 않을 것이다.
④ 새로운 빙하는 북미로 퍼지지 않을 것이다.
⑤ 빙하 재형성의 원인은 알래스카 외부에 있을 것이다.

어휘

glacier	빙하
form	형성되다
exist	존재하다
blast	폭파하다
nuclear	핵의
bomb	폭탄
earthquake	지진
overflow	넘쳐흐르다
destroy	파괴하다
wilderness	황무지
formation	형성

03
정답 ①

오랫동안 사람들은 관광을 토착 민족의 영역을 침범하여 그들을 현대 세계의 악으로 끌어들인 거대한 괴물로 여겼다. 그러나 연구에 의하면 이것은 사실이 아니다. 대부분의 지역에서 관광객은 환영 받고 토착민은 관광을 현대 세계와 경제 발전의 길로 여긴다. 그러나 그러한 발전은 언제나 양날의 칼이다. 관광은 발전을 의미할 수 있지만, 그것은 또한 독특한 전통과 문화의 상실을 의미할 수도 있다. 우리는 때때로, 우리의 낭만적이고 순진한 관점으로부터, 이러한 상실을 '문화오염'이라고 지칭한다. 이상적으로, 우리가 이따금씩 보고 우리 현대문화의 전통 일부를 경험할 수 있도록, 고대 문화를 우리 주변에 가지고 있는 것이 좋다. 이것은 '우리 모델'로 알려져 있는데, 그것은 토착민이든 아니든 우리 모두가 같은 사회 구조의 일부인 지구촌 세계에서는 동의하기 어렵다.

해설

현대 세계에서 관광은 토착민에게 현대적인 것과 경제 발전의 길로 인식되지만, 다른 한편으로 관광을 위해서는 전통과 문화적 독특성이 상실되지 않은 채 고대 문화가 존재해야 한다는 내용의 글이다. 따라서 밑줄 친 a cage model이 의미하는 바로 가장 적절한 것은 ① '관객을 위해 그것을 원래의 형태로 보존하는 것'이다.

② 오랫동안 파괴되어 있던 지역 문화유산을 복원하는 것
③ 보존을 위해 선사시대 유적지에 대한 일반인의 접근을 제한하는 것
④ 관광 연구를 문화적 전통에만 제한하는 것
⑤ 문화 규정에 대한 인식을 유지하는 것

어휘

monster	괴물
invade	침범하다
two-edged sword	양날의 칼
unique	독특한
ancient	고대의
cage	우리
structure	구조
restore	복원하다
prehistoric	선사시대의
limit	제한하다
awareness	경각심
regulation	규정, 규제

UNIT 04 요지·주장 파악
본문 p.24

대표예제 정답 ③

길에서 낯선 사람을 지나치면 당신은 어떻게 반응하는가? 아마도 어색해서 외면하거나 다른 것을 보는 척할 것이다. 그렇게 하는 대신에, 그들에게 활짝 미소를 지어 보이는 것이 어떻겠는가? 인도의 의사인 Deepak Chopra는 만나는 각각의 사람에게 작은 선물을 주는 것에 대해 이야기한다. 나는 미소로 이러한 일을 한다. 안될 게 뭐 있겠는가? 그렇게 하는 데는 아무것도 비용이 들지 않는다. 게다가, 그것은 어색하게 느껴지고 내가 거기에 없는 척하는 것보다 훨씬 더 재미있다. 예상하지 못하는 사람들에게 내가 미소를 지으면, 어떤 사람들은 얼굴이 빨개지고, 다른 사람들은 놀라면서 미소로 응답한다. 그러면 그것은 나의 마음속을 온통 따뜻하게 만들어 준다.

해설

낯선 사람에게 어색해서 외면하거나 다른 것을 보는 척하는 것보다 따뜻한 미소를 선물하는 것을 권유하는 내용이므로, 글쓴이가 주장하는 바로 가장 적절한 것은 ③이다.

어휘

go past	지나치다
stranger	낯선 사람
react	반응하다
probably	아마도
awkward	어색한
awkwardness	어색함
pretend	~인 척하다
cost	(비용이) 들다
blush	얼굴을 붉히기, 홍조
expect	예상하다
warm	따뜻한

01 정답 ③

여러분의 애완동물의 특별한 욕구를 인식하고 그것을 존중해 주는 것이 중요하다. 예를 들어, 여러분의 애완동물이 운동을 좋아하고, 에너지가 넘치는 개라면 매일 밖으로 데리고 나가서 한 시간 동안 공을 쫓아다니게 하고 나면 실내에서 다루기가 훨씬 더 쉬워질 것이다. 여러분의 고양이가 수줍음을 타고 겁이 많다면 의상을 차려입고 고양이 품평회 쇼에 나가서 자신의 모습을 보여주는 것을 원치 않을 것이다. 이와 비슷하게, 여러분은 마코 앵무새가 항상 조용하고 가만히 있기를 기대해서는 안 된다. 그들은 천성적으로 시끄럽고 감정에 사로잡히기 쉬운 동물이다. 여러분의 아파트가 열대 우림만큼 소리를 잘 흡수하지 못하는 것이 그것들의 잘못이 아니다.

해설

애완동물 각각 고유의 욕구가 있으며 이를 인식하고 존중해주어야 한다는 내용이므로, 이 글의 요지로 가장 적절한 것은 ③이다.

어휘

recognize	인식하다
athletic	운동 선수 같은, 활발한
manageable	다루기 쉬운
indoors	실내에서
timid	겁이 많은, 소심한
still	가만히 있는, 고요한
dress up	(의상을) 차려입다
by nature	선천[천성]적으로
emotional	감정의, 감정적인
creature	동물, 생물
fault	잘못
absorb	흡수하다
rain forest	열대우림

02 정답 ②

당신은 누군가가 "나는 공을 옮겨야 해(나는 책임을 져야 해)."라고 말하는 것을 들어본 적이 있는가? '공을 옮기는(책임을 지는)'이라는 표현은 어떤 것이 완료되는 데에 책임을 진다는 것을 의미한다. 우리는 일상적으로 발화에서 이것과 같은 상투적 문구를 사용한다. 이 표현들은 감정이나 상황의 이미지나 묘사를 표현하는 데에 있어 종종 매력적이고 다채롭다. 누군가는 '얼음처럼 차가운' 또는 '벌처럼 바쁠지'도 모른다. 어떤 이야기는 '말도 못 하게 재미있을지'도 모른다. 발화에서 이 표현들은 거의 해가 되지 않는다. 그러나 글쓰기에서 상투적 문구는 익숙한 것들을 지루하게 만들 수 있다. 당신의 독자들은 이런 표현들을 지나치게 자주 듣고 읽어서 그들은 그들의 흥미를 빠르게 잃게 될 것이다. 그러므로 당신의 글이 더 강력하고 더 효과적으로 되기를 원한다면 상투적 문구를 사용하지 않도록 노력하라. 글쓰기에서 상투적 문구는 궁극적으로 당신의 메시지의 장점과 효과성을 감소시킨다.

해설

상투적 문구는 읽는 사람을 지루하게 만들고 흥미를 잃게 만들어 메시지의 장점과 효과성을 감소시키므로 사용하지 않도록 노력하라는 내용이므로, 이 글의 주장으로 가장 적절한 것은 ②이다.

어휘

carry	옮기다
responsibility	책임
expression	표현
colorful	색채가 풍부한, 다채로운
appealing	매력적인, 흥미로운
description	묘사
interest	관심
do harm	해가 되다
ultimately	결국
diminish	줄이다, 약화시키다
strength	강점, 장점
effective	효과적인

03 정답 ⑤

요즈음, 우리 세대의 진보, 욕구, 야심을 위한 인간의 노력들은 부유한 나라와 가난한 나라에서 모두 지속 불가능하다. 그 노력들은 이미 초과 인출된 환경 자원 계좌를 너무 심하게 너무 빠르게 늘리고 있으므로, 그 빚은 우리 다음 세대들을 파산시킬지도 모른다. 그 노력들은 우리 세대의 대차 대조표에서는 이익을 보여 줄지 모르지만, 우리의 자녀들은 그 손실을 물려받을 것이다. 우리는 갚으려는 생각도 없이 미래의 세대로부터 환경 자본을 빌린다. 그들은 투표하지 않고, 정치적이거나 재정적인 힘도 없으며, 우리의 결정에 이의를 제기할 수도 없다.

해설

현재의 세대가 미래 세대가 쓸 자원을 마구 쓰고 있고 우리의 자녀들이 그 손실을 물려받게 될 것이며 우리는 갚으려는 생각도 없이 미래의 세대로부터 환경 자본을 빌린다는 내용의 글이므로, 이 글의 요지로 가장 적절한 것은 ⑤이다.

어휘

ambition	야심
overdrawn	초과 인출된
environmental	환경의
resource	자원
debt	빚
account	계좌
bankrupt	파산시키다
balance sheet	대차대조표
capital	자본
vote	투표하다
financial	재정적인
challenge	~에 이의를 제기하다

∑UNIT 05 주제 파악

본문 p.28

대표예제 정답 ④

아내와 나는 아이스크림 가게를 운영하고 있었다. 돈을 많이 벌었기 때문에 밤늦게까지 가게를 여는 것은 그렇게 큰 문제는 아니었다. 얼마 후 문제가 생겼다. 새벽 1시에 문을 닫고 오전 11시에 돌아와 다시 문을 여는 것은 육체적으로 고통스러웠다. 한밤중에 벌어들였던 추가적인 몇 달러는 그것이 우리에게 어떤 영향을 미쳤는지를 보면 그만한 가치가 없는 것이었다. 그래서 우리는 밤 9시에 가게 문을 닫았다. 정각 9시에 문을 닫았기 때문에, 손님들은 폐점 시간 전에 왔다. 우리는 아이들과 더 많은 시간을 보냈고, 충분한 휴식을 취했다. 우리는 또한 다음날 일하러 갈 준비가 더 잘 되었다.

해설

밤늦게까지 가게를 여는 것에 따른 피로로 인해 영업시간을 단축했고, 밤중에 번 추가적인 수익보다 가족과의 시간, 충분한 휴식이 더 가치가 있음을 알게 되었다는 내용으로, 이 글의 주제로 가장 적절한 것은 ④ reason and benefits of reducing business hours(영업시간 단축의 이유와 이점)이다.
① 고객을 만족시키는 전략
② 가족과 보내는 시간의 중요성
③ 수면 부족의 원인과 위험성
⑤ 수익 창출을 위한 다양한 방법

어휘

run	운영하다
such	그렇게, 매우
physically	육체적으로
painful	고통스러운
worth	가치가 있는
customer	손님
show up	나타나다
prepare	준비하다

유형 연습하기 정답 01 ② 02 ② 03 ⑤ 본문 p.30

01 정답 ②

수력 발전은 깨끗하고 재생 가능한 에너지원이다. 하지만 알아두어야 할 중요한 댐에 관한 몇 가지가 있다. 수력 발전 댐을 건설하기 위해서, 댐 뒤의 넓은 지역은 반드시 물에 잠기게 된다. 때때로 지역 사회 전체가 다른 지역으로 이주되어야 한다. 숲 전체가 물에 잠길 수도 있다. 댐에서 방류된 물은 평소보다 더 차서 이것이 하류의 강 생태계에 영향을 미칠 수 있다. 그것은 또 한 강기슭을 유실되게 하고 강 바닥의 생물을 파괴할 수도 있다. 연어는 알을 낳기 위해 상류로 이동해야 하는데, 그래서 그들이 가장 큰 희생자들이다. 만약 그들이 댐으로 막히면, 연어의 라이프 사이클은 완결될 수 없다.

수력 발전 댐의 안 좋은 점을 글 전체에서 나열하고 있으므로, 이 글의 주제로 가장 적절한 것은 ② the dark sides of hydroelectric dams(수력 발전 댐의 어두운 측면)이다.

① 에너지 절약의 필요성
③ 수력발전소의 유형
④ 재생 가능한 전력원의 인기
⑤ 환경 보호의 중요성

어휘

renewable	재생 가능한
flood	(물에) 잠기게 하다 = drown
entire	전체의, 전부의
downstream	하류의, 하류에
riverbank	강기슭, 강둑
destroy	파괴하다
salmon	연어
upstream	상류로
lay an egg	알을 낳다
block	막다, 차단하다
complete	완결하다, 완수하다
power plant	발전소
popularity	인기
protect	보호하다

02   정답 ②

"예술은 문제를 해결하지는 않지만 우리가 그 문제의 존재에 대해 인식하도록 만들어준다."라고 한 조각가가 말했다. 반면 예술교육은 정말로 문제를 해결해 준다. 수년간의 연구는 예술교육이 우리 아이들이 발달하는 데 정말 도움이 된다는 것을 보여준다. 예술에의 참여는 수학, 읽기, 비판적 사고, 그리고 언어적 기술에 있어서의 향상과 연관되어 있다. 예술을 배우는 것은 또한 동기부여, 집중력, 자신감 그리고 팀워크를 증진시킨다. 시각예술에 관한 한 보고서는 예술 경험의 즐거움과 자극이 개인의 인생을 감미롭게 하는 것 이상이라고 주장한다. 이 보고서에 따르면 그것들은 '사람들을 세상에 조금 더 깊게 연결시켜 주고 새로운 관점에 눈을 뜨게 할 수 있으며', 그리고 사회적 유대감을 강화할 기초를 만들어 낸다.

해설

예술교육이 아이들의 수학, 읽기, 비판 적 사고, 언어적 기술, 동기부여, 집중력, 자신감, 팀워크, 사회적 유대감을 발달시키는데 도움이 된다는 내용이므로, 이 글의 주제로 가장 적절한 것은 ② the advantages of arts education(예술교육의 이점들)이다.

① 사회적 상호작용의 가치
③ 비판적 사고를 증진하는 방법들
④ 성공적인 예술가들의 특성들
⑤ 문제해결에서 지능의 중요함

어휘

sculptor	조각가
involvement	참여

associated with	~와 연관 있는
critical	비판적인
motivation	동기부여
concentration	집중력
confidence	자신감
argue	주장하다
stimulation	자극
foundation	기초
bond	유대감
interaction	상호작용
significance	중요함

03   정답 ⑤

부모의 통제로부터 성공리에 해방하려면 아이는 부모의 애정 어린 권위 안에서 안전해야만 한다. 부모가 그 권위를 효과적으로 전달하면 할수록 아이는 더욱 안심하며 그 자신의 삶을 향해 부모로부터 좀 더 잘 떠나갈 수 있다. 이러한 과정 동안, 위험을 느낄 때마다, 아이는 부모의 사랑과 권위라는 안전한 곳으로 되돌아온다. 다시 말해서, 아이가 말 그대로 또 비유적으로 부모가 정확하게 어디에 있는지 알지 못한다면 그 아이가 성공리에 자신을 해방하는 것은 불가능하다. 물론 그것은 그의 부모 스스로도 자신의 위치를 아는 것을 필요로 한다. 만일 '부모'가 자신의 위치를 모른다면, 다시 말해서 자신의 권위에 대해 자신이 없다면, 그들은 자기 아이에게 안전함을 전달해줄 수 없고 아이는 부모로부터 성공적으로 떠나갈 수 없다. 이런 상태에서는, 아이는 (부모에게) 매달리거나 거역하게 되고, 혹은 둘 다를 하게 된다.

해설

아이가 부모에게서 떨어져 스스로 자기 삶의 방향으로 나아가기 위해서는 부모의 사랑과 권위 안에서 안정감을 느껴야 한다는 내용의 글이므로 이 글의 주제로 가장 적절한 것은 ⑤ the importance of communicating parental authority to children for their independence (아이의 독립을 위해 아이에게 부모의 권위를 전달하는 것의 중요성)이다.

① 아이들의 안전을 보장하는 데 있어서 부모 개입의 필요성
② 아이의 사회성 발달에 있어서 부모 권위의 역할
③ 아이의 독립을 위해 부모의 감독을 제안한 결과
④ 아이가 부모에게 반항하는 것을 막기 위한 필수요건

어휘

authority	권위
communicate	전달하다
effectively	효율적으로
secure	안전한
threatened	위협당한
release	해방시키다, 방류하다
literally	말[문자] 그대로
security	안전
circumstances	상황
disobedient	거역하는, 반항하는
ensure	보증하다
supervision	관리

UNIT 06 제목 파악

본문 p.32

대표 예제

정답 ①

당신의 가치관을 알아보는 방법 중 하나는 무엇이 당신을 좌절시키고 화나게 하는지를 살펴보는 것이다. 화는 종종 무시된 가치나 방향이 엇나간 열정을 나타낸다. 당신이 매우 화가 났거나 좌절했던 특정한 때를 생각해보아라. 그 상황에서 무엇이 당신을 가장 화나게 하였는가? 그것들에 대한 당신의 설명을 써보아라. 당신의 가치관을 찾기 위해 당신이 적었던 단어나 어구를 곰곰이 생각해보아라. 그리고 당신에게 가장 중요한 것에 집중하라. 예를 들어, 만약 누군가가 스스로 알아낼 수도 있는 어떤 것에 관해 당신에게 질문할 때 화가 난다면, 아마도 당신은 풍부한 지력, 독립심 또는 스스로 돌보는 것에 높은 가치를 두는 것이다.

해설

자신을 좌절시키고 화나게 하는 감정들을 통해 자신의 가치관을 알아보는 방법을 설명하는 내용이다. 따라서 이 글의 제목으로 가장 적절한 것은, ① Negative Feeling: Clues to Your Values(부정적인 감정들: 당신의 가치관에 대한 단서들)이다.
② 도덕적 가치: 결정을 내릴 때 도움을 주는 사람
③ 당신의 안 좋은 감정에 작별 인사하세요.
④ 반드시 당신의 화를 숨기도록 하세요.
⑤ 당신의 비전과 열정 만들기

어휘

value	가치(관); 소중히 여기다
frustrate	좌절시키다
upset	화나게 하다
anger	화
ignore	무시하다
misdirected	방향이 엇나간
passion	열정
description	묘사
phrase	어구
annoyed	짜증난
for oneself	스스로
independence	독립심
take care of	돌보다

유형 연습하기 정답 01 ④ 02 ② 03 ④

본문 p.34

01

정답 ④

2000년에 스코틀랜드의 Glasgow시 정부는 놀라운 범죄 예방책을 우연히 발견했다. 공무원들이 대량의 파란색 전등들을 많은 장소에 설치하기 위해 팀을 고용했다. 이론상으로 파란색 전등은 보통의 노란 색과 흰색 전등보다 더 매력적이고 차분하다. 몇 달이 지나서 도시의 관리들은 범죄 활동의 극적인 감소를 알아차렸다. Glasgow에서의 파란색 전등들은 경찰차 위의 전등들처럼 보였고 경찰이 언제나 지켜보고 있음을 암시하는 듯했다. 그 전등들은 결코 범죄를 줄이기 위해 설계되진 않았지만, 그것이 정확히 벌어졌던 일이다.

해설

범죄를 줄이기 위해 설계되진 않았지만 파란색 전등을 도시에 설치했더니 파란색 전등의 더 매력적이고 차분하게 만드는 특징 때문에 범죄 활동이 극적으로 감소했다는 것이 글의 주된 내용이므로, 이 글의 제목으로 가장 적절한 것은 ④ An Unexpected Outcome from Blue Lights(파란색 전등의 예기치 못한 효과)이다.
① 우리 행성(지구)을 위해 전등들을 끄자
② 파란색은 사람들을 쓸쓸하게 느끼게 한다
③ 당신의 기운을 돋구는 다채로운 전등들
⑤ 더 낮은 범죄율로 이어지는 더 깨끗한 길거리

어휘

happen to	~에게 일어나다
remarkable	놀라운, 주목할만한
crime	범죄
prevention	예방
strategy	전략
install	설치하다
attractive	매력적인
calming	차분한
dramatic	극적인
criminal	범죄의
imply	암시하다
reduce	줄이다
lonely	쓸쓸한, 외로운

02

정답 ②

당신은 멈추지도 않고 "흰 말이 세 수 안에 체크메이트(장군)"라고 알려주는 지나가던 체스 달인이나, 환자를 단 한 번 흘끗 본 후 복잡한 진단을 내리는 의사와 같은 전문가의 직관에 대한 이야기를 들어본 적이 있을 것이다. 전문가의 직관은 우리에게 마술 같이 보이지만, 그렇지 않다. 사실 우리 각자는 직관적 지식을 매일 여러 번 달성한다. 우리 대부분은 전화 통화의 첫 단어 속에서 분노를 감지하는 데 민감하며 방에 들어갈 때 우리가 대화의 주제였다는 것을 알아챈다. 우리의 일상의 직관적 능력은 경험 많은 체스 달인이나 의사의 인상적인 통찰력만큼이나 놀랍다. 단지 더 흔할 뿐이다.

해설

체스나 의학과 같은 분야의 전문가들이 직관적으로 놀라운 판단을 내리는 것이 놀라운 만큼이나 우리 각자가 일상생활에서 직관적 능력을 발휘하는 것도 놀랍고 더 흔할 뿐이라는 내용이므로, 이 글의 제목으로 가장 적절한 것은 ② Intuitive Expertise: Not Only for Experts(직관적 전문성: 전문가에게만 있는 것은 아니다)이다.
① 분노하여 전화통화를 하지 마라!
③ 더 많은 증거를 수집하라; 더 지적이어라
④ 직관: 마술사의 기본적 자질
⑤ 직관은 결코 경험을 이기지 못한다

intuition	직관
mate	(체스에서) 체크 메이트
	외통 장군(킹이 붙잡힌 상황)
diagnosis	진단
glance	흘끗 봄
sensitive	민감한
detect	감지하다
subject	주제
intuitive	직관적인
marvelous	놀라운
insight	통찰력
evidence	증거
beat	이기다, 패배시키다

03 정답 ④

특정한 사실적 정보를 어떠한 왜곡이나 모호함이 없이 전달하는데에 있어서, 꿀벌의 신호 체계는 인간의 언어보다 우월한 것처럼 보인다. 그러나 언어는 단순한 정보의 교환보다 더 가치 있다. 단어들의 의미는 다양하고, 단어들을 이해하는 것은 언제나 해석을 포함한다. 그러므로, 의사소통 행위는 항상 공동의 창의적 노력이다. 단어는 더 많은 의미를 전달하는데, 그 이유는 청자나 독자들이 접하는 언어에 자신의 시각을 가져오기 때문이다. 부정확하게 표현된 개념은 단순한 사실보다 청자나 독자에게 더 지적으로 자극적일 수도 있다. 언어는 어떤 사람의 정신 속에 다양한 의미와 이해를 만들어 낼 수 있다. 언어와 사고의 관계를 그렇게도 특수하게 만드는 것은 바로 언어의 모호성과 적응성인 것이다.

해설

단어는 의미가 변할 수 있고, 사람들은 듣거나 읽는 내용을 자신의 시각에서 해석하기 때문에 다양한 해석이 나올 수 있다는 내용이므로 이 글의 제목으로 가장 적절한 것은 ④ What in Language Creates Various Understanding? (언어에서 무엇이 다양한 이해를 만들어 내는가?)이다.
① 언어의 생산에서(언어를 말하고 쓸 때) 모호성을 제거하라!
② 창의적이지 않고 단순하다: 언어 운용의 방식
③ 언어 사용에서 보편적 목표로서 의사소통
⑤ 언어: 아주 투명한 거울

어휘

sign system	신호 체계
superior	우월한
specific	특정한, 구체적인
factual	사실적인
various	다양한
interpretation	해석
joint	공동의
intellectually	지적으로
stimulating	자극적인
erase	제거하다
production	생산
universal	보편적인
crystal-clear	수정같이 맑은

UNIT 07 도표 정보 파악 본문 p.36

대표예제 정답 ④

세계 최상위 국제 관광 소비 국가
위 도표는 2014년의 세계 최상위 국제 관광 소비 국가를 보여준다. 중국은 총 1,650억 달러로 목록의 최상위에 있었다. 세계에서 두 번째로 돈을 많이 소비한 국가인 미국은 국제 관광에 러시아보다 두 배 더 많이 돈을 소비했다. 미국보다 200억 달러 더 적게 돈을 소비한 독일은 3위를 차지했다. 영국은 580억 달러를 소비했는데, 그것은 미국이 소비한 금액의 절반보다 더 적었다. 다섯 개의 소비 국가 중에서, 러시아는 국제 관광에 가장 적은 금액의 돈을 소비했다.

해설

미국은 1120억 달러를 소비했고 영국은 미국의 절반 (560억)보다 더 많은 금액인 580억을 소비했으므로, ④이 도표의 내용과 일치하지 않는다.

어휘

international	국제의
tourism	관광, 관광 사업
spender	소비자, 돈을 쓰는 사람
total	총액, 합계
billion	10억
amount	금액, 총액

유형 연습하기 정답 01 ⑤ 02 ③ 본문 p.38

01 정답 ⑤

위의 그래프는 2012년과 2013년에 적어도 한 권의 전자책을 읽었던 미국 사람들의 비율을 연령대별로 나타낸 것이다. 전반적으로 2012년도에 비해 2013년도의 전자책 독서 비율이 각 연령대에서 높았다. 2012년과 2013년 사이의 비율 차이는 가장 나이 많은 그룹에서 가장 적었다. 2012년에 한 권 이상의 전자책을 읽은 18~29세 젊은 층의 비율은 2013년에 거의 두 배가 되었다. 두 번째로 젊은 그룹의 전자책을 읽은 비율은 2012년에 25%에서, 2013년에는 42%로 증가했다. 2012년에 50~64세 미국 성인들 10명 중 약 2명이 적어도 한 권의 전자책을 읽었고, 2013년에는 같은 그룹의 절반 이상(→ 약 1/3)이 그러했다.

해설

2013년에 적어도 한 권의 전자책을 읽은 50~64세 미국 성인은 절반 이상이 아니라 33%이므로 ⑤가 도표의 내용과 일치하지 않는다.

어휘

at least	최소한
e-book	전자책
as a whole	전반적으로
rate	비율
aged	(나이가) ~세[살]의
double	두 배가 되다

gap	격차
from A to B	A에서 B까지
out of	~중에서

02 정답 ③

위의 그래프는 2000년에서 2001년, 2002년에서 2003년, 그리고 2004년에서 2005년까지 캐나다의 시골 지역과 도시 지역에서 출생부터 5세까지의 아동들 중 천식으로 진단을 받은 아이들의 남녀별 비율을 보여 준다. 시골과 도시 지역 모두에서, 천식으로 진단받은 남자아이들의 비율이 전체 기간 동안에 여자아이들의 비율보다 더 높았다. 전 기간 동안, 천식이 있는 남자아이들의 비율은 시골 지역에서보다 도시 지역에서 더 높았다. 천식이 있는 여자아이들에 관해서는, 도시 지역에서 가장 낮은 비율이 시골 지역의 가장 높은 비율보다도 더 높았다. 도시 지역에서는, 2004년에서 2005년 사이에 천식이 있는 남자아이들의 비율이 2000년과 2001년 사이에 천식이 있는 남자아이들의 그것보다 더 낮다. 시골 지역에서는, 천식이 있는 여자아이들의 비율이 2002년에서 2003년, 그리고 2004년에서 2005년까지와 같았다.

해설

도시에서 천식 진단을 받은 여자아이들의 비율로 가장 낮은 6.3%(2004~2005)보다 시골에서 가장 높은 비율인 7.1%(2000~2001)가 높으므로, ③이 도표의 내용과 일치하지 않는다.

어휘

percentage	백분율, 비율
gender	성(별)
period	기간
rural	시골의, 지방의
urban	도시의
male	남성의; 남성
female	여성의; 여성
regarding	~에 관하여
low	낮은, 적은

∑UNIT 08 세부 내용 파악 본문 p.40

대표 예제 정답 ④

칸토어 자이언트 거북(Cantor's giant softshell turtle)을 본 적이 있는가? 그 거북은 넓적한 머리와 작은 눈, 그리고 긴 코를 가지고 있다. 등껍질은 매끄럽고 올리브색을 띠고 있다. 칸토어 자이언트 거북은 최대 6피트 길이까지 자랄 수 있다. 그 거북은 삶의 95%를 수중의 모래 속에 파묻혀 움직이지 않고 보내며, 숨을 쉬기 위해서 하루에 두 번만 수면으로 올라온다. 그것은 2월이나 3월 강둑에 20개에서 28개의 알을 낳는다. 그 거북은 내륙의, 유속이 느린 민물 강과 개울에서 주로 발견된다. 그 거북은 한때 중국, 인도, 태국, 말레이시아 등지에서 발견되었으나, 지금은 멸종 위기에 처해 있으며 대부분의 분포지에서 사라졌다.

해설

글의 후반부에 〈The turtle is found mainly in slow-moving inland freshwater rivers and streams〉 그 거북은 내륙의 유속이 느린 민물 강과 개울에서 주로 발견된다고 했으므로, 글의 내용과 일치하지 않는 것은 ④이다.

어휘

broad	(폭이) 넓은
smooth	매끄러운
length	길이
motionless	움직이지 않는
buried	묻힌
surface	표면, 수면
take a breath	숨을 쉬다
riverbank	강둑
inland	내륙의
endangered	멸종 위기에 처한
stream	개울
range	분포[서식]범위

유형 연습하기 정답 01 ⑤ 02 ③ 03 ⑤ 본문 p.42

01 정답 ⑤

tarsier는 작은 영장류이고 쥐와 비슷한 크기이다. 전체 몸통보다 훨씬 더 긴 가는 꼬리 때문에 쥐와의 유사성이 더욱 부각된다. 모든 tarsier는 완전히 야행성이고, 이러한 생활 방식을 위하여 많은 뛰어난 신체적 특징들이 있다. 그들은 뛰어난 청력을 갖고 있다. tarsier는 또한 몸 크기에 비해 굉장히 큰 눈을 갖고 있는데, 그들의 눈이 얼굴 크기의 약 1/4이다. 그들은 대개 열대 우림 지역에 살며, 빽빽한 대나무 숲에서 발견된다. 낮 동안에 그들은 나무 둥치의 구멍에서 누워 있다. 밤에 그들은 벌레, 거미, 그리고 작은 도마뱀을 사냥한다. tarsier는 그들의 머리를 최소 180도 돌릴 수 있는데, 이는 먹이를 찾기 위한 넓은 시야를 확보해 준다.

해설

밤에는 벌레, 거미, 그리고 작은 도마뱀을 사냥한다고 했으므로, 글의 내용과 일치하지 않는 것은 ⑤이다.

어휘

similarity	유사성
physical	신체적인
feature	특징
nearly	거의
tropical	열대의
bamboo	대나무
thicket	덤불
trunk	나무의 몸통, 줄기
rotate	회전하다[시키다]

02

정답 ③

Brooks Stevens는 Milwaukee에서 1911년에 태어났다. 8살 때 소아마비에 걸렸을 때 그의 다리는 굳어졌고 그의 오른팔은 거의 쓸 모없게 되었다. 의사들은 그가 다시는 걷지 못할 것이라고 예측했다. 하지만 Stevens의 아버지는 그렇게 인정하지 않았다. 그는 아들의 침대 옆에 스케치북과 모형 재료들을 쌓아놓고, 그가 모형 비행기와 보트를 만들도록 권유하였다. Stevens는 Cornell 대학에 건축학을 공부했으나 졸업하지는 않고 학교를 그만두었다. 이후 그는 Milwaukee에 돌아와서 관리자로 일했다. 지루했던 그는 상품 라벨을 다시 디자인하겠다고 회사 대표를 설득했다. 이 기회가 산업디자이너로 서의 그의 경력으로 가는 첫 단계 가 되었다. 그는 1935년에 그의 첫 사무실을 개업하였고, 이후 자신의 자동차 박물관을 세워, 자신 이 디자인한 자동차와 자신이 좋아하던 자동차를 전시했다.

해설
Cornell 대학에서 건축학을 공부했으나 졸업하지는 않고 학교를 그만두었다고 했으므로, 글의 내용과 일치하는 것은 ③이다.

어휘
stiffen	굳어지다
useless	쓸모없는
predict	예측하다
kit	조립용품 세트
encourage	장려하다, (용기를) 북돋우다
architecture	건축(학)
persuade	설득하다
label	라벨, 상표, 이름표
admire	존경하다, 칭찬하다

03

정답 ⑤

브리슬콘 소나무는 미국 서부의 산악 지역에서 때때로 해발 2마일 이상이나 되는 높이에서 자라는 특이한 나무이다. 이 나무들은 아주 천천히 자라서 높이가 15에서 40피트까지 달한다. 이 상록수는 종종 수천 년 동안 산다. 토양이 척박하고 강수량이 적은, 암석이 많은 지역 같은 이 나무들의 서식지를 고려해 보면, 이 나무들이 그렇게 오래 살거나 심지어 살아남는 것조차 거의 믿을 수 없는 것처럼 보인다. 그러나 환경적 역경은 사실 그 나무들의 긴 수명에 도움이 된다. 이런 상황의 결과로 만들어지는 세포들은 조밀하게 배열된다. 조밀하게 조직을 갖춘 나무는 곤충들이나 다른 해충들의 공격에 내성이 있다. 더 윤택한 상황에 있는 브리슬콘 소나무는 더 빨리 자라지만 더 일찍 죽고 곧 썩는다. 그렇다면 그 나무의 주변 환경의 가혹함이 그 나무들을 강하고 튼튼하게 만드는 지극히 중요한 요인이다.

해설
더 윤택한 상황에 있는 브리슬콘 소나무는 더 빨리 자라지만 더 일찍 죽고 곧 썩는다고 했으므로, 글의 내용과 일치하지 않는 것은 ⑤이다.

어휘
evergreen	상록수
habitat	서식지
soil	흙, 토양
incredible	믿을 수 없는
structure	구조화하다; 구조
resistant	저항력 있는
decay	썩다, 부패하다
harshness	가혹함
surroundings	환경
sturdy	억센, 튼튼한

UNIT 09 실용문
본문 p.44

대 표 예 제
정답 ⑤

가족 영화의 밤
5월 12일 목요일 오후 6시 30분에 Bluebird 초등학교 체육관에서 진행되는 '무료' 가족 영화의 밤 행사에 우리와 함께하십시오.
영화: SNOW PRINCE
모든 분을 위한 무료 팝콘!
피자와 청량음료가 판매됩니다.
• 조각 피자: $1.50
• 청량음료: $1.00
학생들은 저녁 시간 내내 부모나 보호자가 동행해야 합니다.
각자의 담요나 베개를 가져오시고 편안히 하시기 바랍니다!

해설
글의 후반부에 Bring your own blanket or pillow(각자의 담요나 베개를 가져오세요) 라고 했기 때문에, 안내문의 내용과 일치하지 않은 것은 ⑤이다.

어휘
join	함께하다
soft drink	청량음료
available	이용 가능한
accompany	동행하다
guardian	보호자
comfortable	편안한
entire	전체의
blanket	담요

유형 연습하기
정답 01 ⑤ 02 ④
본문 p.46

01

정답 ⑤

Off the Chain Bike Bus Tour
Sycamore 시를 볼 수 있는 환경친화적 방법인 Off the Chain Bike Bus Tour가 여기 있습니다. 최대 11명의 친구들과 함께 페달로 작동되는 모험을 경험하세요!

시간: 오전 9시 ~ 오후 5시

출발 장소: Sycamore 시청

요금: 자전거 버스는 한 시간에 100달러이고, 처음 한 시간 이후 추가 시간 10분마다 10달러가 부과됩니다.

특징

여러분은 Sycamore 시가 제공하는 모든 것을 즐기면서 여러분이 좋아하는 곡에 맞춰 노래하고 춤추며 서로 함께 하는 게임을 할 수 있습니다.

더 자세한 정보를 원하시면 우리 웹사이트 www.syctownbikebus.com을 방문해주세요.

해설

Sycamore 시가 제공하는 모든 것을 즐기면서 좋아하는 곡에 맞춰 노래하고 춤추며 서로 함께 하는 게임을 할 수 있다고 했으므로, 글의 내용과 일치하는 것은 ⑤이다.

어휘

eco-friendly	환경친화적인
pedal-powered	페달로 작동되는
adventure	모험
up to	~까지
charge	청구하다, 부과하다
per	~당[마다]
tune	곡, 선율
interactive	서로 작용하는, 쌍방향의
further	추가의, 더 이상의

02 정답 ④

Virginia 미술 전시회

제20회 Virginia 미술 전시회에 함께 하도록 여러분을 초대하는데, (그 전시회는) 전시품의 다양성과 우수함으로 아주 유명합니다. Mabel Green, Theresa Peterson, 그리고 Ronald McKuen과 같은 유명한 예술가들의 작품이 전시될 것입니다. Virginia Philharmonic이 전시회 첫날 공연을 할 것입니다. 오셔서 멋진 그림, 조각, 사진, 디지털 작품, 그리고 훌륭한 음악을 즐기십시오!

• 날짜: 11월 1일부터 30일까지

• 시간: 오전 10시부터 오후 9시까지

• 장소: Westchester Art Center

• 입장료:

– 성인: 일일 15달러

– 아동: 일일 7달러

Virginia 주민들은 무료입장

추가 정보를 원하시면, 저희 웹사이트인 www.virginiaartshow.org를 방문하십시오.

해설

미술 전시회가 열리는 날짜는 11월 1일부터 30일까지라고 안내문에서 언급하고 있으므로, 안내문의 내용과 일치하지 않는 것은 ④이다.

어휘

famous	유명한
variety	다양성
exhibit	전시품; 전시하다
such as	예를 들어, ~와 같은
display	진열하다, 전시하다
sculpture	조각(품)
entrance fee	입장료
admission	입장
resident	거주재[주민]

UNIT 10 어법 정확성 파악 본문 p.48

대 표 예 제 정답 ③

그림을 그리기 위한 올바른 방법이 하나만 있는 것은 아니다. 당신은 나를 믿지 못하겠는가? 100명의 대단한 예술가들을 한 방에 모아 똑같은 의자를 그리도록 시켜보아라. 어떤 그림을 얻을 것 같은가? 백 가지 매우 다양한 의자 그림을 가지게 된다. 이 점을 명심한다면, 당신이 가진 독특한 예술성을 그림으로 표현함에 있어 훨씬 더 많은 즐거움을 느끼게 될 것이다. 당신은 당신만의 방식대로 그림을 그리는 이 세상의 유일한 예술가이다. 당신 자신만의 그림 그리는 방식을 탐색하는 것이 중요하다. 연습하면서 당신이 어떻게 성장하고 발전하는지 주목하라. 당신의 그림에 대해 당신이 가장 좋아하는 점에 주의를 기울여라.

해설

③ 선행사는 the only artist인 사람이기 때문에 관계대명사 which를 who 또는 that으로 고쳐 써야 한다.

① 사역동사 「have + 목적어 + 원형부정사」의 구문으로 목적격 보어 자리에 원형부정사 draw가 오는 것은 적절하다.

② If you keep this in mind가 분사구문인 keeping this in mind로 바뀐 것은 옳다.

④ 동명사 Exploring이 실제로 주어 역할을 하므로 단수 is가 오는 것은 적절하다.

⑤ what 앞에 선행사가 없고 뒤 문장이 불완전 문장이므로 전치사 to에 대한 목적절 역할을 하는 관계대명사 what은 옳다.

어휘

keep ~ in mind	~을 명심하다
have fun -ing	~하는데 즐거운 시간을 보내다
pay attention to	~에 주의를 기울이다
draw	그리다
unique	독특한
explore	탐색하다
notice	주목하다
improve	향상시키다

01

정답 ①

Arthur 삼촌의 한 가지 멋진 점은 그가 항상 야영하기에 가장 좋은 장소를 고를 수 있다는 것이었다. 우리는 언젠가 한 번 Garrison Rock에 갔었다. Arthur 삼촌은 그곳에 인디언들이 머물렀다고 말했다. 이와 같은 여행에서 그는 들려줄 멋진 이야기가 항상 있곤 했다. 그의 이야기는 항상 아이인 우리가 곤경에서 벗어나기 위해 우리의 머리를 쓰도록 돕는 데에 목표를 두었다. 예를 들어 한 이야기는 큰 개에게 쫓기고 있던 한 남자에 관한 것이었다. 그들은 들판으로 달렸다. 아이인 우리는 그 개가 그 남자를 따라잡을 것으로 생각하고 있었다. 그러나 그 남자는 들판에서 욕조를 보았다. 그는 욕조로 달려가 그것을 스스로 뒤집어썼다. 그 개는 계속 짖어대다가 결국은 가 버렸다. 그런 다음 그 남자는 욕조 아래로부터 나와 집으로 갔다.

해설

① 뒤에 완벽한 절 형태가 이어지므로 접속사 that으로 고쳐 써야 한다.
② story를 수식하는 형용사적 용법의 to부정사인 to tell은 적절하다.
③ 전치사 at의 목적어 자리로 명사이면서 동시에 목적어와 목적격 보어를 취하는 동사의 역할을 동시에 할 수 있는 동명사 helping은 적절하다.
④ '큰 개에게 쫓기는'이라는 수동 의미가 적절하므로 「be + p.p.」의 현재분사구 형태인 「being + p.p.」로 being chased라고 쓴 것은 올바른 표현이다.
⑤ 주어 He의 첫 번째 동사 ran과 병렬구조를 이루는 두번째 동사로 과거시제 형태인 pulled가 적절하다.

어휘

cool	멋진
pick	고르다, 선택하다
camp	야영하다
be aimed at	~을 목표로 삼다
get out of trouble	곤경에서 벗어나다
bathtub	욕조
chase	쫓다, 추적하다
pull	끌다, 당기다
bark	짖다

02

정답 ⑤

많은 소비자들은 상품이 시장에서 구입 가능하다는 것을 알게 된 후에야 상품을 구매한다. 어떤 상품이 시장에 출시된 이후에도 한동안 광고가 되지 않았다고 가정해보자. 그렇다면 어떤 일이 일어날까? 소비자들은 상품이 존재한다는 것을 알지 못해서, 그 제품이 그들에게 유용하더라도 아마 사지 않을 것이다. 광고는 또한 사람들이 그들 스스로 최적의 상품을 찾을 수 있게 해준다. 사람들은 전체 범위의 상품들을 알게 되었을 때, 상품 비교와 구매가 가능하여, 힘들게 번 돈으로 원하는 것을 얻는다. 그래서 광고는 일상생활에서 필수적인 것이 되었다.

해설

⑤ want의 목적어가 없으므로 목적격 관계대명사가 필요하지만 앞에 선행사가 없으므로 선행사가 포함된 관계대명사 what을 써야 한다.
① 상품이 시장에서 구입 가능하다는 것을 알게 되는 것이므로 수동태 「be + p.p.」형태로 made를 쓰는 것이 옳다.
② 상품은 광고하는 것이 아니라 광고되는 것이니 수동태 「be + p.p.」형태로 advertised를 쓰는 것이 적절하다.
③ customers를 의미하는 대명사가 필요하므로 3인칭 복수 형태인 them을 쓰는 것이 올바르다.
④ help의 목적보어로 to부정사 또는 원형부정사가 올 수 있으므로 find를 쓰는 것은 적절하다.

어휘

product	생산물, 제품
advertise	광고하다
useful	유용한
for a while	잠시 동안
for oneself	스스로, 혼자 힘으로
compare	비교하다
range	범위, 폭
goods	상품, 제품
necessity	필수품

03

정답 ④

'용기'라는 말은 '심장'을 뜻하는 라틴어의 'cor'에서 파생되었으며 많은 의미를 가질 수 있다. 사전은 용기를 '올바른 행동의 과정을 추구하게 하는 특질'로 정의한다. 300년보다 이전에 La Rochefoucauld(라 로슈푸코)는 그가 '완전한 용기는 모든 사람 앞에서 당신이 할 수 있는 일을 아무도 보지 않는 곳에서 하는 것이다'라고 말했다. 무관심이나 반대가 있을 때 도덕적 용기를 보여주기는 쉽지 않다. 그러나 용기를 가지고 진리를 추구하는 사람들은 종종 훌륭한 결과를 성취한다. 반면에, 대부분의 사람들은 그것이 그들 자신의 이익과 연관이 있을 때조차도 많은 용기를 보여주지 못한다. 모든 상황에서 용감하게 되는 것은 강한 결단력을 필요로 한다.

해설

④ 문장에서 주어인 people에 연결되는 동사가 필요하므로 achieve로 고쳐 써야 한다.
① 분사구문 형태로 접속사와 주어를 생략한 meaning은 자연스럽다.
② 앞에 선행사 quality가 있고 바로 뒤에 주어 없이 동사 enables가 나오므로 주격 관계대명사 which는 어법상 옳다.
③ It은 형식상 주어인 가주어로 to부정사의 명사적 용법인 진주어 to show는 적절하다.
⑤ 문장 주절의 주어인 people을 의미하는 3인칭 복수 소유격 인칭대명사 their를 쓰는 것은 옳은 표현이다.

어휘

define	정의하다
quality	특질, 특징
pursue	추구하다, 애쓰다

moral	도덕의, 도덕적인
indifference	무관심, 냉담
welfare	행복, 복지
courageous	용기 있는 (courage 용기)
require	필요하다, 필요로 하다
determination	결단(력), 결정

UNIT 11 어휘 적절성 파악
본문 p.52

대표 예제
정답 ⑤

나는 아들과 싸움을 피하기 위해 그들이 그 순간에 듣고 싶어 하는 말을 하고 약속을 하는 습관을 갖고 있었다. 그런 다음 내가 다른 말을 하고 약속을 어길 때 훨씬 더 큰 싸움이 벌어졌다. 그들은 더 이상 나를 믿지 않는다. 이제 나는 이 습관을 고치려 노력한다. 아이들이 듣고 싶어 하는 말이 아니라는 것을 알지만, 나는 어쨌든 정직하게 그 말을 하려 한다. 나는 그것이 우리 사이의 갈등의 횟수를 줄이는 확실한 방법이라는 것을 안다. 내가 그들에게 정직할 때 우리의 신뢰가 사라진다(→ 형성된다).

해설

아들에게 정직해지면, 신뢰는 생기는 것이므로 ⑤의 disappear (사라지다)를 build(형성되다)와 같은 단어로 고쳐야 적절하다.

어휘

have the habit of -ing	~하는 습관이 있다
at the moment	그 순간
make a promise	약속하다
in order to	~하기 위하여
not ~ any more	더 이상 ~가 아니다
make an effort	노력하다
habit	습관
honest	정직
decrease	줄이다
the number of	~의 수
conflict	갈등
avoid	피하다
correct	고치다
disappear	사라지다

유형 연습하기
정답 01 ⑤ 02 ④ 03 ④
본문 p.54

01
정답 ⑤

얼마나 일찍 아이들이 컴퓨터를 시작해야 너무 일찍 시작하는 것이 될까? 만약 아이가 한 살 미만이라면 대답은 분명하다. 왜냐하면, 아이의 시력은 화면에 집중할 수 있을 정도로 충분히 발달하지 않았고, 심지어 혼자 앉아 있을 수조차 없다. 그러나 첫 생일 이후에 사람들은 그 질문에 대해 다양한 답을 한다. 몇몇 사람들은 세 살 아이를 컴퓨터에 노출하는 것에 대해 동의하지 않는다. 그들은 부모가 컴퓨터 대신 독서, 스포츠, 놀이와 같은 전통적인 방식으로 아이들에게 자극을 줘야 한다고 주장한다. 다른 사람들은 컴퓨터에 일찍 노출되는 것이 디지털 세계에 적응하는 것에 도움이 된다고 주장한다. 그들은 아이들이 컴퓨터를 더 일찍 사용하면 할수록 다른 디지털 기기 사용에 더 많은 내키지 않음 (→ 친숙함)을 가질 수 있다고 믿는다.

해설

아이들이 우리의 디지털세계에 적응하는데 컴퓨터에 일찍 노출되는 것이 도움이 된다는 내용이므로 ⑤의 reluctance(싫음, 내키지 않음)를 familiarity(친숙함)와 같은 단어로 바꾸어야 한다.

어휘

clear	분명한, 확실한 (→ unclear)
vision	시력, 시각
on one's own	혼자 힘으로, 스스로
disagree	의견이 다르다, 동의하지 않다
expose	노출시키다 (exposure 노출)
insist	주장하다
stimulate	자극[격려]하다
adapt	적응하다
familiarity	친숙함, 익숙함
reluctance	싫어함, 꺼림
device	장치[기구]

02
정답 ④

모든 날씨는 서로 연관되어 있기 때문에, 한 지역에서의 변화는 다른 지역에 영향을 미친다. 오늘날, 과학자들은 날씨의 변화를 더욱 정확하게 이해하고 예측하기 위하여 전 세계에서 정보를 수집한다. 최근의 기술적 진보 때문에, 과학자들은 이제 날씨에 관한 자세한 정보를 수집할 수 있다. 자료의 수집은 몇 가지 흥미로운 사실을 보여준다. 예를 들면, 한 지역의 바람은 다른 지역의 비슷한(→ 반대의) 바람과 동반된다. 그러므로, 북풍이 어떤 지역에서 극도로 차면, 남풍은 다른 지역에서 이상할 정도로 따뜻하다. 바람이 강수량에 영향을 미치기 때문에 바람 유형에서의 변화는 강우량에 영향을 미친다.

해설

'북풍이 어떤 지역에서 극도로 차면, 남풍은 다른 지역에서 이상할 정도로 따뜻하다' 는 내용으로 미루어보아 한 지역의 바람은 다른 지역에서 비슷한 바람과 동반되는 것이 아니라 반대의 바람과 동반된다는 것이 흐름상 자연스럽다. 따라서 ④의 similar(비슷한)을 opposite(반대의)과 같은 단어로 고쳐야 한다.

어휘

interconnected	상호 연관된
affect	영향을 미치다
collect	모으다, 수집하다 (collection 수집)
accurately	정확하게
due to	~때문에
technological	기술적인

advance	진전, 발전
detailed	상세한
extremely	극도로, 극히
rainfall	강우량

03
정답 ④

우리가 대체로 믿고 있는 것과는 반대로, 우리 삶의 최고의 순간들은 수동적이고, 수용적이며, 긴장을 풀고 있는 시간이 아니다. 물론 그러한 것들을 성취하기 위해서 우리가 열심히 노력했다면 그러한 경험들도 즐길 수 있지만 말이다. 최고의 순간들은 어렵고 가치 있는 어떤 것을 성취하기 위해 한 개인의 신체나 정신이 그 한계점에 이르게 될 때 주로 생겨난다. 따라서 최적의 경험은 우리가 발생하게 만드는 어떤 것이다. 어린 아이에게 있어서 그것은 떨리는 손가락으로 그녀가 지금껏 만들었던 그 어느 것보다 더 높은 자신이 만든 탑 위에 마지막 블록을 놓는 것일 수 있고, 단거리 선수에게는 자신의 기록을 깨려고 애쓰는 것일 수 있으며, 바이올린 연주자에게 있어서는 <u>단순한 (→ 어려운)</u> 악절을 완벽하게 숙달하는 것일 수 있다. 각 사람에게 있어서 자신을 발전시킬 수 있는 수천 가지의 기회와 도전이 있다.

해설
어려운 것을 달성하기 위해 도전하는 것이므로, ④의 simple(단순한, 쉬운)을 difficult(어려운)와 같은 단어로 바꾸어야 한다.

어휘
contrary to	~와는 반대로
receptive	받아들이는
relaxing	긴장을 푸는
achieve	달성하다
stretch	늘어나다, ~에 이르다
worthwhile	가치 있는
optimal	최적의
minimal	최소한의
sprinter	단거리 선수
passage	악절

∑UNIT 12 빈칸 내용 추론 ① - 단어
본문 p.56

대 표 예 제
정답 ①

범위를 제시하는 것은 종종 합리적이라고 느껴진다. 고객(거래처)에게 "저는 10,000달러에서 15,000달러 정도면 이 일을 할 수 있습니다."라고 말하는 것을 의미할 수도 있다. 새 직원에게는 "당신은 4월 1일에서 4월 15일 사이에 일을 시작할 수 있습니다."라고 말할지도 모른다. 그러나 'between'이라는 단어는 당신이 한 발 물러설 것이라는 것을 의미하는 경향이 있어서, 영리한 협상가는 재빨리 더 낮은 가격이나 더 늦은 마감일에 초점을 맞출 것이다. 다시 말해서, 당신은 'between'이라는 단어를 말함으로써 그 대가로 얻는 것 없이 불이익을 받는다는 것을 알게 될 것이다.

해설
between이라는 단어가 갖는 의미는 상대에게 유리한 조건을 먼저 제시하는 것과 같다는 내용으로 두 가지 사례에서 보여주는 것처럼 범위를 주는 것이 합리적으로 보이지만 사실은 그렇지 않다는 주제이다. 따라서 빈칸에 들어갈 말로 가장 적절한 것은 ① range(범위)이다.
② 일, 직업   ③ 암시, 힌트
④ 상, 상품   ⑤ 손 (cf. give a hand ~을 돕다)

어휘
reasonable	합리적인
customer	고객
employee	직원
tend to	~하는 경향이 있다
take a step back	한발 물러서다
suggest	제안하다
focus on	초점을 맞추다
deadline	마감일
in other words	다시 말해서, 즉
disadvantage	불리하게 하다
in return	보답으로
range	범위, 폭

유형 연습하기
정답 01 ① 02 ① 03 ③   본문 p.58

01
정답 ①

개미 군락은 자체의 습성을 지니는데, 그것은 <u>환경</u>에 의해서 형성된다. 습성을 갖는다는 것은 시간이 흐르면서 일관된 행동 양식을 보여준다는 것을 의미한다. 수백 마리로 이루어진 개미 군락들은 마치 개개의 사람들이 그런 것처럼, 행동하는 방식에 있어서 차이를 보인다. Arizona 대학의 연구자들은 미 서부에 분포해 있는 rock ant의 군락을 야생에서와 실험실에서 연구했다. 그들은 특정한 유형들의 행동이 함께 나타나는 것을 발견했다. 예를 들어, 먹을 것을 찾기 위해 더 넓게 탐색하는 군락은 또한 침입자에게 더 공격적으로 반응하는 경향을 보인다. 그러한 군락은 위험을 더 감수하는 습성을 지닌다. 이런 것은 추운 북쪽의 기후에서 더 일반적이다. 그 연구는 그들의 좀 더 모험적인 습성이, 춥고 눈이 많은 북쪽의 기후에 의해서 야기되는 제한된 활동 기간에 대한 적응일 수 있다고 시사한다.

해설
Arizona 대학의 연구에서 먹을 것을 찾기 위해 더 넓게 탐색하는 군락은 침입자에게 더 공격적으로 반응하고 위험을 더 감수하며, 그 연구에서 춥고 눈이 많은 북쪽의 군락은 좀 더 모험적인 습성이 있다는 내용의 글이다. 그러므로 빈칸에 들어갈 말로 가장 적절한 것은 ① environment(환경)이다.
② 관계   ③ 번식
④ 모방   ⑤ 행동

어휘
consistent	지속적인
go together	함께 일어나다
aggressively	공격적으로

intruder	침입자
risk-taking	위험을 감수하는
adaptation	적응
climate	기후
adventurous	모험심이 강한, 모험을 즐기는
environment	환경
driving force	원동력
reproduction	번식
imitate	모방하다
collective	집단적인

02
정답 ①

John Stuart Mill은 경쟁 부족이 가격 상승시키는 유일한 곳이 재화 시장만은 아니라는 것을 깨달았다. 독점 효과는 노동 시장에서도 일어날 수 있다. 그는 금세공업자의 사례를 지적했는데, 그들은 유사한 기술을 가진 노동자들보다 훨씬 더 많은 임금을 받고 있었다. 왜냐하면 그들은 신뢰할만한 사람으로 여겨졌기 때문인데, (이것은) 드물고 증명하기 쉽지 않은 특성이다. 이것은 상당한 진입의 어려움을 만들어서, 금을 다루는 장인들은 그들의 수고에 대한 독점적인 가격을 요구할 수 있었다. Mill은 금세공업자들의 상황이 유일한 사례가 아님을 깨달았다. 그는 상당 부분의 노동자 계층이 전문직으로 진입하는 데 어려움을 겪는다는 것에 주목했는데, 왜냐하면 그것들은 상당 기간의 교육과 훈련을 필요로 하기 때문이다. 이러한 과정을 통해 누군가를 뒷바라지 하는 비용은 대부분의 가정은 너무 힘들어서, 그럴 여력이 있는 사람들만이 그 높은 임금을 누릴 수 있었다.

해설

John Stuart Mill에 따르면 재화 시장에서뿐만 아니라 금세공업자의 사례와 같이 상당한 교육과 훈련이 필요한 전문직에서 높은 진입 장벽으로 인해 독점 효과가 나타날 수 있다는 내용이다. 그러므로 빈칸에 들어갈 말로 가장 적절한 것은 ① labor(노동)이다.
② 길거리
③ 금
④ 자산
⑤ 자본

어휘

realize	깨닫다
competition	경쟁
labor	노동; 노동의
goldsmith	금세공업자
trustworthy	신뢰할 수 있는
characteristic	특질, 특성; 특유의
rare	드문, 희귀한
entry	진입
demand	요구하다
section	부분, 구획
skilled	숙련된
afford	여유[형편]이 되다
property	재산, 소유물

03
정답 ③

눈-시선 행동이 연구되어 온 모든 문화에서 과학은 권력 이 있는 사람들이 그것(눈-시선 행동)을 사용할 때 더 많은 자유를 갖는다는 것을 보여준다. 본질적으로 이 사람들은 그들이 원하는 어디든지 볼 수 있다. 하지만, 하급자들은 그들이 어디를 볼 수 있고 언제 그럴 수 있는지에 있어서 더 제한적이다. 일반적으로, 교회에서나 왕족 앞에서 사람들은 고개를 숙인다. 일반적으로 하급자들은 지배하는 사람들을 멀리서 바라보는 경향이 있는 반면, 지배자들은 하급자들을 시각적으로 무시하는 경향이 있다. 다시 말해서, 더 낮은 직급의 사람들은 그들의 시선에 신경을 쓰도록 요구받는 반면, 더 높은 직급의 사람들은 무관심할 수 있다. 왕은 그가 원하는 사람은 누구나 자유롭게 쳐다보지만, 모든 신하들은 방에서 돌아 나올 때조차도 왕이 있는 쪽을 향한다.

해설

권력이 있는 사람들은 그들이 원하는 어디든지 볼 수 있는 있지만 하급자들은 어디를 보고, 언제 그럴 수 있는지에 더 제한적이라는 내용의 글이므로 빈칸에 가장 적절한 것은 ③ freedom(자유)이다.
① 불안감
② 갈등
④ 마음에 내키지 않음
⑤ 책임

어휘

behavior	행동, 행위
in essence	본질적으로
limited	제한된
royalty	왕족
bow	(고개를) 숙이다, 절하다
dominant	지배적인; 우세한 것, 지배자
tend to	~하는 경향이 있다
status	지위, 신분
indifferent	무관심한
attentive	신경을 쓰는, 주의를 기울이는
gaze	응시; 바라보다
face	~와 마주보다, 직면하다
at a distance	멀리서

UNIT 13 빈칸 내용 추론 ② - 어구
본문 p.60

대 표 예 제
정답 ⑤

매일 나는 프로그램과 컴퓨터에 비밀번호를 여러 번 입력한다. 나는 계속 반복해서 이메일을 확인한다. 어느 날, 나는 반복 때문에 내가 내 비밀번호로 사용했던 것이 나의 일부가 되었음을 깨달았다. 내 비밀번호는 '테니스'였고, 비록 나는 테니스에 대해 의도적으로 항상 생각하지는 않았지만, 그것이 내가 가장 좋아하는 활동임을 깨달았다. 그것은 내가 많은 시간과 노력을 쏟는 것이었고, 일 외에 가장 많이 하는 것이었다. 후에 나는 내 비밀번호들을 내가 추구하는 목표에 맞춰 바꿨다. 그것들은 나의 꿈을 지속적으로 상기시켜 주는 것이 되었다.

[해설]

반복적으로 입력했던 비밀번호 문구를 글쓴이가 추구하는 목표로 함으로써 계속 떠오르게 했다는 내용의 글이다. 그러므로 빈칸에 들어갈 말로 가장 적절한 것은 ⑤ regular reminders of my dreams(나의 꿈을 지속적으로 상기시켜주는 것)이다.

① 간단한 것으로 유명한
② 결국엔 다른 것들에 노출된
③ 매일 하기에 귀찮은 것
④ 내 친구에게 있어 기억하기 쉬운

[어휘]

type	타자를 치다[입력하다]
repetition	반복
over and over	끊임없이
on purpose	의도적으로, 고의로
effort	노력
except	~을 제외하고
work on	~에 애쓰다[공들이다]
expose	노출하다
regular	지속적인, 정규적인
reminder	상기시키는 것
annoying	짜증스러운, 귀찮은

유형 연습하기   정답 01 ⑤ 02 ③ 03 ③   본문 p.62

01   정답 ⑤

우리는 체중 감량에 대한 연구로부터 비현실적인 낙관주의의 위험을 볼 수 있다. 그 연구에서, 심리학자 Gabriele Oettingen은, 예상했던 대로, 성공할 것이라고 확신했던 과체중 여성들이 회의론자들보다 26파운드를 더 감량했다는 것을 발견했다. 한편, Oettingen은 또한 여성들에게 성공에 대한 그들의 길이 무엇과 같을지를 묘사해달라고 요청했다. 결과는 놀라운 것이었다. 즉, 쉽게 성공할 것이라고 믿은 여자들은 체중 감량의 여정이 어려울 것으로 생각한 사람들보다 24파운드를 더 적게 감량했다. 성공을 향한 길이 어려울 것이라고 믿는 것은, 어려움을 직면할 때 우리가 더 많은 노력을 투입하므로, 더 커다란 성공으로 이어진다. 우리는 긍정적 태도를 난관에 대한 현실적인 이해와 결합함으로써 현실적인 낙관주의를 키울 필요가 있다.

[해설]

체중감량이 어려울 것으로 생각한 과체중의 여성들이 더 많이 살을 뺐는데, 이는 성공이 어려울 것이라고 믿기에 더 많은 노력을 투입해서 더 큰 성공으로 이어졌다는 내용의 글이다. 그러므로 빈칸에 들어갈 말로 가장 적절한 것은 ⑤ a realistic understanding of the challenges(난관에 대한 현실적인 이해)이다.

① 과거에 대한 비판적 분석
② 체계적인 건강관리
③ 유연한 사고를 하는 경향
④ 성공의 조건 없는 믿음

[어휘]

unrealistic	비현실적인
psychologist	심리학자
overweight	과체중의
confident	확신하는, 자신 있는
describe	묘사하다
journey	여정, 여행
systematic	체계적인
tendency	경향, 추세
unconditional	조건 없는
meanwhile	그 동안에

02   정답 ③

우리는 기회의 시대에 살고 있다. 만일 당신이 야망, 추진력, 그리고 지성을 가지고 있다면 당신은 당신이 선택한 직업에서 최고까지 오를 수 있다. 하지만 이런 기회와 함께 책임이 따라온다. 요즘 회사들은 그들의 노동자들의 경력을 관리하지 않는다. 오히려 우리는 각자가 우리 자신의 최고 경영자가 되어야 한다. 간단히 말하면, 직장생활을 하는 동안에 우리 자신을 계속 생산적이게 하는 것은 당신에게 달려 있다. 이 모든 것들을 잘 하기 위해서는 당신은 <u>자기 자신에 대한 깊은 이해를 가질</u> 필요가 있다. 당신의 가장 가치 있는 강점과 가장 위험한 약점은 무엇인가? 당신은 어떻게 배우고 다른 사람들과 일하는가? 당신의 가장 귀중한 가치는 무엇인가? 힌트는 분명하다. 당신이 당신의 강점과 자기 이해의 조합으로부터 일할 때만 당신은 진정한 탁월함을 성취할 수 있다.

[해설]

더 이상 노동자들의 경력을 관리해주지 않는 요즘의 회사 환경에서 우리는 스스로 CEO가 되어야 하며 그러기 위해서는 자신의 강점, 약점, 학습방식, 타인과의 협업 방식, 가치관 등에 대해 잘 이해해야만 지속되는 탁월함을 성취할 수 있다는 내용의 글이다. 그러므로 빈칸에 들어갈 말로 가장 적절한 것은 ③ get a deep understanding of yourself(자기 자신에 대한 깊은 이해를 가지다)이다.

① 당신 회사의 철학을 따르다
② 회사를 위해 큰 이익을 만들다
④ 당신의 동료들과 좋은 관계를 유지하다
⑤ 스스로 당신의 노력에 대한 보상을 제공하다

[어휘]

smarts	지성
career	직업, 이력, 생애
opportunity	기회
simply put	간단히 말하면
productive	생산적인
valuable	귀중한
self-knowledge	자기 이해
philosophy	철학
term	관계
reward	보상

03

인류의 성공은 숫자와 관계에 달려있다. 몇백 명의 사람들이 복잡한 기술을 유지할 수 없다. 호주가 아프리카로부터 아시아의 해안을 따라 동쪽으로 세력을 넓혔던 개척자들에 의해 45,000년 전에 식민지로 개척되었다는 것을 돌이켜 보자. 그렇게나 멀리 이동한 사람들은 숫자가 매우 적었고 비교적 짐을 가볍게 해서 다녔음이 틀림없다. 그들은 바다 건너 그들의 고향의 기술 일부만을 가지고 왔을 것이다. 이는 호주 원주민들이 구세계(유럽, 아시아 및 아프리카)의 많은 기술을 가지지 못했었는지 이유를 설명해 줄 수 있을 것이다. 예를 들어, 그들은 화덕뿐만 아니라 활과 투석기 같은 탄성 있는 무기를 가지지 못했다. 그들이 '원시적'이었던 것은 아니었다. 그들은 지능을 잃지 않았다. 그것은 단지 그들이 충분한 기술을 가져오지 못했다는 것이다. 그들은 또한 충분한 인구를 가지지도 못했다. 그러므로 그들은 기술들을 훨씬 더 발전시키기에 충분히 큰 집단적인 뇌를 갖지 못했었다.

해설

인류의 성공은 숫자와의 관계에 좌우되는데, 처음 호주로 이주한 사람들의 숫자가 매우 적었고, 고향의 기술 중 일부만을 가져갔기 때문에 호주 원주민들이 기술을 발전시키기 어려웠다는 내용의 글이므로, 빈칸에 들어갈 말로 가장 적절한 것은 ③ didn't bring enough technology(충분한 기술을 가져오지 못했다)이다.
① 새로운 기술을 개발할 수 없었다
② 탄성 무기를 개발하는 것에 집중했다
④ 아프리카에서 기술을 하나도 물려받지 못했다
⑤ 그들의 기술을 구세계에 전달하지 못했다

어휘

sustain	유지하다
colonize	식민지로 만들다
pioneer	개척자
comparatively	상대적으로
aboriginal	원주민의, 토착의
elastic	탄성의, 탄력 있는
bow	활
primitive	원시적인
intelligence	지능
population	인구
inherit	물려받다

UNIT 14 흐름에 무관한 문장 찾기
본문 p.64

대 표 예 제
정답 ③

음악 공부는 아이들이 학교에서 하는 읽기, 수학, 그리고 다른 과목에서의 모든 학습의 질을 향상시킨다. 그것은 또한 언어와 의사소통 기술을 발달시키는 데 도움이 된다. 아이들이 자라면서 음악 훈련은 그들이 자제력과 자신감을 발달하도록 계속 도움을 준다. 음악을 들으면서 공부하는 것은 학생들이 자료를 배우는 데 어려움을 갖게 한다. 매일 행해지는 음악 연습은 자기 절제와 인내심, 그리고 책임감을 발달시킨다. 그러한 자제력은 숙제나 다른 학교 과제를 제시간에 해내는 것과 같은 자료 정리하기와 같은 다른 영역으로 옮겨간다.

해설

음악 공부는 아이들이 학교에서 학습하는 모든 부분 에 도움을 주어 자제력과 자신감, 책임감 등을 발달하도록 해 준다는 것이 글의 요지이다. 학습 중 음악 감상은 학생들이 자료를 배우는데 어려움을 갖게 한다는 것은 전체 흐름과 관계가 없으므로 정답은 ③이다.

어휘

develop	발달하다[시키다]
communication	의사소통
material	자료, 재료
day-to-day	매일 행해지는, 그날그날의
patience	인내심
responsibility	책임감
carry over to	~로 옮겨지다
such as	~와 같은
on time	제시간에, 정각에

유형 연습하기
정답 01 ④ 02 ④ 03 ④
본문 p.66

01
정답 ④

이슬람교도들이 8세기에 남부 유럽을 침략했을 때 그들은 돼지고기의 판매를 금지하는 법을 통과시켰다. 이슬람교의 창시 자가 돼지고기는 깨끗하지 않다고 선언했었기 때문에 이것이 이루어졌다. 물론 이 법이 돼지고기에 대한 유럽 사람들의 애정을 바꾸지는 못했고 곧 고기를 위한 암시장이 발달했다. 대개 밤에 행해졌던 비밀스러운 거래 속에서 농부들은 도시 주민들에게 큰 가방에 숨겨진 돼지를 팔곤 했다. 때때로 정직하지 못한 농부들은 돼지가 아닌 고양이가 담긴 가방을 팔아서 구매자들을 속이곤 했다. 고양이들이 깨끗하다고 여겨졌던 반면에 돼지들은 진흙 속에서 뒹구는 습관 때문에 전통적으로 불결하다고 여겨졌다. 만약 어떤 것이 잘못되어서 거래 중에 가방이 열리게 되면 이것은 글자 그대로 '고양이가 가방 밖으로 나가게 하는 것'이다. 그래서 이러한 이유로 비밀을 말하는 것은 '고양이를 가방 밖으로 나가게 한다.'고 말해진다.

해설

돼지고기의 판매를 금지하는 이슬람교도들이 남부 유럽을 침략했을 때 돼지고기를 몰래 거래하던 유럽인들의 관행으로부터 '비밀을 말하다'는 표현이 유래했다는 글이다. 따라서 돼지가 진흙 속에서 뒹굴거나 불결한 것은 글의 전체 흐름과 관계가 없으므로 정답은 ④이다.

어휘

invade	침입하다
forbid	금지하다
sale	판매
pork	돼지고기
founder	창시자, 설립자

religion	종교
announce	선언하다
black market	암시장
occasionally	이따금씩
dishonest	부정직한
trick	속이다
containing	포함하는
traditionally	전통적으로
roll	구르다

02 　　　　　　　　　　　　　　　　　　　　정답 ④

한 실험에서, 사람들이 머릿속으로 3분을 세도록 요구받았을 때 25세의 사람들은 꽤 정확했지만, 65세의 사람들은 평균적으로 40초가 더 걸렸다. 시간은 나이가 더 많은 사람들에게는 더 빨리 가는 것 같았다. 이것이 무의미해 보일 수도 있지만, 65세의 사람들처럼 시간을 인식하는 것에는 많은 이점이 있다. 예를 들어, 만약 당신이 8시간 동안 프로젝트 작업을 하고 있지만 그것을 단지 6시간처럼 느낀다면, 당신은 일을 계속할 수 있는 더 많은 에너지를 가질 것이다. 만약 당신이 20분 동안 달리기를 하고 있는데 그것을 단지 13분이라고 인식한다면, 당신은 7분의 추가적인 에너지를 얻게 될 것이다. 나이 드는 것의 가장 큰 장점 가운데 하나는 격정(激情)을 식히고 성급하게 행동으로 옮기지 않는 것이다. 그래서 만약 당신이 더 오래 일하는 데 자신의 에너지를 사용하고 싶다면, 얼마나 오래 일했는지에 대한 인식을 바꾸기만 하면 된다.

해설

어느 실험을 통해 나이가 들수록 시간의 흐름의 인식에 변화가 생긴다는 것을 언급하며 이를 잘 이용하여 더 오래 일하는 데 자신의 에너지를 사용할 수 있겠다는 것이 이 글의 요지이다. 그런데, 나이가 들수록 격정(激情)을 식히고 성급하게 행동으로 옮기지 않는다는 것은 글의 전체 흐름과 관계가 없으므로 정답은 ④이다.

어휘

experiment	실험
count	(수를) 세다
quite	꽤, 상당히
exact	정확한
seem	~인 듯하다
on average	평균적으로
meaningless	무의미한
benefit	이점
be likely to	~하기 쉽다
cooling	냉각(의)
passion	열정, 격정
rush	성급히 하다, 돌진하다
perception	인식, 지각

03 　　　　　　　　　　　　　　　　　　　　정답 ④

인생은 롤러코스터를 타는 것과 같을 수 있다. 오르내림, 빠르고 느린 부분, 부딪침과 흔들리는 부분, 그리고 심지어 거꾸로 뒤집힐 때

가 존재한다. 당신은 어떤 방향으로 선로가 (혹은 이 경우에는 인생사가) 당신을 이끌어갈지를 조절할 수 없다. 밑바닥에 있을 때는 오로지 바로 앞에 있는 것만 볼 수 있지만, 꼭대기에 도달할 때는 전체 모습을 훨씬 더 잘 볼 수 있다. 출발했을 때, 느끼게 되는 감정을 받아들이고 타고 가는 것을 즐기려고 노력하라. 어린이들을 위한 놀이공원을 설계할 때는 롤러코스터의 위치를 신중하게 고려해야 한다. 비록 처음에 시작했을 때 타는 것이 정말 재미있다는 것을 알 수 없을지라도 그것을 마칠 때 그렇다는 것을 알게 될 것이다.

해설

인생을 롤러코스터에 비유하여 둘 다 변화무쌍하고 예측할 수 없다는 내용의 글이다. 따라서 놀이공원을 설계할 때 롤러코스터의 위치를 신중히 고려해야 한다는 것은 글의 전체적인 흐름과 관계가 없으므로 정답은 ④이다.

어휘

ride	(탈것에) 타다
bump	튀어나온 부분, 충돌
shaky	흔들리는
upside down	거꾸로 뒤집힌
track	길; 추적하다
bottom	바닥
right	바로
get to	~에 도착하다
design	설계하다
amusement park	놀이공원
consider	고려하다
location	위치

>UNIT 15 　문단 내 글의 순서 파악하기　　본문 p.68

대 표 예 제 　　　　　　　　　　　　　　정답 ⑤

전 영국 총리인 Winston Churchill은 아마추어 예술가였고, 미국의 출판인 Henry Luce는 뉴욕에 있는 그의 사무실에 Churchill의 풍경화 한 점을 걸어놓았다. (C) 미국을 여행하던 중, Churchill은 Luce의 사무실을 방문하였고 두 사람은 함께 그 그림을 바라보았다. Luce는 "좋은 그림이네요. 하지만 풀밭 위에 뭔가가 더 필요할 것 같아요. 예를 들어 양과 말이에요."라고 말했다. (B) 그다음 날, Churchill의 비서가 전화해서 그에게 그 그림을 영국으로 보내 달라고 요청하자 Luce는 겁이 났다. Luce는 총리를 화나게 한 것이 아닌지 걱정하며 그림을 보냈다. (A) 하지만, 며칠 후 그 그림은 다시 운송되어 돌아왔는데 약간의 변화가 있었다. 이제 그림 안에는 한 마리의 양이 평화롭게 풀을 뜯고 있었다.

해설

Luce는 Churchill의 그림을 그의 사무실에 걸어두었다는 주어진 글 다음에, 그의 사무실에 방문한 Churchill에게 Luce가 풀밭에 양이 있었으면 좋겠다고 말한 (C)가 이어지고, 다음날 그림을 다시 영국으로 보내라고 해서 겁먹은 (B)의 내용이 온 후, 며칠 뒤 양이 그려진 그림이 다시 배송되었다는 (A)가 이어지는 것이 글의 순서로 가장 적절하다.

[어휘]

former	이전의
prime minister	국무총리, 수상
amateur	아마추어의, 미숙한
publisher	출판인, 출판사
landscape	풍경(화)
ship	운송하다
slightly	약간, 조금
peacefully	평화롭게
secretary	비서
frightened	겁먹은
grassland	풀밭

유형 연습하기   정답 01 ②   02 ③   03 ④   본문 p.70

01   정답 ②

선사 시대에는 인간들이 오늘날에 직면하는 것과는 다른 어려운 일에 직면했다. (B) 예를 들어, 선사 시대 사람에게 흔한 어려움은 아침에 동굴 밖으로 걸어 나가서 거대한 굶주린 사자와 마주치는 것이었을 수도 있다. (A) 그러한 위협에 대해서, 뇌는 "위험!"이라는 신호를 보냈고 몸은 번개와 같은 속도로 아드레날린과 같은 호르몬들을 혈액 속으로 분사함으로써 반응했다. (C) 그것은 몸을 즉시 더 강하고 더 빠르게 만들어 그 사람이 사자와 싸우거나 빨리 도망갈 수 있게 했다. 인간들이 싸우거나 도망갔을 때 신체적인 활동이 호르몬을 소진했고, 신체 화학반응은 재빨리 정상으로 돌아갔다.

[해설]

선사 시대의 인간들이 요즘과 는 조금 다른 종류의 어려움을 직면했다는 주어진 글 다음에, '예를 들어'로 시작하는 그 어려움의 예시인 굶주린 사자와 마주치는 내용의 시작 부분인 (B)가 이어지고, 그 위협에 대해 뇌와 신체의 반응을 보여주는 내용인 (A)가 온 후, 그 결과로 위험과 맞서 싸우거나 도망가는 내용인 (C)가 이어지는 것이 글의 순서로 가장 적절하다.

[어휘]

prehistoric	선사 시대의
challenge	난관, 어려움
threat	위협
hormone	호르몬
face-to-face	마주보는, 직면하는
immediately	즉시
chemistry	화학반응
use ~ up	~을 다 쓰다

02   정답 ③

주변 환경의 분위기를 바꿈으로써 다른 사람들이 우리의 기분에 영향을 끼치려고 노력하는 많은 상황들이 있다. 당신은 이렇게 해본 적이 있을 것이다. (B) 예를 들어, 불행하게도 그의 결혼기념일을 잊어버린 한 남자를 상상해 보자. 그 남자는 집에서 낭만적인 배경 음악과 함께 아내를 위해 촛불이 켜진 저녁 식사를 함으로써 그 상황을 구

해내려고 노력한다. (C) 그가 그것을 알든 모르든, 촛불이 켜진 저녁 식사는 한 사람의 기분에 영향을 끼칠 수 있는 환상적인 방법이다. 그 남자의 아내가 그 방에 들어오면, 그가 준비했던 환상적인 저녁 식사의 맛있는 냄새에 놀라게 된다. (A) 은은한 촛불 조명은 그녀를 편안한 분위기가 되도록 한다. 그리고 끝으로, 낭만적인 음악 또한 아내가 그 실수에 대한 남편의 사과를 받아들이도록 돕는다.

[해설]

주변 환경의 분위기를 바꿔서 기분에 영향을 끼치려고 해본 적이 있을 것이라는 주어진 글 다음에, '예를 들어'로 시작하는 예시로 결혼기념일을 잊어버려 분위기를 바꾸기 위해 촛불이 켜진 저녁 식사를 준비하는 한 남자의 이야기의 시작 부분인 (B)가 이어지고, 촛불 조명과 저녁 식사의 맛있는 냄새가 아내의 기분에 영향을 미치게 된다는 내용인 (C)가 온 후, 조명과 낭만적인 음악 또한 아내의 기분을 바꾸어 남편의 사과를 받아들이도록 돕는다는 (A)가 이어지는 것이 글의 순서로 가장 적절하다.

[어휘]

influence	영향을 미치다
mood	분위기, 기분
unfortunately	불행히도
candlelight	촛불
romantic	낭만적인
background	배경
fantastic	환상적인
aroma	향기
relaxed	편안한, 느긋한
apology	사과

03   정답 ④

때때로 몇 번의 처벌 후에는 처벌하겠다고 단순히 위협만 해도 바라는 행동을 끌어내기에 충분하다. (C) 당사자가 처벌을 피하는 법을 배우고 있으므로 심리학자들은 이것을 회피 훈련이라고 부른다. 예를 들어, 여러분은 젖게 되는 것을 피하고자 우산을 가져가거나, 화상을 피하고자 뜨거운 다리미에서 손을 멀리한다. (A) 그러나 회피 훈련이 항상 긍정적인 것은 아니다. 예를 들어, 수학에서 부진한 (학업) 성취로 반복해서 야단을 맞은 아이는 더 심한 처벌을 면하기 위해 어려운 수학 문제를 피하는 것을 배우게 될 것이다. (B) 이러한 회피 때문에 그 아이는 자신의 수학 기술을 발전시키지 못하고, 그 결과 악순환이 시작된다. 그 (악순환의) 고리를 끊기 위해서는 이 회피가 수학에서의 몇 가지 긍정적인 경험을 통해 (그것을) 배우지 않았던 상태로 되돌려져야 한다.

[해설]

몇 번의 처벌 후에는 단순한 위협만으로도 바라는 행동을 끌어낼 수 있다는 주어진 글 다음에, 이러한 행동에 대한 심리학자들의 정의를 언급하는 (C)가 와야 하며, 이런 행동이 우리에게 유익하다는 예시를 들어주는 (C)의 뒷부분 다음에는 이와 대조를 이루는 (A)가 이어지고, 처벌을 피하려 수학 문제 자체를 피하게 되는 한 아이(a child)의 예시에 이어서 그 아이(the child)가 겪게 되는 악순환과 그 해결책을 언급하는 (B)가 이어지는 것 이 글의 순서로 가장 적절하다.

punishment	처벌
desired	바람직한
avoidance	회피 (avoid 피하다)
training	훈련, 교육
repeatedly	반복적으로
scold	야단치다
vicious cycle	악순환
unlearn	(배운 것을) 잊다
iron	다리미
get burned	화상을 입다

∑UNIT 16 주어진 문장의 적합한 위치 찾기 본문 p.72

대표예제 정답 ④

쇼핑객들은 보통 지출할 수 있는 한정된 양의 돈과 쇼핑할 수 있는 한정된 시간을 가지고 있다. 쇼핑이 사실 정보 검색이라고 깨닫는 것은 중요하다. 여러분은 광고, 친구, 판매원, 라벨, 잡지 기사, 인터넷, 또는 몇몇 다른 출처에서 정보를 얻을 수 있다. 여러분은 또한 옷을 입어보거나, 자동차 시험 운전을 해보거나, 헬스클럽에서 판촉 행사를 이용하는 것 같이 그 제품을 직접 사용하는 것에서 정보를 얻을 수도 있다. 그러나 쇼핑객들은 이러한 정보의 출처 중에서 어떤 것을 얻는 것에는 비용이 든다는 것을 이해해야 한다. 이러한 비용에는 교통비와 시간이 포함될 수 있다. 오직 여러분만이 그 비용을 감수할지 말지를 결정할 수 있다.

해설

주어진 문장은 쇼핑의 정보를 얻는데 비용이 들어가는 것을 이해해야 한다는 내용으로, 교통비와 시간도 이러한 비용에 포함된다는 문장 앞에, 쇼핑 정보 출처의 예가 나열된 문장 뒤인 ④에 들어가는 것이 가장 적절하다.

어휘

source	출처
cost	(비용이) 들다
limited	한정된, 제한된
article	기사
gain	얻다
advertisement	광고
take advantage of	~을 이용하다
promotion	판촉행사
transportation	교통

유형 연습하기 정답 01 ⑤ 02 ④ 03 ⑤ 본문 p.74

01 정답 ⑤

거북은 조류와 포유류처럼 체온을 자동으로 조절하는 능력이 없다. 거북의 체온은 주위 환경에 따라 변한다. 날씨가 너무 추워지면, 거북은 연못 바닥의 진흙이나 숲의 흙 속 깊이 구멍을 판다. 흙 속에

문히면 거북은 어떻게 숨을 쉴 수 있을까? 거북은 코와 입으로 숨 쉬는 것을 멈춘다. 대신 거북은 피부와 꼬리 아래에 있는 구멍을 통해 공기를 받아들인다. 그리고 봄이 와서 땅이 따뜻해지면, 거북은 땅을 파고 나와 다시 평소대로 숨쉬기 시작한다.

해설

거북이 코와 입을 통해 숨 쉬는 것을 멈춘다는 문장 다음에, 그리고 봄이 오면 다시 평소대로 숨쉬기 시작한다는 문장 앞인 ⑤에 대신 피부와 꼬리 아래에 있는 구멍으로 공기를 받아들인다는 주어진 문장 이 들어가는 것이 가장 적절하다.

어휘

hole	구멍
tail	꼬리
automatic	자동적인
temperature	온도, 체온
control	제어, 조절
dig	파다
mud	진흙
pond	연못
dirt	먼지, 때
breathe	호흡하다
bury	묻다
normally	정상적으로

02 정답 ④

어떤 진보들이 인간 의 유전학 분야에서 이루어져 왔다. 1980년대에는 과학자들이 다양한 개인들의 DNA 순서를 비교하는 방법을 개발했다. 범죄 현장에 남겨진 DNA는 범인들을 기소하고 잘못 고소된 사람들을 풀어주기 위해 법정에서 증거로 사용되어왔다. DNA 배열기법은 또한 의학 분야에서도 유용하다. 희귀한 유전 질환을 가진 가족을 연구하는 것은 의사들이 세대에 걸친 유전 질환을 추적하도록 허용했다. 비록 그 질병을 치료할 수 없을지라도 이러한 종류의 유전 추적은 의사들이 어떤 한 사람이 병에 걸리게 되는 가능성을 예측하고 그것을 진단할 수 있도록 도움을 준다. 하지만 이제는 몇몇 유전 질환이 유전자 치료법으로 불리는 행위인 손상된 유전자를 건강한 유전자로 대체함으로써 치료될 수 있다

해설

DNA 배열 기법이 법정 증거로 사용된 내용에 이어서 의학 분야에서도 유용하다는 문장 뒤에, 그리고 '이러한 종류의 유전 추적'이라고 언급된 문장 앞인 ④에 희귀한 유전질환을 가진 가족을 연구하는 내용인 주어진 문장이 들어가는 것이 가장 적절하다.

어휘

genetics	유전학 (gene 유전자)
method	방법
sequence	순서
scene	현장
court	법정
technique	기법
field	분야, 들판

likelihood	가능성
diagnose	진단하다
treat	다루다, 치료하다
replace	교체하다
therapy	치료법

03 정답 ⑤

나는 국제사회가 연간 투자를 오늘날 GDP의 24%에서 2052년에 36%로 늘릴 것으로 예상한다. 이 투자의 많은 부분은 저렴한 에너지 시대를 위해 고안된 구식의 물건보다는 더 비싼 에너지 효율이 높은 제품에 이루어질 것이다. (이 투자의) 다른 몫은 석탄에서 재래식 가스와 같은 더 비싼 연료로의 이동에 투자될 것이다. (투자의) 일부는 신재생 에너지 공급의 구축으로 들어갈 것이다. 그리고 (투자의) 많은 부분은 기후 변화로 인한 피해를 복구하거나 미래 기후변화에 적응하는 일로 들어갈 것이다. 예를 들어, 상승하는 해수면을 막기 위해 해안을 따라 새로운 보호벽에 투자하는 것에서 투자가 이루어질 것이다. 이러한 엄청난 투자의 증가는 투자가 시장에 맡겨진다면 일어나지 않을 것이다. 오히려, 그것들은 정치적 결정에 근거한 국가의 개입을 통해서만 일어날 것이다. 그것은 정부가 필요한 부분에 세금을 투자한다는 점에서 직접적인 개입이 있거나, 정부가 바람직한 활동을 더 수익성이 있게 되도록 돕는다는 점에서 간접적일 것이다.

해설

주어진 문장은 바로 앞의 내용과는 다르게 투자의 증가가 일어날 수 있는 조건을 언급하고 있으므로, rather(오히려)로 투자가 일어날 상황을 언급하고 주어진 문장의 intervention을 의미하는 It으로 국가적 개입을 자세하게 설명하는 문장으로 이어지는 것이 가장 자연스러운 순서로 ⑤에 주어진 문장이 들어가는 것이 가장 적절하다.

어휘

annual	연간의, 매년의
investment	투자
efficient	효율적인
old-fashioned	구식의
era	시대
coal	석탄
fuel	연료
supply	공급; 공급하다
repair	수리, 보수
protective	보호하는
tax	세금
profitable	수익성이 있는

UNIT 17 문단 요약하기 본문 p.76

대 표 예 제 정답 ②

Newcastle 대학의 심리학 교수 세 명은 그들 학과의 커피 마시는 장소에서 실험을 했다. 동료들과 학생들은 커피를 마시고 커피에 대

한 대가로 50센트를 남기도록 요구받았다. 10주 동안 교수들은 그곳에 두 개의 포스터 – 꽃 포스터와 응시하고 있는 눈동자 포스터를 번갈아 가며 교체했다. 눈동자가 사람들을 지켜보고 있던 주 동안에는, 꽃 포스터가 걸려 있을 때보다 사람들이 2.76배 더 많은 돈을 냈다. 핼러윈 때 시행했던 유사한 연구에서는 거울이 집 밖에 놓였다. 아이들은 사탕을 한 개만 가져가라는 말을 들었다. 거울이 그들의 모습을 비추었을 때, 대부분의 아이들은 사탕을 한 개만 가져갔다.

→ 사람들은 자신이 관찰되고 있다고 느낄 때 더 정직해지는 경향이 있다.

해설

두 가지 사례에서 보여지듯, 누군가가 자신을 지켜보고 있다고 생각되면 더 정직해진다는 것이 글의 요지이므로 빈칸 (A)에는 honest(정직한)와 빈칸 (B)에는 observed(관찰된)가 들어가는 것이 가장 적절하다.
① 의존적인 – 보호받는
③ 외로운 – 거절된
④ 방어적인 – 남을 탓하는
⑤ 자신감 있는 – 칭찬받는

어휘

psychology	심리학
conduct	수행하다
department	학부, 과
colleague	동료
leave	남기다
alternate	교체하다
stare	응시하다
contribute	기부하다
dependent	의존적인
protect	보호하다
observe	관찰하다
refuse	거절하다
blame	~ 탓으로 돌리다
defensive	방어적인
confident	자신감 있는
praise	칭찬하다

유형 연습하기 정답 01 ④ 02 ② 본문 p.78

01 정답 ④

우리는 한 대학 학부의 차 마시는 공간에 있는 음료를 위한 '정직 상자'에 지급된 돈에 대한 분석에서 협조를 촉진하는 데 있어 평판의 중요성을 볼 수 있다. Bateson과 동료들은 (항상 권장 가격 목록 위에 붙어 있는) 한 쌍의 눈 이미지가 꽃 이미지와 일주일 단위로 번갈아 나타날 때 학생들이 그 상자에 얼마나 많이 지급하는지를 살펴봤다. 소비된 우유량이 전체 소비량을 가장 잘 보여주는 지표임이 밝혀졌다. 놀랍게도, 꽃의 이미지가 보일 때 보다 눈의 이미지가 보일 때, 몇 주간 리터당 거의 세 배가 넘는 돈이 지급되었다. 물론 이 실험은 한 장소에서만 실시되었지만, 결과에서의 차이가 인상적이고 사람들은 시스템을 속이는 모습이 관찰되기를 원치 않는다는 것을 나타내는 것 같다.

→ 연구에 따르면 '정직 상자'에 사람들이 지급했던 금액은 어떤 이미지가 그들로 하여금 자신들이 <u>관찰되는</u> 중에 있다고 느끼게 했을 때 <u>증가했다</u>.

한 대학 학부의 차 마시는 공간에 음료를 위한 '정직 상자'를 두고 가격 목록 위에 눈 이미지와 꽃 이미지를 교대로 붙였을 때 눈 이미지가 있을 경우에 사람들이 지불 했던 금액이 증가했다는 것이 글의 요지이므로 빈칸 (A)에는 increased(증가했다)와 빈칸 (B)에는 watched(관찰되는)가 들어가는 것이 가장 적절하다.
① 감소했다 – 속는
② 감소했다 – 관찰되는
③ 변화했다 – 뒷받침되는
⑤ 증가했다 – 뒷받침되는

reputation	명성, 평판
cooperation	협조
analysis	분석
contributions	기부금, 출연금
departmental	부서의, 학과의
colleague	동료
post	게시하다
alternate	번갈아 나타나다
turn out	~인 것으로 밝혀지다
indicator	지표
consumption	소비 (consume 소비하다)
conduct	수행하다
impressive	인상적인
cheat	속이다

02 정답 ②

업무 수행은 개인의 통제 범위를 벗어난 업무 수행에 미친 영향보다는 평가를 받는 개인의 통제하에 있는 것의 측면에서 판단되어야 한다. 판단을 받고 있는 모든 사람의 업무 수행을 억제하고 때로 경제적 성격을 띠는, 광범위하고 영향력이 큰 요인이 있을 수 있다. 한 가지 예가 매출액에 관한 것이다. 일반적인 경제적 경기 침체가 있어서 사람들이 상품이나 서비스를 작년만큼 많이 구매하지 않고 있다면, 매출액이 예를 들어 평균 15%만큼 감소할 수 있다. 그렇다면 이 15%(사실은 -5%) 수치는 '평균' 업무 수행을 나타낼 것이다. 아마도 그해의 가장 우수한 영업 사원은 작년에 비해서 매출액이 3%만 감소했을 것이다. 따라서 이러한 상황에서 '훌륭한' 업무수행이란 집단 평균과 비교했을 때 더 적은 양의 감소를 말한다.
→ 업무 수행 평가에 있어서 우리는 수치에만 <u>의존하기</u>보다는 개인의 업무 수행에 영향을 미치는 <u>상황적인</u> 요인들을 고려해야 한다.

단순히 수치만으로 개인의 업무 수행 실적을 평가하기보다는 업무 수행 당시의 상황이 고려되어야 한다는 내용의 글이므로 빈칸 (A)에는 contextual(상황적인), 빈칸 (B)에는 rely on(의존하기)이 들어가는 것이 가장 적절하다.

① 상황적인 – 제쳐놓기
③ 통제할 수 있는 – 제쳐놓기
④ 긍정적인 – 무시하기
⑤ 긍정적인 – 의존하기

judge	판단하다
evaluate	평가하다
broad	광범위한
influential	영향력 있는
factor	요인, 요소
economic	경제적인
suppress	억제하다
downturn	(경기) 침체
previous	이전의
drop	하락
contextual	상황적인
put aside	제쳐놓다
rely on	의존하다

UNIT 18 장문 독해 ① – 단일장문
본문 p.80

대 표 예 제 정답 1 ④ 2 ⑤

웃음에 대한 기사를 작성했던 Robert Provine 박사는 웃음이 사람들을 서로 연관시켜주는 일종의 'social glue(사회적 접착제 – 사회적으로 유대를 결속시켜주는 비유적 표현)'로서 역할을 하기 때문에, 사람들이 주로 웃는다고 믿는다. 웃음이 다른 사람들과의 결속력을 느끼도록 해 주고, 그 결속력이 결국 우리에게 신뢰감과 편안함을 주기 때문에 우리는 다른 사람들과 함께 웃는다. 아무리 우리가 노력할지라도 우리는 자신을 스스로 <u>웃길 수 없다</u>. 결과적으로 우리가 웃을 때 다른 사람들은 그 웃음이 <u>정직한</u> 반응이라는 것을 확신할 수 있고, 정직함은 우정을 쌓고 유지할 때 필수적인 것이다.
웃음은 우리가 다른 사람들에게 보내는 사회적 단서이기 때문에, 웃음이 왜 다른 사람들에게 퍼져나가는지를 설명하는 데 도움을 줄 수도 있다. 연구는 사람들이 재미있는 것을 보거나 들을 때 혼자 있을 때보다 함께 있을 때 30배 이상 <u>더</u> 웃을 가능성이 높다는 것을 증명해 왔다. 다른 사람들에 의해 받아들여지기를 원하는 것은 인간 본성의 부분이다. 아무도 소외감을 느끼기를 원하지 않는다. 그리고 다른 사람들과 똑같이 웃는 것은 당신이 그들이 하는 방식대로 당신도 느낀다는 것을 다른 사람들에게 신호하는 방법이고, 그리고 그것은 우리가 그 결과 서로 더 결속력을 느끼게 하도록 만들어 준다. 뇌는 오래전부터 이러한 것을 <u>무시했고(→ 깨달았고)</u>, 함께 웃는 것이 그때 이후로 발생하였다.

01
웃음은 다른 이들과 결속력을 느끼게 하고 그 결속력은 신뢰와 편안함을 주며, 혼자보다 함께 있을 때 더 웃음이 많아진다는 것이 이 글의 내용이다. 따라서 이 글의 제목으로 가장 적절한 것은 ④ '함께 웃는 친구가 함께 지낸다.'이다.

① 최후에 웃는 자가 진정한 승리자다
② 진실한 웃음 vs. 거짓된 웃음
③ 다른 사람을 웃게 만드는 것이 인기로 이어진다
⑤ 더 많이 웃을수록, 더 젊어질 것이다

02

웃음을 통해서 타인과 결속이 되고 같은 느낌을 느끼고 있다는 신호를 보내는 것임을 깨닫고 함께 웃는 것이 그때 이후에 발생하였다는 내용이 글의 흐름상 자연스러우므로 (e)의 neglected(무시했고)를 realized(깨달았고)와 같은 단어로 고쳐야 한다.

어휘

laughter	웃음
social glue	사회적 유대
bond	결속력
in turn	결국
consequently	결과적으로
reaction	반응
honesty	정직
friendship	우정
cue	단서
spread	퍼지다
prove	증명하다
accept	받아들이다
neglect	무시하다
occur	일어나다, 발생하다

유형 연습하기 정답 01 ① 02 ⑤ 03 ① 04 ③ 본문 p.84

[01~02] 정답 01 ① 02 ⑤

몇 년 전에 나는 두 그룹의 사람들에게 어느 오후 시간을 공원에서 쓰레기를 주우며 보내 달라고 부탁했었다. 나는 그들에게 사람들이 자신들의 지역 공원을 돌보게 하는 가장 좋은 방법을 조사하기 위한 실험에 참여하는 것이라고 말했다. 한 그룹에는 그들이 보낸 시간에 대해 후하게 보수가 지급되었지만, 다른 그룹에는 매우 적은 액수의 현금이 지급되었다. 1시간 동안 힘들고 지루한 일을 하고 난 후에 모두가 자신들이 오후 시간을 얼마나 즐겼는지 등급을 매겼다. 여러분은 많은 돈을 번 사람이 매우 적은 돈을 번 사람보다 그 일을 더 긍정적으로 평가했을 것으로 생각할 수도 있다.

사실, 결과는 정반대였다. 후하게 보수를 받은 그룹에서의 평균적 기쁨은 10에서 2밖에 안 되었지만, 매우 적게 보수를 받은 그룹의 평균 등급은 놀랍게도 8.5였다. 충분히 보수를 받은 사람들은 "음, 사람들은 대체로 내가 싫어하는 일을 하도록 돈을 주지. 내가 많은 돈을 받았으니, 나는 공원 청소 하는 것을 틀림없이 싫어하는 거야."라고 생각한 것 같았다. 대조적으로 더 적은 보수를 받은 사람들은 "내가 즐기는 어떤 것을 하기 위해 나는 많은 보수를 받을 필요는 없어. 나는 아주 적은 돈을 받고 일을 했으니, 내가 공원을 청소하는 것을 즐겼음이 틀림없어."라고 생각했다. 이 연구 결과에 의하면 지나친 보상을 주는 것이 그 일을 하는 사람의 태도에 긍정적(→ 부정적) 영향을 줄 수 있다는 것을 보여주는 것 같다.

해설

01

충분한 보수를 받으면 오히려 스스로 싫어하는 일을 하느라 많은 보수를 받았다고 생각할 수 있고, 더 적은 보수를 받으면 적은 돈을 받고도 할 만큼 그 일을 스스로 좋아하는 것이라고 생각할 수 있으므로, 지나친 보상이 오히려 그 일을 하는 사람의 태도에 부정적 영향을 줄 수 있다는 내용의 글이다. 따라서 이 글의 제목으로 가장 적절한 것은 ① '더 많은 돈이 우리를 더 행복하게 일하도록 하는가?'이다.
② 다른 이들이 슬플 때 당신은 행복할 수 있을까?
③ 당신의 마음을 따르는 것이 항상 옳을까?
④ 당신의 일을 즐기면 당신은 부유해질 것이다
⑤ 더 많이 지급하면 당신의 직원들은 더 열심히 일할 것이다

02

높은 보상은 하고 있는 일을 더욱 부정적으로, 적은 보상은 하고 있는 일을 더욱 긍정적으로 평가하도록 작용한다는 이 글의 흐름상 (e)의 positive(긍정적)를 negative(부정적)와 같은 단어로 고쳐야 한다.

어휘

pick up	~을 줍다
trash	쓰레기
participate in	~에 참가하다
examine	조사하다
take care of	~을 돌보다
local	지역의, 지방의
rate	등급을 매기다, 평가하다
positively	긍정적으로
earn	벌다
in fact	사실
opposite	(정)반대; 반대의
average	평균적인; 평균
dislike	싫어하다
in contrast	대조적으로
according to	~에 따라, ~에 의하면
positive	긍정적인(↔ negative)
effect	영향, 효과
attitude	태도

[03~04] 정답 03 ① 04 ③

증가된 크기는 여러모로 집단의 생명에 영향을 끼친다. (다섯 명에서 여섯 명의 구성원으로 이루어진) 규모가 더 큰 집단이 (두 명에서 세 명의 구성원으로 이루어진) 규모가 더 작은 집단보다 더 생산적이라는 증거가 있다. 규모가 더 큰 집단의 구성원들은 규모가 더 작은 집단의 구성원들보다 제안을 더 많이 하는 경향이 있다. 비록 더 적게 의견 일치에 이르는 것처럼 보이더라도, 그들은 또한 더 적은 긴장 상태를 보여준다. 이러한 차이는 규모가 더 큰 집단이 조직의 문제를 해결하기 위한 더 큰 요구를 갖고 있음을 보여주는 것일 수 있다. (규모가 더 큰 집단의) 구성원들은 자신의 행동이 더 목표 지향적이 되어야 한다는 것을 깨달을 수도 있고, 그래서 그들은 그렇게 하기 위해 특별한 노력을 쏟을지도 모른다. 규모가 더 큰 집단은 또한 구성원들에게 순응하도록 더 큰 압력을 가한다. 그런 집단에서, 모든 이들이 동등하

게 논의에 참여하거나 의사 결정에 같은 정도의 영향을 끼치기는 더
어렵다.

　　짝수의 구성원을 지닌 집단이 홀수의 구성원을 지닌 집단과 다르
다는 증거가 있다. 전자는 후자보다 더 의견이 일치하고(→ 일치하지
않고) 결과적으로 더 많은 (의견의) 동점 상태를 겪는다. 짝수의 구성
원을 지닌 집단은 반반으로 나뉠지도 모른다. 이것은 홀수를 지닌 집
단에 서는 불가능한데, 한쪽이 늘 수적인 우위를 지니기 때문이다. 몇
몇 연구자들에 따르면, 5라는 숫자가 특별한 중요성을 지닌다. 이 크
기를 지닌 집단은 일반적으로 우리가 방금 본 문제들을 모면한다. 게
다가, 그 집단들은 두 명 내지 세 명으로 이루어진 집단에서 발견되는
취약함과 긴장 상태로 괴로워하지 않는다. 5명의 구성원을 지닌 집단
은 구성원의 만족도에서 높은 평가를 받는데, 구성원의 수가 홀수로
이루어져 있어서, 의견 충돌이 일어나더라도 (의견의) 동점 상태가
일어날 가능성은 없기 때문이다.

해설

03
집단의 규모가 의사결정에 미치는 영향에 대한 내용의 글이므로, 이 글의 제목
으로 가장 적절한 것은 ① '집단 구성원의 수가 왜 중요한가'이다.
② 직장에서의 개성 vs. 집단성
③ 동등한 기회: 최대의 만족을 향하여
④ 집단 내 갈등에 대처하는 방법
⑤ 집단의 크기에 대한 합의가 성과를 가져온다!

04
짝수의 구성원으로 이루어진 집단은, 한 쪽이 늘 수적인 우위를 지니는 홀수의
구성원으로 이루어진 집단에 비해서 의견 일치가 더욱 어려울 수밖에 없으므로
(c)의 agree(의견이 일치하고)를 disagree(의견이 일치하지 않고)와 같은 단
어로 고쳐야 한다.

어휘

affect	영향을 미치다
suggestion	제안
agreement	의견 일치 (↔ disagreement)
tension	긴장 상태
organizational	조직의
differ	다르다
even	짝수의 (↔ odd)
former	전자의 (↔ latter)
tie	동점, 무승부
split	나누다, 분할하다
halves	절반 (half의 복수형)
advantage	유리한 점, 이점
unlikely	~일 것 같지 않은
individuality	개성
collectivity	집단성
cope with	~에 대처하다
conflict	충돌, 분쟁
pay off	성과를 올리다

대 표 예 제　　　　　　　　　　　　　정답 1 ④　2 ③　3 ⑤

　　(A) Robby는 나이 드신 어머니와 함께 사는 어린 소년이었다. 그
의 어머니는 그가 피아노 연주를 배우기를 원했다. 그녀는 아들을
한 피아노 선생님께 보냈다. 하지만, 사소한 문제가 하나 있었다.
Robby는 배우는 속도가 아주 느렸다. 선생님은 Robby에게 그다지
신뢰를 갖지 못했지만, 그의 어머니는 아주 열성적이었고, 매주 그를
선생님께 보냈다.

　　(D) 어느 날 Robby는 피아노 레슨 받는 것을 그만두었다. 선생님
은 그가 포기했다고 생각했다. 사실, 그녀는 Robby에게 많은 기대
를 하고 있지 않았기 때문에 매우 기뻤다. 오래 지나지 않아, 피아
노 선생님은 마을 피아노 콘서트를 준비하는 일을 맡았다. 갑자기, 그
녀는 Robby로부터 전화를 받았고, 그는 그 콘서트에 참가하겠다고
말했다. 선생님은 Robby에게 그가 자격이 충분하지 않다고 말했다.
Robby는 자신에게 기회를 달라고 그녀에게 간청했다.

　　(B) 마침내, 그녀가 항복했고 그가 마지막으로 연주하도록 허락했
다. 그 중대한 날이 왔을 때, 강당이 꽉 들어찼고 아이들은 최선을 다해
연주했다. 드디어, Robby가 연주할 차례가 되어 마지막 연주자로 그
가 걸어 들어왔다. 선생님은 Robby가 콘서트를 망칠 거라고 생각했기
때문에 매우 불안했다. Robby가 연주를 시작하자, 청중이 조용해졌
다. 그의 연주가 끝나자, 청중과 선생님은 그에게 기립박수를 보냈다.

　　(C) 콘서트 후에, 선생님은 Robby에게 어떻게 그렇게 훌륭하게 연
주를 해냈는지 물어보았다. 그가 말하기를, "어머니께서 암으로 편찮
으셔서 저는 매주 피아노 레슨을 받을 수가 없었습니다. 어머니께서
돌아가시고 저는 어머니께서 제 연주를 듣기를 바랐습니다. 실제로,
이번이 처음으로 어머니께서 제가 연주하는 것을 들을 수 있는 때였
습니다. 어머니께서는 살아계셨을 때, 귀가 들리지 않으셨습니다. 저
는 지금도 어머니께서 하늘에서 저의 연주를 듣고 계실 거라는 것을
알고 있습니다. 어머니를 위해 저는 최선을 다해 연주해야 해요!"

해설

01
배우는 속도가 매우 느렸던 Robby는 열정적인 어머니로 인해 매주 피아노 레
슨을 받았다는 주어진 글 뒤에, 갑자기 레슨에 참여하는 것을 그만두었다가 마
을 피아노 콘서트에 참여하겠다고 연락을 한 (D)의 내용이 이어지고, 피아노 선
생님의 걱정과는 다르게 성공적으로 연주를 마친 (B)의 내용이 온 후, 사실은
어머니의 병환과 죽음으로 레슨에 참여하지 못했으며, 청각 장애인이셨던 어머
니가 하늘에서 듣고 계시므로 열심히 연주한다는 (C)의 내용이 이어지는 것이
글의 순서로 가장 적절하다.

02
(a), (b), (d), (e)는 피아노 선생님을 가리키지만, (c)는 Robby의 어머니를 가리
킨다.

03
(D)의 후반부에 콘서트에서 피아노 연주를 하고 싶다는 Robby의 전화를 피아
노 선생님께서 받았다고 했으므로 Robby에 관한 내용으로 적절하지 않은 것
은 ⑤이다.

어휘

elderly	나이 있는
faith	신뢰
give in	항복하다
allow	허락하다
enthusiastic	열성적인
performance	연주
pack	가득 채우다
turn	차례
spoil	망치다
brilliantly	훌륭하게
attend	참여하다, 참석하다
deaf	청각장애가 있는
not long after	오래지 않아, 얼마 후
task	임무, 일
offer	제공하다
give up	포기하다
take part in	~에 참여[참가]하다
beg	간청하다

유형 연습하기   정답 01 ④   02 ③   03 ④   본문 p.92
                04 ⑤   05 ②   06 ④

[01~03]   정답 01 ④   02 ③   03 ④

(A) 젊은 의대생 Evan은 자신의 고향인 New Orleans로부터 멀리 떨어진 뉴욕의 대학에서 공부하기 위해 그의 약혼녀와 3년간 떨어져 있어야 했다. 그의 연인으로부터 그렇게 오랫동안 떨어져 있는 것은 그에게는 가슴 아픈 일이었다. 그는 그녀를 보러 가고 싶었지만, 너무 가난해서 그의 고향으로 가는 장거리 버스표를 살 수가 없었다. 그는 슬펐고 우울했다. 그는 버스 정류장에 가서 낡은 나무 의자에 앉아 New Orleans로 향하는 버스들이 떠나는 것을 바라보곤 했다.

(D) 그가 평소처럼 버스 정류장에 앉아 있었을 때, 자신이 노부인의 옆에 앉아 있는 것을 발견했다. 노부인은 그를 보고 말했다. "젊은이, 정말 우울해 보이네." 그는 "네, 그래요."라고 말했다. 그는 자신도 모르게 울고 있었다. 그녀는 그의 손을 잡고 "무슨 일인가, 젊은이?"라고 간단히 물었다. 그는 그녀에게 그의 약혼녀와 자신에 대한 이야기와 그가 그녀를 얼마나 사랑하는지 그리고 얼마나 <u>그녀를</u> 그리워하는지를 말했다.

(B) 그는 노부인에게 그녀의 사진을 보여주었다. 노부인은 "오, 그 <u>녀는</u> 내가 본 가장 아름다운 젊은 여인이군."라고 말했다. 그러고 나서, 그녀는 그에게 그녀가 출장 판매원과 결혼했었고 그는 최근에 세상을 떠났다고 말하기 시작했다. 노부인은 남편이 출장을 갈 때마다 그들이 얼마나 울곤 했었는지, 그러나 남편이 돌아올 때는 얼마나 행복했는지를 그에게 말했다. 노부인은 "결혼생활은 멋진 것이야. 자네도 멋진 결혼생활을 할 거야. 모든 것은 다 잘 될 거야."라고 말했다. 그녀의 친절한 말은 그에게 큰 위안이 되었다.

(C) 그리고 나서 노부인은 그가 뭔가를 먹으면 기분이 나아질 수 있다고 넌지시 말했다. 그녀는 걸어 나가 몇 분 후에 도넛 한 상자를 가지고 돌아와서 그에게 주었다. 그 순간, 스피커를 통해 안내방송이 나왔고 노부인은 "어머나! 내 버스가 왔네."라고 말했다. 그리고 <u>그녀</u>

(노부인)는 서둘러 그녀의 버스로 걸어갔다. 그녀가 떠나는 것을 보며 그는 도넛 상자를 열었다. 그는 자신의 눈을 믿을 수가 없었다. 그는 그 상자 안에서 "모든 것이 다 잘 될 거야. 이제 <u>그녀에게</u> 갈 때야!"라는 메모와 함께 100달러 지폐 두 장을 발견했다.

해설

01

고향에서 멀리 떨어진 뉴욕에서 공부하던 젊은 의대생 Evans는 3년간 떨어져 지낸 약혼녀가 보고 싶지만 너무 가난해서 고향으로 가지는 못하고 버스정류장에서 고향으로 향하는 버스들을 바라보곤 했다는 (A) 다음에, 옆에 있던 노부인에게 자신의 사연을 말하는 내용의 (D)가 이어지고, 노부인이 이번에는 자신의 사연을 얘기해주며 Evans가 위안을 얻는 (B)가 이어진 후, 노부인이 기분이 나아지라고 사준 도넛 한 상자를 열 자 그 안에서 노부인의 메모와 차비로 쓸 돈을 발견한 (C)가 이어지는 것이 글의 순서로 가장 적절하다.

02

(a), (b), (d), (e)는 Evans의 약혼녀를 가리키지만, (c)는 노부인을 가리킨다.

03

글 (C)의 후반부를 보아 Evans가 노부인에게 도넛을 준 것이 아니라 노부인이 Evans에게 도넛을 주었으므로 Evans에 관한 내용으로 적절하지 않은 것은 ④이다.

어휘

separate	분리시키다
heartbreaking	가슴 아프게 하는
eager to	~를 열망하다
long-distance	장거리의
hometown	고향
drive away	차를 타고 떠나다
depressed	우울한
pass away	세상을 떠나다
marriage	결혼
comfort	위안, 안락
hurriedly	서둘러서
announcement	발표, 소식
loudspeaker	확성기
pack	포장, 묶음
note	지폐, 악보

[04~06]   정답 04 ⑤   05 ②   06 ④

(A) Erik Brandes라는 이름의 17살 된 독일 소년은 Cologne 오페라 하우스의 비어있는 거대한 무대 위로 나갔다. 그것은 Erik의 생애에서 가장 흥분된 날이었다. 독일의 <u>가장 어린</u> 콘서트 기획자가 오페라 하우스를 설득해 미국의 피아니스트인 Keith Jarrett의 즉흥 재즈 연주의 심야 콘서트를 주최했던 것이다. 콘서트는 좌석이 매진되었고 그날 밤늦게 Keith는 피아노에 앉아 연주하게 될 것이었다.

(D) 그러나 Erik이 그날 오후에 Keith와 그의 프로듀서인 Manfred를 무대에 있던 피아노로 데려왔을 때 일이 틀어졌다. Keith와 Manfred가 몇 음을 연주했다. 그러고 나서 긴 침묵 후에, Manfred가 그에게 와서 'Erik, 당신이 다른 피아노를 준비하지 않으면, Keith는 오늘 밤 연주할 수 없어요.'라고 말했다. Erik은 Keith가

특정한 악기를 요청했고 오페라 하우스가 그것을 제공하기로 동의했다는 것을 알고 있었다. 그가 알아차리지 못했던 것은 그 오페라하우스에서 요청받았던 Bosendorfer 피아노를 발견할 수 없었고, 대신에 그들은 상태가 좋지 않았던 아주 작은 Bosendorfer를 설치했다는 것이었다.

(C) 당연히 Keith는 연주하기를 원치 않았다. 그는 자리를 떠나 그의 차 안으로 가서 기다렸으며, Erik은 곧 있게 될 열광적인 콘서트 관객들의 도착을 예상한 채 그곳에 남아 있었다. 그 십 대의 독일인은 이에 실망해서, Keith를 따라가서 그 재즈 피아니스트에게 연주를 해달라고 간청했다. 그 피아니스트는 그 거센 비 한가운데에서 그를 보았고 그를 가엾이 여겼다. "절대 잊지 마. 단지 너를 위해서야."라고 Keith가 말했다. 몇 시간 후에 Keith는 걸어 나와 꽉 찬 콘서트홀의 앞에 놓여 있는 연주가 불가능한 피아노로 갔다.

(B) Keith가 연주를 시작했을 때 모든 사람들은 즉시 이것이 마술과 같은 것임을 알았다. Erik 또한 깊은 감동을 받았다. Keith는 그 피아노에도 불구하고 생애 최고의 공연을 하고 있었다. 그의 왼손은 피아노 울림의 결함을 감추기 위한 하나의 방편으로 뇌성같이 울리는, 반복적인 저음 반복 악절을 연주했다. Keith는 충분한 음량이 발코니에도 도달하게 하려고 정말로 그 피아노를 아주 세게 연주해야만 했다. 섰다가 앉았다가 하면서 Keith는 그 연주할 수 없는 피아노를 연주해 독특한 무엇인가를 만들어 냈다. 그것은 그가 연주 중이었던 상상을 넘어서는 환상적인 음악이었다. 어려움에 직면해서 그는 그것을 받아들였고 높이 날아올랐다.

해설

04

Erik이 오페라 하우스에서 피아니스트 Keith의 연주회를 주최했다는 주어진 글 (A)에 이어, Keith가 요청한 피아노가 준비되지 않았다는 것을 알게 된 (D)가 이어진 후, Erik이 연주하기를 원치 않는 Keith에게 간청을 하고 Keith가 이를 받아들여 연주를 하기로 결심하는 (C)로 연결된 후, 마지막으로 Keith가 피아노의 결함을 극복하고 멋진 연주를 하게 되었다는 (B)로 이어지는 것이 글의 순서로 가장 적절하다.

05

(a), (c), (d), (e)는 Erik을 가리키지만, (b)는 Keith를 가리킨다.

06

글 (C) 단락에서, 거센 비 한가운데에서 Erik이 연주를 해달라고 간청하는 모습에 Keith가 이를 가엾게 여겨 피아노를 연주하기로 했으므로 윗글의 내용으로 적절하지 않은 것은 ④이다.

어휘

empty	비어 있는
sold out	(표가) 매진된
silence	침묵
request	요청하다
specific	구체적인, 특정한
instrument	악기
install	설치하다
tiny	아주 작은
understandably	당연히
perform	공연하다
furious	열광적인

beg	간청하다
pity	동정심
unplayable	연주할 수 없는
thundering	우레[뇌성] 같은

MINI TEST 제**1**회　　　본문 p.98

01 ①	02 ②	03 ④	04 ④	05 ②	06 ②
07 ⑤	08 ④	09 ④	10 ④	11 ④	12 ⑤

01　　　　　　　　　　　　　　　　정답 ①

어떤 사람은 왜 우리가 학생들의 지나친 자신감에 대해 걱정해야 하는지 궁금해할지 모른다. 어쨌든, 자신감은 자주 긍정적인 특성으로 여겨진다. 실제로, 연구에 따르면, 학교에서 성공할 자신들의 능력에 자신감이 있는 학생들이 덜 자신감이 있는 학생들보다 학업 시험에서 더 잘하는 경향이 있음을 보여준다. 그러나, 교실에서 지나치게 자신감 있는 것으로부터 부정적인 결과도 생겨난다. 지나치게 자신감 있는 학생들은 더 실망스러운 예상을 하는 학생들보다 결국 더 단절과 환멸을 느끼게 된다. 지나친 자신감은 학생들로 하여금 자신들이 시험에 충분히 준비되어 있고 더 공부할 필요가 없다는 잘못된 생각을 하도록 둘 수도 있다. 자신의 학습 과정에 관해 비교적 정확한 인식을 가지는 학생들은 자신의 지식에 대해 지나치게 자신감 넘치는 학생들보다 더 효과적인 공부 습관을 사용하고 시험을 더 잘 보는 경향이 있다.

해설

지나친 자신감은 학생들로 하여금 자신이 시험 준비를 충분히 했고 더 공부할 필요가 없다는 생각을 할 수 있도록 하는 반면에, 자신의 학습 과정에 관해 비교적 정확한 인식을 가지는 학생들이 더 효과적인 공부습관으로 시험을 더 잘 보는 경향이 있다는 내용의 글이므로, 이 글의 주제로 가장 적절한 것은 ① the negative effects of students' overconfidence on their school lives(학교생활에 대한 지나친 자신감의 부정적인 효과)이다.
② 대학전공을 선택할 때 고려할 중요한 요소
③ 학생들의 자신감을 형성할 유용한 방법
④ 학교에서 학문적 시험들의 도전적 역할
⑤ 나쁜 공부습관을 바꿀 효과적 방법

어휘

confidence	자신감, 신뢰
consider	여기다, 고려하다
feature	특성, 특징
academic	학업의
consequence	결과
stem from	~에서 생기다
disappointing	실망스러운
mistaken	잘못 알고 있는
impression	인상
relatively	비교적
accurate	정확한
perception	지각, 인식

negative　　부정적인
factor　　요인, 요소

02 정답 ②

너무 바빠 세탁을 할 수 없다 하더라도 걱정하지 마라. '깨끗한' 상태에 대한 여러분의 정의에 따라 여러분의 청바지는 최소한 깨끗함을 유지할 것이다. Alberta 대학생인 Josh Le는 빨지 않은 청바지 한 벌을 15개월 동안 세탁하지 않고 입고 다닌 후 그 바지를 McQueen 박사에게 건네주었다. 그녀는 그 바지에 기생하고 있는 박테리아의 표본을 추출했다. 다음에 Le는 그 바지를 세탁했다. 이번에 그는 그 바지를 2주 동안만 입고 다녔고 McQueen 박사가 표본을 다시 추출했다. 그 결과는? 15개월이든 2주든 박테리아 증식은 거의 같았다. 그러면 그 냄새는 어떨까? Le는 일주일에 세 번 그의 바지를 잘 바람 쐬었고 그는 여전히 친구가 많았다.

해설

청바지 한 벌을 15개월 동안 세탁하지 않았을 때나 2주간 세탁하지 않을 때나 박테리아의 증식은 거의 같았고, 바지를 바람에 잘 쐬었을 때 냄새도 심하지 않았다는 내용의 글이므로, 이 글의 제목으로 가장 적절한 것은 ② Is Doing Laundry Necessary That Often? (빨래를 하는 것이 그렇게 자주 필요한가?)이다.
① 세탁을 하는 것은 환경에 안 좋다
③ 박테리아가 안 좋은 냄새의 원인인가?
④ 빨지 않은 청바지: 박테리아의 온상지
⑤ 새로운 청바지: 십 대들에게 필수품

어휘

laundry　　세탁, 빨래
at least　　최소한
jeans　　청바지
definition　　정의
a pair of　　한 벌의
unwashed　　씻지 않은, 더러운
hand　　건네주다
sample　　표본을 추출하다
growth　　성장
home　　집, 서식지
must　　필수품

03 정답 ④

그가 그것을 해낸 첫 번째 사람은 아닐지라도 네덜란드의 안경알 제작자 Hans Lippershey는 1608년에 한 개의 관 양쪽 끝에 두 개의 렌즈를 붙여 '소형 망원경'을 만든 것에 대해 인정을 받고 있다. 심지어 그때도, 두 개의 렌즈가 가까운 풍향계를 더 크게 보이도록 한다는 것을 발견한 사람은 Lippershey가 아니라 그의 아이들이었다. 그 렌즈들은 매우 강한 것이 아니었기 때문에 이런 초기 도구들은 단지 장난감에 불과했다. 소형 망원경을 하늘로 향하게 한 첫 번째 사람은 Galileo Galilei 라는 이름을 가진 이탈리아 수학자이자 교수였다. 네덜란드의 소형 망원경에 대해 듣고 자기만의 소형 망원경을 만들었던 Galileo는 그 장치가 군대와 선원들에게 얼마나 유용할지를 즉시 깨달았다. 나중에 망원경이라 불리게 된, 더욱 개선된 소형 망원경들을 만들면서 Galileo는 망원경을 달로 향하게 했다.

해설

④ 문장 맨 앞의 주어 Galileo의 동사가 필요한 자리이므로, realized로 고쳐 써야 한다.
① putting과 병렬구조로 전 치사 for의 목적어 자리이므로 동명사 형태인 creating은 적절하다.
② discovered의 목적어 명사절의 접속사 that을 사용한 것은 올바른 표현이다.
③ The first person을 수식하는 to부정사의 형용사적 용법인 to turn은 적절하다.
⑤ 미래, 예정의 의미인 동사 decided의 목적어로 to부정사의 명사적 용법인 to point의 사용은 옳다.

어휘

Dutch　　네덜란드의
tube　　관
spyglass　　소형 망원경
discover　　발견하다
nearby　　근처의
instrument　　도구
device　　장치, 기구
telescope　　망원경

04 정답 ④

불행하게도 많은 곤충들이 추운 겨울 동안 살아남지 못한다. 그러나 어떤 곤충들은 봄까지 살아남을 수 있는 영리한 계획을 찾아내었다. 예를 들어, 일부 파리들은 겨울 동안 따뜻한 집의 구석에서 지내기 때문에 밖에서 날아다니는 것을 보기가 힘들다. 어떤 꿀벌들은 작은 공간에 함께 모여 그들의 날개를 빠르게 움직여 열을 낸다. 이것이 그들을 따뜻하게 유지시켜 준다. 어떤 모기들은 개구리처럼 겨울 추위 내내 잠을 잔다. 왜냐하면, 그들은 온도가 올라가면(→ 내려가면) 활동할 수가 없기 때문이다. 봄이 되면 암컷들은 슬슬 활동을 시작하며 먹을 만한 신선한 피를 찾아 날아다닌다.

해설

개구리처럼 모기도 추위 때문에 겨우내 잔다는 내용으로 보았을 때 온도가 올라가는 것이 아니라 내려가는 것이 흐름상 자연스럽다. 따라서 ④의 up(위로)을 down(아래로)과 같은 단어로 고쳐야 한다.

어휘

insect　　곤충
come up with　　(해답 등을) 찾아내다
clever　　영리한
survive　　생존하다
fly　　파리
unlikely　　~할 것 같지 않은
honeybee　　꿀벌
mosquito　　모기
frog　　개구리
temperature　　온도
active　　활동적인 활발한
fresh　　신선한

05

아마도 대부분의 처음 시작하는 투자자들이 저지르는 가장 큰 실수는 손실을 보고 공황상태에 빠지는 것이다. 이것은 확고하고 장기적인 계획을 세우는데 큰 장애물이다. 우리는 돈을 벌기 위해 열심히 일하고, 그 돈이 불어나서 우리를 위해 열심히 일하기를 (우리에게 수익을 가져다주기를) 원한다. 그러나 대부분의 초보 투자자들이 이해하지 못하는 것은 주식 시장에 투자하는 것에는 위험성이 있으며 위험성으로 인해 때때로 손실을 본다는 것이다. 비록 투자한 주식 가격이 내려가고 있다고 해서 이것은 그 투자를 성급하게 포기해야 한다는 것을 의미하지 않는다. 중요한 것은 투자가로서 우리는 단기 손실보다는 장기적인 성장에 집중해야 한다는 것이다. 그러므로 주식 시장에 투자할 때 <u>인내심을 가져라</u>.

해설

초보 투자자들이 주식 시장에 투자하는 것에는 위험성이 있으며 때때로 손실을 볼 수도 있다는 것을 이해하지 못하며, 이때 성급하게 포기하지 말고 장기적인 성장에 집중해야 한다는 것이 이 글의 주요한 내용이다. 그러므로 빈칸에 들어갈 말로 가장 적절한 것은 ② patient(인내심을 가져라)이다.
① 정직한
③ 생산적인
④ 부지런한
⑤ 협력하는

어휘

investor	투자자
panic	공황, 극심한 공포
loss	손실, 상실
obstacle	장애물
long-lasting	장기적인, 오래 지속되는
investment	투자
abandon	포기하다, 버리다
short-term	단기간의
productive	생산적인
cooperative	협력하는

06

정답 ②

목성은 <u>우리의 작은 행성을 보호하기 위해</u> 여기에 있다. 9월 10일 새벽에 Oregon주의 한 천문학자는 목성 표면에서 밝은 광채를 발견했다. 천문학자들은 이 광채가 소행성이 그 거대한 행성(목성)에 부딪친 것으로 믿는다. 과학자들은 소행성이 지구를 향하고 있었을 것이나 목성이 그 충돌을 대신했다고 말한다. 그리고 목성이 지구를 구한 것은 이번이 처음은 아닐지도 모른다. 목성은 어떤 행성보다 가장 강력한 중력의 끌어당김을 가지고 있다. 목성의 중력은 지나가는 소행성을 잡아당겨 그들을 자신의 표면으로 끌어당긴다. 즉, 지구로부터 멀어지도록 과학자들은 소행성으로 인해 생긴 것일 수 있는 목성 위의 흔적들을 연구하고 있다. 실제로 소행성이 지구에 부딪힐 가능성은 희박하다. 그러나 과학자들은 궤도를 돌고 있는 소행성이 매우 많기 때문에 그것들을 주시하고 있다.

해설

지구를 향하던 소행성이 지구 대신 목성에 부딪힌 적이 있는데, 이것이 처음이

아닐지도 모르며, 목성이 강력한 중력으로 지나가는 소행성을 잡아당겨 자신의 소행 성으로 잡아당긴다는 것이 이 글의 주요한 내용이다. 그러므로 빈칸에 들어갈 말로 가장 적절한 것은 ② to protect our little planet(우리의 작은 행성을 보호하기 위해)이다.
① 지구의 중력에 영향을 미치기 위해
③ 지구의 궤도를 바꾸기 위해
④ 위성들의 폭발을 막기 위해
⑤ 우리에게 대안에너지를 제공하기 위해

어휘

Jupiter	목성
astronomer	천문학자
gravitational	중력의
gravity	중력
flash	광채, 번쩍임
blow	충격, 타격
save	구하다
pull	끌기, 끌어당기기
grab	움켜잡다
orbit	궤도
affect	영향을 미치다
prevent	막다, 예방하다
explosion	폭발
satellite	위성
alternative	대안적인

07

정답 ⑤

학교에는 과학을 공부하는 단 하나의 올바른 방식, 표준화된 시험에서의 정답을 만드는 단 하나의 올바른 공식만 있는 것처럼 보인다. '물리학의 원리'와 같은 대단한 제목을 가진 교과서들은 300페이지에 걸쳐 '그 원리들'을 마법처럼 보여준다. 그리고 나서 권위자가 우리에게 '진실'을 알려 주기 위해서 나타난다. 물리학자 David Gross가 자신의 노벨상 수상자 강연에서 설명했듯이, 교과서들은 종종 과학자들이 고통을 받았던 많은 실패들, 잘못된 단서들, 오해들을 묵살한다. 우리는 마치 뉴턴의 '법칙들'에 대해 마치 신의 방문이나 천재성의 갑작스런 강타가 그러한 발견들을 가능케 한 것처럼 배우지만, 그가 그것들을 탐구하고 수정하고 변경하는 데 들인 여러 해에 대해서는 배우지 않는다. 뉴턴은 납을 금으로 바꾸기 위해 시도했으나 실패함에 따라, 연금술에서 법칙들을 확립하지 못했다. 그러나, 우리는 물리학 수업에서 그러한 실패와 고군분투를 배우지 못한다. 그 모든 것을, 좋건 나쁘건, 우리에게 알려주는 대신에, 우리의 교육 시스템은 <u>이런 과학자들의 인생 이야기들을 납에서 금으로 바꿔 버린다</u>.

해설

학교 과학에서 과학자들의 노력과 고통의 과정을 있는 그대로 보여주지 않고 마치 결과가 쉽게 생겨나는 것처럼 보여주는 것을 비판하는 글로, 밑줄 친 부분이 의미하는 바로 가장 적절한 것은 ⑤ '과학자들의 과정과 실수를 무시하면서 그들의 성공만을 보여준다'이다.
① 과학자들 사이의 귀중한 관계를 밝힌다
② 새로운 과학적 이론을 확립하는 데에서의 어려움을 강조한다
③ 전세계적으로 위대한 과학자들의 다양한 이야기들을 섞는다
④ 과학자들의 개인적 삶보다는 그들의 연구에 더 집중한다

formula	공식
correct	올바른
standardized	표준화된
physics	물리학
authority figure	권위자
ignore	묵살하다, 무시하다
clue	단서
as if	마치 ~인 것처럼
genius	천재성
establish	확립하다

08   정답 ④

우리는 빈번히 다른 사람들과의 합의를 과대평가하여, 다른 모든 사람들이 우리와 완전히 똑같이 생각하고 느낀다고 믿는다. 이런 오해는 허위 합의 효과라고 불린다. (C) 심리학자 Lee Ross가 1977년에 이것을 연구하기 시작했다. 그는 'Joe의 가게에서 드세요'라는 구호가 쓰인 광고판을 만들어서, 무작위로 선발된 학생들에게 30분 동안 캠퍼스 주변에서 그것을 걸치고 돌아다니도록 부탁했다. (A) 그들은 또한 얼마나 많은 다른 학생들이 그 일을 할 것인가를 추측해야 했다. 기꺼이 그 광고판을 걸치고 다니겠다는 사람들은 대다수가 또한 그것에 동의할 거라고 추측했다. (B) 반면에 거절한 사람들은 대부분의 학생들이 그 행동을 하는 것이 너무 어리석은 일이어서 하지 않을 거라고 믿었다. 두 경우 모두에서, 학생들은 자신들이 다수에 속한다고 여겼다.

해설

우리가 다른 사람들과의 합의를 과대평가하여 모든 사람들이 우리와 똑같이 생각한다는 내용의 주어진 글 다음에, 그 내용을 부연해 설명하기 위한 실험의 도입부로 어느 심리학자가 캠퍼스 주변에서 학생들에게 광고판을 메고 돌아다니도록 하는 (C)가 이어지고, 그 학생들은 다른 학생도 그렇게 할 것인가를 추측해야 했으며, 그 광고판을 걸치겠다는 사람들은 대다수가 그럴 것으로 추측했다는 내용인 (A)가 온 후, 이와는 반대로 거절한 사람들은 다른 사람들도 거절할 것으로 추측했으며 두 경우 모두, 자신이 다수에 속하는 것으로 여겼다고 결론을 맺는 (B)가 이어지는 것이 글의 순서로 가장 적절하다.

어휘

frequently	빈번히, 자주
overestimate	과대평가하다
agreement	합의
exactly	정확히, 틀림없이
misconception	오해
false-consensus effect	허위 합의 효과
on the other hand	반면에
consensus	의견 일치, 합의
psychologist	심리학자
randomly	무작위로
select	선발하다
majority	대다수
refuse	거절하다
stupid	어리석은

09   정답 ④

친구가 여러분보다 더 인기 있습니까? 이것이 사실이라고 생각할 만한 근거가 없는 것처럼 보이지만, 그것은 아마도 그럴 것이다. 직장이나 학교에서, 우리는 모두 친구가 거의 없는 사람보다는 많은 친구가 있는 사람들과 친구가 될 가능성이 더 높다. 친구가 거의 없는 동료나 급우를 피하다기보다는 단순히 그나 그녀에게 더 많은 친구들이 있기 때문에 우리는 인기 많은 사람의 친구 중 한 사람이 될 가능성이 있다. 이런 단순한 깨달음은 실제 생활에서의 친구들뿐만 아니라, 소셜 미디어 웹사이트의 팔로어와도 관련이 있다. 예를 들어, 이것은 Twitter에서 팔로어의 역설이라고 불리는 것을 초래한다. 대부분의 사람들이 그들의 팔로어들이 가진 것보다 더 적은 팔로어를 갖는다. 더 인기 있게 되려고 결심하기 전에, 대부분의 사람들이 비슷한 상황에 있다는 것을 기억해라.

해설

친구가 거의 없는 사람보다는 친구가 많은 사람들과 친구가 될 가능성이 높은데, 이유는 단순히 그들이 친구가 더 많기 때문에 우리가 인기 많은 사람의 친구 중 한 사람이 될 가능성이 있다는 것이다. 이 내용을 주어진 문장의 단순한 깨달음으로 연결하여 이것이 실제 생활뿐 아니라 소셜 미디어 웹사이트에도 관련 있다고 언급하고 다음 문장에서 예시로서 Twitter를 언급하는 ④에 들어가는 것이 가장 적절하다.

어휘

popular	인기 있는
reason	근거
suppose	가정하다, 추측하다
likely	~할[일] 것 같은
avoid	피하다
co-worker	직장동료
classmate	학급친구, 급우
probable	그럴법한
realization	깨달음
related	관련 있는

10   정답 ④

"인간은 대부분의 동물들처럼 지연된 보상보다 즉각적인 보상에 더 강한 선호를 보인다. 만일 당신이 나에게 오늘 10달러 아니면 내일 11달러를 준다면 아마도 나는 오늘 10달러를 갖겠다고 말할 것이다."라고 Zweig가 말한다. 심지어 더 큰 액수도 영향을 미칠 것 같지는 않다. 나와 같은 금융 전문가는 자주 만일을 가정하는 시나리오를 이용하여 사람들에게 좀 더 많이 그리고 더 어린 나이에 저축하라고 독려한다. 당신은 스무 살에 8%의 이율로 한 달에 100달러씩 저축하면 은퇴할 때 525,454달러를 갖게 될 것이라는 우리의 말을 들어본 적이 있다. 만일 당신이 서른 살이 될 때까지 기다려서 시작한다면 당신은 겨우 229,388달러를 갖게 될 것이다. 그렇다. 그 예들은 놀랄만하지만 Zweig의 논리에 의하면, 그것들은 아마도 효력이 없을 것이다. "먼 미래에 당신이 받는 보상은 그것에 대한 정서적 감흥을 주지 않는다. 그것은 단지 가능한 결과물일 뿐이다."라고 그는 말한다. "비록 당신이 지금부터 30년 후에 100만 달러를 받게 될 것이라고 사람들에게 말할지라도 뇌는 그것을 받아들이지 않는다."

→ 돈의 양에 상관없이 사람들은 <u>즉각적으로</u> 보상받는다면 더 <u>만족스럽게</u> 느낀다.

인간은 지연된 보상보다 즉각적인 보상을 더 선호하며, 금융전문가들이 사람들에게 젊을 때 저축하면 은퇴 후 큰 금액을 갖게 될 것이라고 해도, 사람들에게는 단지 가능한 결과물일 뿐 정서적 감흥을 주지 못한다는 것이 글의 요지이므로 빈칸 (A)에는 satisfied(만족하는)와 빈칸 (B)에는 instantly(즉각적으로)가 들어가는 것이 가장 적절하다.
① 실망스럽게 – 무작위로
② 실망스럽게 – 개인적으로
③ 안도하게 – 비밀스럽게
⑤ 만족스럽게 – 규칙적으로

preference	선호
immediate	즉각적인
reward	보상
financial	재정의
expert	전문가
frequently	자주, 빈번하게
what-if	가정의; 만약의 문제
encourage	격려하다
retirement	은퇴
striking	눈에 띄는, 놀라운
logic	논리
emotional kick	정서적 감흥
outcome	결과
regardless of	~와 상관없이
disappointed	실망스러운
randomly	무작위로
individually	개인적으로
relieved	안도하는
secretly	비밀스럽게
instantly	즉각, 즉시
regularly	규칙적으로

[11~12]

정답 11 ④   12 ⑤

독일의 최근 연구는 우리가 주사를 맞기 전에 "이거 아플 거예요"라는 말을 듣는 것이 우리의 뇌 속에 고통 반응을 유발한다고 증명했다. 우리는 바늘이 우리의 피부에 닿기도 전에 실제로 고통을 느낀다! 연구자들은 사람들의 뇌를 연구하기 위해 MRI를 사용했고 <u>강력한</u> 고통이 올 거라는 것을 암시하는 말을 들었을 때 핀볼 놀이기구처럼 고통 중추가 밝아졌다는 것을 발견했다. 이것이 우리에게 말해주는 것은 말이 <u>중요하다</u>는 것이다. 우리가 부정적이거나 고통스러운 생각 혹은 느낌을 의미하는 말을 하거나 들을 때 우리의 뇌는 즉시 그 고통을 느끼는 것을 활성화시킨다. 어떤 면에서 이것은 놀라울 정도로 인간적인 특성이다. 우리는 매우 공감적인 생명체이다. 하지만 그 동정이 문제를 야기할지도 모르는 상황이 있다. 만성적인 고통을 가진 사람이 지지하는 집단과 함께 그녀의 고통에 대해서 이야기를 할 때 그

친밀한 관계들은 분명히 그녀에게 <u>도움이 된다</u>. 하지만 만약 그러한 모임 동안에 그녀가 얼마나 힘들게 싸웠는지를 '공유한다'면, 그녀는 실제로 그녀 자신과 다른 사람들에게 그 고통을 강화하고 있는 것은 아닐까? 그것은 틀림없이 타당한 질문이다.

답이 무엇이든지 간에 이 분야의 연구는 한 가지를 분명하게 보여준다. 우리는 단순히 우리의 내적 대화를 변화시킴으로써 우리 자신의 건강을 제어하는 큰 능력을 가지고 있다. 이러한 일련의 사건들을 고려해보자. 긍정적인 생각을 해라. 긍정적인 말을 해라. 너 자신을 긍정적인 사람들로 둘러싸게 해라. 무슨 일이 일어날까? 당신의 몸은 더 낮은 혈압, <u>더 높은(→ 더 낮은)</u> 수준의 스트레스 호르몬들과 같은 건강상의 이점들을 얻을 수 있을 것이다.

11
우리는 공감할 수 있는 존재로 긍정적인 내용이건 부정적인 내용이건 그 말을 들을 때 뇌에서 해당하는 신호가 활성화되므로, 당신 자신이 긍정적인 생각을 하고 긍정적인 사람으로 둘러싸이면 건강상의 이점들을 얻을 수 있다는 내용의 글이다. 따라서 이 글의 제목으로 가장 적절한 것은 ④ '당신의 두뇌는 당신이 말하는 것을 듣고 있다'이다.
① 현실을 직면할 준비가 되었나요?
② 고통이 당신을 더 기분 좋게 할 수 있는 방법
③ 공감: 사람들 사이의 다리
⑤ 더 많은 긍정은 더 높은 자기 확신을 의미한다
12
공감적인 존재로 긍정적인 내용이건 부정적인 내용이건 그 말을 들을 때 뇌에서 해당하는 신호가 활성화되므로, 당신 자신이 긍정적인 생각을 하고 긍정적인 사람으로 둘러싸면 건강상의 이점들을 얻을 수 있다는 내용의 글이므로 (e)의 higher(더 높은)를 lower(더 낮은)와 같은 단어로 고쳐야 한다.

trigger	유발하다
response	반응
MRI	자기 공명 영상법 (= Magnetic Resonance Imaging)
light up	밝아지다 (light–lighted[lit]–lighted[lit])
intense	극심한, 강렬한
suggest	암시하다, 제안하다
activate	활성화시키다
feature	특성, 특징
creature	생명체
compassion	동정
chronic	만성적인
struggle	몸부림치다, 투쟁하다
strengthen	강화하다
valid	타당한, 유효한
empathy	공감
self-confidence	자기 확신

01 　　　　　　　　　　　　　　　　　　정답 ⑤

　공상 과학 소설은 반짝이는 로봇과 환상적인 우주선 그 이상의 더 많은 것을 포함한다. 실제로, 대부분의 많은 훌륭한 공상 과학 소설 작품들은 과학적 사실에 기초를 둔다. 많은 공상 과학 소설이 과학에 기초를 두고 있기 때문에 그것은 문학을 영어 교실에서 끌어내어 과학 교실로 가져오기 위해 사용될 수 있다. 공상 과학 소설은 학생들이 과학적 원리들이 실제로 쓰이는 것을 볼 수 있도록 도움을 주는 것뿐만 아니라 또한 학생들의 비판적 사고와 창의적 기술을 길러준다. 학생들은 공상 과학 소설의 글을 읽으면서 그 글을 과학적 원리들과 연결해야만 한다. 학생들은 공상 과학 소설과 비슷한 개념에 대한 논픽션의 글을 읽고, 그 둘을 비교하고 대조할 수 있다. 또한, 학생들은 과학 소설 이야기를 창조하거나 지식과 기술을 적용하는 새로운 방법들을 상상하면서 과학적 원리들을 봄으로써 창의적 능력을 기를 수 있다.

해설

대부분의 공상 과학 소설이 과학적 사실에 기초를 두고 과학적 원리들이 실제로 쓰이는 것을 볼 수 있도록 하는 것뿐 아니라 비판적 사고와 창의적 기술을 길러준다는 내용이므로, 이 글의 주제로 가장 적절한 것은 ⑤ the benefits of using science fiction in science classrooms (공상 과학 소설을 과학 수업에서 사용하는 것의 이점)이다.
① 공상 과학 영화의 흔한 주제
② 대중문화에 대한 공상 과학 소설의 영향
③ 공상 과학 소설에서 과학적 원리들의 예시
④ 공상 과학 소설 장르의 역사적 발달

어휘

shiny	반짝이는
fantastic	환상적인
spaceship	우주선
science fiction	공상 과학 소설
a great deal of	아주 많은
literature	문학
principle	원리
critical	비판적인
creative	창의적인
skill	기술, 능력
compare	비교하다
contrast	대조하다
apply	적용하다
theme	주제
influence	영향
benefit	이점, 이익

02 　　　　　　　　　　　　　　　　　　정답 ⑤

　아이들에게 선택권을 주고 그들이 얼마나 많이 먹기를 원할지, 그들이 먹고 싶어 할지 또는 아닐지, 그리고 그들이 무엇을 먹기를 원할지에 대해 그들 스스로 결정하게 허락하라. 예를 들어 "Lisa야, 파스타와 미트볼을 먹고 싶니 아니면 닭고기와 구운 감자를 먹고 싶니?"라고 저녁 식사를 위해 무엇을 만들지 의사결정 과정에 그들을 포함하라. 그들이 저녁 식사 동안 얼마나 먹어야 하는지를 의논할 때, 그들에게 적당량의 음식을 차려 줘라. 만약 그들이 충분히 먹은 후에도 여전히 '배고프다'고 주장하면, 그들에게 5분에서 10분 동안 기다리라고 요청하라. 만약 그들이 여전히 허기를 느끼면, 그때 그들은 또한 접시의 음식을 먹을 수 있다. 이것은 자신감과 자기통제를 가르쳐 주는 행동이다.

해설

음식을 먹을 때 아이들에게 무엇을 먹을지, 얼마나 먹을지 등의 선택권을 주는 것을 통해 아이들에게 자신감과 자기통제를 가르칠 수 있다는 것이 글의 주된 내용이므로, 이 글의 제목으로 가장 적절한 것은 ⑤ Teach Children Food Independence(아이들에게 음식 독립심을 가르쳐라)이다.
① 당신의 아이들을 위한 역할 모델이 되어라
② 배고픔: 아이들을 위한 최고의 양념
③ 식탁예절: 그것들은 중요한가?
④ 좋은 영양: 아이들의 두뇌의 힘

어휘

option	선택(권)
decision	결정
include	포함하다
process	과정
meatball	미트볼, 고기 완자
bake	굽다
serve	(음식을) 차려내다
reasonable	적당한, 알맞은
amount	양, 총액
claim	주장하다
plate	접시, 1인분(의 요리)
self-control	자기통제
role model	역할 모델, 모범이 되는 사람
sauce	반찬, 양념
manners	예절, 예의
independence	독립심, 자립정신

03 　　　　　　　　　　　　　　　　　　정답 ⑤

　추격자를 더 힘들게 하는 한 가지 방법은 갈지자로 움직이는 것이다. 예를 들어, 코요테로부터 도망가는 토끼는 계속해서 일직선으로 달아나지 않는다. 대신, 이리저리 재빠르게 움직여 코요테 역시 방향을 바꾸고 급선회를 하도록 한다. 갈지자로 움직이는 것은 몸집이 더 큰 코요테보다 몸집이 작은 토끼에게 더 쉽다. 코요테는 또한 언제 토끼가 이 방향으로 혹은 저 방향으로 뛸지 알 수 없어서, 자신의 다음 번 움직임을 계획할 수 없다. 이런 식으로, 토끼는 추격을 더 어렵게 하고 코요테를 더 지치게 한다. 코요테가 그 먹이를 잡는 데 여전히 성공할지는 모르지만, 그것(코요테)이 포기하고 더 쉬운 먹이를 찾으러 갈 가능성이 있다.

[해설]
⑤ 목적어 the chase를 보완, 설명하는 목적격 보어 자리로 부사는 들어갈 수 없으므로 형용사인 difficult로 고쳐 써야 한다.
① 명사(rabbit)가 행위의 주체이므로 현재분사(running) 형태로 명사를 뒤에서 수식할 수 있다.
② 쉼표 앞 절의 동사 moves와 병렬구조의 동사가 필요한 자리로 forces를 쓰는 것이 적절하다.
③ , which는 주격 관계대명사의 계속적 용법으로 and it와 바꿔 쓸 수 있다.
④ 뒤에 완벽한 절이 나오므로 의문 대명사인 what이 아니라 의문부사 when을 사용하여 '언제 토끼가 이 방향으로 혹은 저 방향으로'의 의미가 되는 것이 어법상 옳다.

[어휘]

chaser	추격자
endlessly	계속해서, 끝없이
force	강요하다
sharp	날카로운
zigzag	지그재그[갈지자]로 나아가다
chase	추격
prey	먹이, 사냥감

04 정답 ⑤

Ontario 주, Temagami 지역 근처에 원시림이 있다. 어떤 사람들은 그 나무들을 베기 원한다. 다른 사람들은 그것을 그 상태 그대로 지키고 싶어 한다. 그들은 그것이 독특하고 미래 세대를 위해 보호되어야 한다고 믿고 있다. 많은 사람들은 일부 나무는 사용하고 일부 나무는 보호하기를 원하면서, 중간적 입장에 있다. 대부분의 사람들은 우리의 자원을 현명하게 사용하는 것을 찬성한다. 그들은 우리의 자원을 지속 가능하게 만들기를 선호한다. 즉, 우리는 미래에 여전히 더 많은 자원을 가지기 위해 현재 우리의 자원을 현명하게 사용해야 한다. 우리 모두는 환경을 돌볼 책임이 있다. 우리는 미래 세대를 위해 환경을 변화시키는 것 (→ 보존하는 것)의 중요성을 오랫동안 인식해 왔던 캐나다 원주민으로부터 배울 수 있다. 우리는 이전세대로부터 받은 것 중 일부를 사용하고 일부는 미래세대를 위해 넘겨주어야 할 것이다.

[해설]
우리가 배울 수 있는 태도라면 글의 흐름상 환경을 변화시키는 것이 아닌 환경을 보존하는 것의 중요성을 인식했다는 내용이어야 자연스럽다. 따라서 changing(변화시키는 것)을 preserving(보존하는 것)과 같은 단어로 바꾸어야 한다.

[어휘]

old-growth forest	원시림, 노숙림 (오래된 나무 숲)
protect	보호하다
protection	보호
inheritance	유산
resource	자원

wisely	현명하게
sustainable	지속 가능한
importance	중요성
preserve	보존하다
previous	이전의
pass on	전수하다, 넘겨주다

05 정답 ①

Jenny Hernandez는 25명의 직원을 가진 중간 규모 회사의 관리자이다. Jenny의 리더십은 회사의 성공에 기여해왔다. Jenny 방식의 한 가지 특징은 그녀의 공평함이다. 그녀는 누구에게도 특정한 사람들이 유리한 점을 갖고 있다는 인상을 주는 것을 원치 않았다. 그래서 그녀는 이러한 일이 일어나는 것을 방지하기 위해서 많은 노력을 한다. 예를 들어, 그녀는 사교를 위한 점심이 어떤 사람을 편애한다는 생각을 만들어낸다고 생각해서, 그녀는 사교를 위한 점심을 피한다. 이와 비슷하게, 직원 중 한 사람이 그녀의 가장 친한 친구임에도 불구하고, 그녀가 그 여자와 이야기하는 모습은 거의 볼 수 없으며, 설령 이야기한다 하더라도, 그것은 항상 업무에 관한 이야기이다.

[해설]
Jenny Hernandez라는 한 관리자가 누구에게도 특정한 사람들이 유리한 점을 갖고 있다는 인상을 주기 원치 않았고, 그러기 위해서 사교를 위한 점심을 피하며, 직원 중 한 사람이 그녀의 친구임에도 업무상 이야기 외에는 그녀와 이야기 하는 모습도 보이지 않는다는 내용의 글이다. 그러므로 빈칸에 들어갈 말로 가장 적절한 것은 ① fairness(공평함)이다.
② 근면함   ③ 창의성
④ 자신감   ⑤ 다정함

[어휘]

contribute	기여하다
characteristic	특징
impression	인상
advantage	유리한 점, 이점
prevent	막다
avoid	피하다
perception	인식, 지각
favoritism	편애, 치우친 사랑
fairness	공평함
diligence	부지런함, 근면함

06 정답 ③

어느 여름에, 내가 아는 그 지역에서 가장 높은 IQ를 가졌던 아이였던 어떤 십 대가 이웃의 지붕을 다시 칠했다. 그는 페인트 통과 롤러를 가지고 올라가서 맨 아래부터 꼭대기까지 칠하기 시작했다. 지붕의 꼭대기에 이르렀을 때, 그는 땅으로 내려가기 위해서는 새로 바른 페인트를 밟을 수밖에 없다는 것을 깨달았다. 지붕에서 내려오는 도중에 그는 갓 칠한 페인트에 미끄러져 떨어졌고 다리가 부러졌다. 그는 수학과 읽기를 매우 잘했지만, 꼭대기부터 시작해야 한다는 생각을 떠올릴 수 없었다. 때로는 상식과 실용적 노하우가 지적인 능력보다 더 유용하다.

해설

IQ가 높은 학생이더라도 지붕에 페인트를 다 칠한 후 자신이 내려갈 방법에 대해 생각해 보지 못하고 페인트칠 위로 걸어 내려오다가 미끄러져 다리가 부러졌다는 일화로 때로는 지적인 능력보다는 상식과 실용적 노하우가 더 쓸모 있다는 내용의 글이다. 그러므로 빈칸에 들어갈 말로 가장 적절한 것은 ③ intellectual ability(지적 능력)이다.

① 사교적 능력
② 강한 자신감
④ 신체적 힘
⑤ 어린 시절의 꿈

어휘

teenager	십 대, 10대의 소년[소녀]
region	지역
roof	지붕
bucket	양동이
bottom	바닥, 맨 아래
apply	(페인트 등을) 바르다
slip	미끄러지다
practical	실용적인
common sense	상식

07 정답 ⑤

많은 회사가 활동과 성과를 혼동한다. 그 결과, 바람직한 결과를 언급하지 않으면서, 단지 그들의 직원들이 수행할 활동의 형태로만 혁신을 위한 과정을 기획하고 명령한다. 이것은 실수이다. 판매원들은 효과적인 일이 아니라 보상받은 일을 하는 데 비범한 재능이 있다. 만약 당신의 과정에 '제안 제출하기'나 '판촉 전화 걸기'와 같은 활동이 있다면, 당신의 직원들이 할 일은 그것뿐이다. 그들은 전화가 잘못된 고객에게 갔는지 관심이 없다. 그들은 제안이 구매 결정의 적절한 시점에 제출되지 않았는지 또는 올바른 정보를 포함하지 않았는지 관심이 없다. 과정이 활동을 요구했을 뿐이고, 활동만이 그것[과정]이 얻게 된 것이었다. 판매원들은 그들에게 요구된 일을 한 것뿐이다. 그들은 "콩 심은 데 콩 나고 팥 심은 데 팥 나지요. 그것은 우리의 문제가 아니라 이 바보 같은 과정 때문이에요."라고 당신에게 말할 것이다.

해설

많은 회사에서 활동과 성과를 혼동하여 활동의 한 형태로 획기적인 일을 제시하는 과정을 만드는 실수를 범하고, 이런 상황에서 효과적인 일보다는 보상받은 일에 비범한 재능이 있는 판매원들은 과정이 요구한 비효과적인 활동을 하게 된다는 내용의 글이다. 따라서 밑줄 친 부분이 의미하는 바로 가장 적절한 것은 ⑤ '활동에만 초점을 맞춘 과정은 효율적이지 않다.'이다.

① 성과를 추구하는 데 있어서 보상이 중요하다.
② 판매원들이 의사 결정 과정에 참여해야 한다.
③ 공유된 이해가 항상 성공으로 이어지는 것은 아니다.
④ 잘못된 정보로부터의 활동은 실패로 이어진다.

어휘

confuse	혼동하다
innovation	혁신
genius	비범한 재능, 천재
compensate	보상하다
proposal	제안
Garbage in, garbage out.	콩 심은 데 콩 나고 팥 심은 데 팥 난다.
dumb	바보 같은

08 정답 ③

지도를 보면 여러분은 암스테르담에서 도쿄로 가는 가장 좋은 방법은 지중해 노선이라고 알려진 것을 따라서 동쪽 방향으로 가는 것이라고 결론 내릴지도 모른다. (B) 하지만 지도 대신 지구본을 보면, 여러분의 관점이 바뀔지도 모른다. 지중해 노선상 동쪽으로 가기보다는 암스테르담에서 도쿄로 가는 민항기는 이제 북쪽으로 비행한다! 그것이 맞다. (C) 그들은 북극 항공로라고 알려진 것을 택해서, 북극을 넘어 알래스카로 비행하고 그러고 나서 서쪽을 향해 도쿄로 비행하는데, 그것이 그들에게 대략 1,500마일을 절약해준다! 여기에서 교훈이 무엇인가? (A) 여러분이 목표를 정한 뒤 그것을 달성하기 위해 열심히 노력하되, 어쩌면 다른 관점에서, 그 목표를 더 효율적으로 달성하기 위한 방법을 계속 찾아라. 이 접근 방식은 때로 '재구성'이라고 알려져 있다.

해설

평면지도에서는 도쿄에서 암스테르담으로 가는 가장 좋은 방법이 동쪽으로 가는 것이라고 결론 내릴 수 있다는 주어진 글 다음에, 지구본을 보면 여러분의 관점이 바뀔지도 모른다는 (B)의 내용이 이어지고, 북극 항공로라고 알려진 북극을 넘어 알래스카를 지나 서쪽인 도쿄로 비행하는 것이 1,500마일을 절약해 준다는 내용인 (C)가 온 후, 이러한 교훈을 통해 목표를 정한 뒤 열심히 노력하되 다른 관점에서 더 효율적인 방법을 계속 찾으라는 (A)가 이어지는 것이 글의 순서로 가장 적절하다.

어휘

conclude	결론 내리다
easterly	동쪽으로 향하는
globe	지구본, 세계
Mediterranean	지중해의
perspective	관점
commercial	민간의, 상업의
roughly	대략
lesson	교훈
accomplish	완수하다
achieve	달성하다
efficiently	효율적으로
approach	접근법

09 정답 ④

남자와 여자 사이에 근본적인 차이점들이 존재할지도 모른다. 아마도 어릴 때 당신이 야구공으로 차고의 창문을 깼을 때 당신은 어머니에게 갔던 것을 기억할 것이다. 당신은 아버지 대신에 어머니에게 갔는데, 어머니가 화를 덜 낼 것 같았기 때문이다. 오하이오 주립 대학의 한 연구는 객관적인 스트레스 요인에 반응하여 여성의 혈압이 남성의 혈압보다 덜 상승한다는 것을 발견했다. 그러나, 다른 연구는 대체로 여성이 남성보다 더 많은 스트레스를 느낄지도 모른다는 것을 시사한다. Ronald Kessler는 하버드 대학에서 연구하였고, 여성이 일반적으로 인생에 대해 보다 넓은 견해를 취하기 때문에 더 자주 스트레스를 느낀다는 것을 발견했다. 예를 들어, 많은 남성들은 그들의 걱정거리를 구분하고 다음으로 넘어가기 전에 오로지 하나의 문제나 스트레스 요인만을 다루지만, 여성들은 한 번에 많은 것들에 대해 걱정할지도 모른다.

해설

스트레스 요인에 반응할 때 여성이 남성보다 혈압이 덜 상승한다는 한 연구 결과 다음으로 여성이 남성보다 더 많은 스트레스를 느낄지도 모른다는 앞 연구와 반대되는 다른 연구의 내용이 나오고, 그 연구의 상세한 내용이 이어지는 것이 가장 자연스러운 글의 흐름이다. 따라서 주어진 문장은 ④에 들어가는 것이 가장 적절하다.

어휘

fundamental	근본적인
perhaps	아마(도)
garage	차고
instead of	~ 대신에
upset	화가 난, 속상한
objective	객관적인
stressor	스트레스 요인
classify	구분하다

10　　　　　　　　　　　　　　　　　정답 ⑤

　동물들은 공평함에 대한 개념이 있을까? 연구자들은 '발을 내미는 것'에 대해 개들에게 보상을 주는 것으로 이것을 실험해 보기로 결정했다. 개들은 자신의 발을 내밀도록 반복적으로 요구받았다. 연구자들은 개들이 그것에 대해 보상을 받지 않을 때 발을 얼마나 빠르게, 얼마나 많이 내미는지를 측정했다. 이러한 발 내밀기의 기준치 수준이 설정된 후에 연구자들은 두 마리의 개들을 나란히 앉히고 각각의 개에게 번갈아 발을 내밀게 했다. 그리고 나서 두 마리의 개 중 한 마리는 다른 개보다 더 나은 보상을 받았다. 이에 대한 반응으로 같은 일에 대해 '보상'을 덜 받고 있던 개는 덜 내켜하며 발을 내밀었고 발 내밀기를 더 빨리 멈추었다. 이러한 결과는 개들이 공평에 대한 기초적인 개념 또는 최소한 불평등함에 대한 증오심을 가지고 있을 수 있다는 매우 흥미로운 가능성을 제기한다.

　→ 동일한 행위에 대해 다른 개보다 더 적은 보상을 받은 개는 마지못해서 하는 반응을 보였고, 이것은 개들이 평등함에 대한 개념을 가지고 있을 수도 있다는 것을 암시한다.

해설

실험을 통해서 개도 사람과 마찬가지로 보상의 공평 함에 따라서 다른 반응을 보였으며, 이러한 결과는 개도 공평에 대한 개념이 있을 수도 있다는 가능성을 제기한다는 것이 글의 요지이므로, 빈칸 (A)에는 unwilling(마지못해서 하는)과 빈칸 (B)에는 equality(평 등함)가 들어가는 것이 가장 적절하다.
① 꺼리지 않는 - 수치심
② 꺼리지 않는 - 방향
③ 정상적인 - 성취
④ 마지못해서 하는 - 소속

어휘

sense	개념
fairness	공평
repeatedly	반복적으로
measure	측정하다
reward	보상하다
baseline	기준치, 수준
establish	설정하다, 확립하다
willingly	기꺼이
hatred	증오심
inequality	불평등함

[11~12]　　　　　　　　　　정답 11 ② 12 ④

　지난해 Roberta Vinci는 US Open에서 세계 1위 Serena Williams와 테니스 경기를 했다. 누구도 Vinci가 승리할 것이라고 생각하지 않았지만, 그녀는 승리했다. 경기 후 인터뷰에서 Vinci는 자기가 이기는 것이 가능하다고 여기지 않아서 승리에 대해 생각하지 않으려 고 노력했다고 말했다. "마음속으로 저는 '공을 치고 달려. 생각하지 말고 그냥 달려'라고 말했고, 그 결과 승리했습니다."

　Vinci의 태도는 긍정을 너무 강조하는 오늘날의 우리 문화와 반대된다. 만약 당신이 어떤 일이 불가능하다고 느낀다면, 당신은 충분히 긍정적으로 생각하고 있지 않다는 말을 들을 것이다. 그러나 만약 당신이 어떤 일이 불가능하거나 성공할 수 없다고 정말 믿는다면, 긍정적으로 생각하려고 노력하는 것은 불안을 증가시킬 수 있고, 실제로 전혀 도움이 되지 않는다. 그러므로 때때로 어려운 목표를 달성하는 최고의 방법은 그것이 가능하다는 생각을 시작하고(→ 그만하고), 그저 한 단계씩 해 나가는 것이다. 목표에 지나치게 집중하는 것은 당신이 원하는 것을 성취하지 못하도록 방해할 수 있다는 것을 기억하라. 목표를 잊어라. 단지 공을 치고 달려라.

해설

11

긍정을 너무 강조하는 오늘날의 문화와는 반대로 Roberta Vinci가 생각하지 말고 그냥 공을 치고 달리자는 마음으로 어려운 상대를 이겼다는 예시를 통해, 무작정 긍정적으로 생각하려고 노력하는 것은 도움이 되지 않으며, 어려운 목표를 달성하는 최고의 방법은 목표에 지나치게 집중하기보다는 그저 한 단계씩 해나가는 것이라는 내용의 글이다. 따라서 이 글의 제목으로 가장 적절한 것은 ② '생각하지 마라; 그냥 그 순간을 살아라'이다.
① 긍정적인 사고의 힘
③ 당신의 원래 계획을 바르게 유지하라
④ 신체 활동이 불안감을 감소시킨다
⑤ 성공하기를 원하는가? 실수로부터 배워라!

12

긍정을 너무 강조하는 오늘날의 문화와는 반대로 무작정 긍정적으로 생각하려고 노력하는 것은 도움이 되지 않으며, 어려운 목표를 달성하는 최선의 방법은 목표에 지나치게 집중하기 보다는 그저 한 단계씩 해나가는 것이라는 내용의 글이므로 (d)의 start(시작하고)를 stop(그만하고)과 같은 단어로 고쳐야 한다.

어휘

attitude	태도
opposite	반대; 반대의
emphasize	강조하다
positivity	긍정
positively	긍정적으로
accomplish	달성하다
objective	목표
on track	제대로 (진행되고 있는)
physical	신체적인, 물리적인
anxiety	불안감

systematic	체계적인
various	여러 가지의
method	방법
resident	거주자

MINI TEST 제3회

본문 p.118

01 ②	02 ①	03 ②	04 ④	05 ③	06 ③
07 ①	08 ②	09 ⑤	10 ①	11 ③	12 ③

01

정답 ②

당신은 외국에 나가본 적이 있는가? 당신은 여행을 많이 하는가? 그렇다면 당신은 내가 무엇에 관해 말하고 있는지 알 것이다. 당신은 이 지구상 어디를 가든지, 영어와 잘 지낼 수 있다. 그러나 그때, 당신은 대체로 그곳에서 영어가 사용되는 방식에 있어 이상하다고 발견할 수 있는 무언가가 있다는 것을 깨닫게 된다. 만약 당신이 외국에 있다면, 영어는 당신이 말하는 방식과 다소 다를 수 있다. 만약 당신이 그곳에 잠시 동안 머무른다면, 거기가 어디든지 간에, 잠깐은 당신은 이것에 익숙하게 될 것이다. 그리고 만약 당신이 그곳에 보다 오랫동안 머무른다면, 이러한 특징 중 일부를 배워서 그 지역 사람들처럼 들리기 시작할지도 모른다. 이러한 사례가 우리에게 가르쳐 주는 것은 영어가 더 이상 '단일 언어'가 아니라는 것이다.

해설

외국에서 영어를 사용하여 살 수 있지만, 지역에 따라 말하는 방식이 다소 다르다는 내용으로, 이 글의 주제로 가장 적절한 것은 ② the localization of English in different places(여러 다른 지역에서 영어의 현지화)이다.
① 해외여행에 대한 찬반양론
③ 체계화된 영어교육을 위한 필요성
④ 영어 능력을 향상하는 여러 가지 방법들
⑤ 해외 현지 거주자들과 잘 지내는 방법

어휘

abroad	국외[해외]로
get along with	~와 잘 지내다
mostly	대부분, 주로
odd	이상한
somewhat	다소, 약간
get used to	익숙하다
local	지역 주민; 지역의
localization	지역화
pros and cons	찬성과 반대

02

정답 ①

광범위한 증거는 자연과의 접촉이 아이들의 교육, 개인적, 사회적인 기술, 그리고 건강과 안녕을 향상시켜주고, 책임감 있는 시민들의 성장으로 이어진다는 것을 보여준다. 그러나, 연구는 또한 아이들과 자연 사이의 관계가 과거보다 현재가 더 약하다는 것을 보여준다. 아이들은 자연환경으로부터 단절되고 있다. 그들은 점점 더 적은 시간을 야외에서 보내고 있다. 사실, 아이들이 어떤 녹지 공간에 방문할 가능성은 한 세대 만에 절반이 되었다. 아이들 자신들도 야외 공간이 기분이 좋고 잘 지내는 데 필요한 것 중 하나라고 말한다.

해설

자연과의 접촉은 아이들이 여러 방면에서 잘 성장하도록 도와주므로 필요하지만, 과거보다 접촉의 기회가 줄어들고 있다는 내용으로, 이 글의 제목으로 가장 적절한 것은 ① Nature: What Children Need(자연: 아이들이 필요로 하는 것)이다.
② 도시에서 녹색 지역 수의 감소
③ 좋은 시민의 특징들
④ 친환경 교육의 증가
⑤ 아이들: 환경의 설계자

어휘

evidence	증거
contact	접촉
well-being	안녕, 행복
development	성장, 발달
disconnected	단절된
outdoors	야외에서 (cf. outdoor 야외의)
possibility	가능성
halve	반으로 줄다
generation	세대
eco-friendly	친환경적인

03

정답 ②

Ying Liu는 여섯 살짜리 아들 Jing이 TV를 너무 많이 보는 것을 멈추게 하고 싶었다. 그는 또한 Jing이 피아노도 치고 수학을 더 많이 하도록 권하고 싶었다. Ying이 가장 먼저 한 일은 준비였다. 그는 아들의 관심사들을 목록으로 만들었다. 그 목록은 TV 시청 외에 Lego 가지고 놀기와 동물원 가기를 포함하고 있다. 그리고 나서 그는 아들에게 TV, 피아노, 공부 시간을 Lego 가지고 놀기, 동물원 가기와 서로 교환할 수 있다고 말했다. 그들은 포인트 시스템을 세웠는데, 그 시스템에서 그는 TV를 보다 적게 시청할 때마다 포인트를 획득했다. 아빠와 아들은 그 과정을 함께 점검했다. 점수를 획득하면서 Jing은 스스로에 대해 가치가 있고 훌륭하다고 느꼈고 아빠와 귀중한 시간을 보냈다.

[해설]

② was included 뒤에 삽입구인 in addition to watching TV를 제거하고 보면 동명사 playing with 등이 목적어로 있기 때문에 수동태가 아닌 능동태인 including으로 고쳐야 한다.
① 「encourage + 목적어 + to부정사」 구문으로 to play와 to do는 병렬 구조로 옳다.
③ 아빠가 아들에게 that절 이하를 할 수 있다고 제안했다는 뜻으로 접속사 that은 적절하다.
④ 선행사 a point system이 있고, 뒤 문장(he got points)은 완전한 문장이므로 관계부사 where은 옳다.
⑤ 주어(he)의 동작이 자기 자신에게 영향을 미칠 경우, 즉 주어와 목적어가 같을 때, 재귀대명사를 사용하므로 himself는 적절하다.

[어휘]

encourage	격려하다, 권장하다
prepare	준비하다
interest	관심(사), 흥미
in addition to	~일 뿐 아니라
establish	세우다
monitor	점검하다, 감시하다
quality	양질의; 품질

04 정답 ④

1990년대에 인기를 끌었던 레이저 포인터는 처음에는 대체로 손에 쥐기에 두꺼웠다. 오래지 않아, 그러한 포인터는 더 얇은 주머니형 모델이 출시되면서 다루기가 더 쉬워졌다. 그러나, 레이저 포인터에는 그 자체의 약점이 있었다. 건전지가 필요했고 이를 교체해야 했으며, 긴장한 강연자의 떨리는 손동작이 반짝이는 붉은 점의 갑작스러운 움직임 속에 드러났다. 더욱이, 이 붉은 점은 특정 배경에서는 보기 어려워서 레이저 포인터를 심지어 단순한 막대기보다 더 <u>우등하게(→ 열등하게)</u> 만들었다. 이 문제를 바로잡기 위해 더 발전된, 따라서 더 비싼 초록빛 레이저 포인터가 도입되게 되었다.

[해설]

붉은 레이저의 약점이 계속 나열된 내용으로 단순한 막대기보다 더 안 좋다는 내용이므로 ④ superior(우등한)을 inferior(열등한)와 같은 낱말로 고쳐야 한다.

[어휘]

laser pointer	레이저 포인터
typically	대체로, 전형적으로
thick	두꺼운
hold	쥐다, 잡고 있다
require	요구하다, 필요로 하다
replace	교체하다
shaky	떨리는, 흔들리는
motion	움직임
moreover	게다가
background	배경
advanced	진보한, 발전된
superior	우등한, 우월한

05

1952년 8월 어느 늦은 저녁, 뉴욕의 한 극장에서 어떤 남자가 청중들 앞에서 피아노 뚜껑을 세 번 열었다 닫고는 4분 33초 동안 어떤 건반도 치지 않았다. 그것은 John Cage의 4′33″로, <u>침묵으로 이루어진</u> 유명한 음악 작품이다. Cage는 청중이 아티스트 없이 완전히 음악을 느낄 수 있다고 믿었다. 그러므로 그의 믿음을 증명할 유일한 길은 창작 과정에서 아티스트를 배제하는 것이었다. 4′33″에서는 아티스트나 작곡가 모두 곡에 영향을 미치지 않아서 Cage는 어떤 소리가 청중에게 들릴지를 제어할 아무런 방법이 없었다.

[해설]

John Cage의 4′33″라는 곡은 청중이 아티스트 없이 완전히 음악을 느끼게 하려고 4분 33초 동안 어떤 건반도 치지 않아서 어떠한 소리도 없다는 내용으로 빈칸에 들어갈 말로 가장 적절한 것은 ③ silence(침묵)이다.
① 가사   ② 코러스
④ 웃음   ⑤ 콧노래

[어휘]

audience	청중
composition	작품, 작곡
consist of	구성되다
therefore	그러므로
prove	증명하다
belief	믿음
remove	제거하다
process	과정
neither A nor B	A, B 둘 다 아닌
impact	영향
control	제어하다, 통제하다
lyrics	가사
chorus	반복구, 후렴
humming	콧노래

06 정답 ③

강아지가 사람에게 가장 좋은 친구인 이유가 있다. 당신의 강아지는 항상 당신을 보고 행복해한다. 강아지는 당신이 수학시험에 떨어졌든 아니든 신경을 쓰지 않고 당신에게 달려들며 당신을 최고인 것처럼 대한다. 어떻게 된 일인가? 당신의 강아지는 심리학 강의를 들어본 적이 없지만, 당신의 마음으로 가는 길을 자동으로 안다. 즉, 당신이 중요하고 사랑받고 있다고 느낄 수 있게 하는 방법을 알고 있다. 이제 당신이 그러한 관심을 사람들에게 보여준다면 그 사람들이 당신에게 얼마나 잘 반응을 할지 상상해 보라. 그것은 관계를 강화시키는 최고의 방법이다. 당신이 사람들에게 <u>그들에 대한 진정한 관심</u>을 보여줄 때 그 효과가 잘 드러날 것이다.

해설

당신이 어떻든지 간에 당신을 최고로 대하는 강아지가 사람에게 가장 좋은 친구인 것처럼 사람들 사이도 진심으로 대한다면 좋은 관계를 강화시킬 수 있다는 내용의 글이다. 그러므로 빈칸에 들어갈 말로 가장 적절한 것은 ③ true interest in them (그들에 대한 진정한 관심)이다.
① 당신의 애완동물에 대한 사랑
② 일에 대한 자신감
④ 반짝이는 사업 아이디어
⑤ 훈련자에 대한 큰 존경

어휘

psychology	심리학
lecture	강의
automatically	자동으로
respond	반응하다
attention	관심, 주의
strengthen	강화하다
relationship	관계
result	결과
respect	존경하다

07　　　　　　　　　　　정답 ①

당신이 음식점에 가자마자 종업원이 당신에게 메뉴를 제공하는 것은 놀랄 일이 아니다. 그녀가 당신에게 투명한 액체가 담긴 유리잔을 가져다줄 때, 당신은 그것이 물인지 아닌지 물을 필요가 없다. 다음에 무슨 일이 일어날지 예상함으로써, 당신은 가장 가능성 있는 시나리오를 준비한다. 이 모든 것들은 예상되며 따라서 해결해야 할 문제가 아니다. 게다가, 여러분이 상호작용하는 모든 친숙한 물건들에 대한 모든 사용 가능 방법들에 대해 끊임없이 고려하는 것이 얼마나 힘들 것인지 상상해 보라. "저 못을 박기 위해서 나는 망치로 쳐야할까? 전화기로 쳐야할까?" 기능적 고정성은 저주가 아니라 안도이다. 그러므로 당신은 당신의 모든 선택권과 가능성을 고려하려는 시도를 해서는 안 된다. 그럴 수도 없다. 만약 당신이 그렇게 하려고 한다면, 당신은 결코 그 어떤 일도 끝낼 수 없을 것이다. 그러니 <u>상자를 두드리지 마라.</u>

해설

우리가 일상생활에서 일어날 일들에 대해 예측하는 것이 가능하기 때문에 원만한 생활이 가능한 것이며, 만약 모든 것의 가능성을 열어두고 고민해야 한다면 생활 자체가 불가능할 것이라는 내용의 글로 밑줄 친 부분이 의미하는 바로 가장 적절한 것은 ① '습관적인 기대를 기초로 하여 문제를 처리하라.' 이다.
② 여러분이 익숙한 물건으로부터 기대하는 것에 대해 의문을 품으라.
③ 정해진 일상을 새로운 일상으로 교체하라.
④ 주어진 상황의 모든 가능한 결과에 대해 숙고하라.
⑤ 사고를 통찰력으로 이끄는 모든 경계권을 확대하라.

어휘

server	종업원
fluid	액체
interact	상호작용하다

functional	기능적
fixedness	고정성
relief	안도
curse	저주
attempt	시도하다
habitual	습관적인
expectation	기대
replace	교체하다
routine	일상
outcome	결과
extend	확대하다
boundary	경계
insight	통찰력

08　　　　　　　　　　　정답 ②

한번은 내가 Louis Armstrong과 함께 텔레비전 프로그램을 했다. 갑자기 Louis가 연주하고 있을 때, 파리 한 마리가 그의 코에 내려앉았다. (B) 그래서 그는 파리를 불어서 날려버렸다. 그는 계속 노래를 불렀고, 그 파리가 그의 코에 내려앉았다. 그래서 그는 다시 파리를 불어서 날려버렸다. 그것은 녹화되고 있었고, 모든 청중은 웃는 모습을 보여주지 않으려고 애썼다. (A) 그들은 웃어서 그의 공연을 망치고 싶지 않았다. Louis가 공연을 끝냈을 때, 모든 사람들이 웃음보를 터뜨렸다. (C) 그리고 그때 감독이 나와서 "파리 없이 한 번 더 촬영합시다."라고 말했다. 하지만 그것이 그가 TV에 내보냈어야 할 촬영분이었다.

해설

Louis가 연주하고 있을 때 파리 한 마리가 그의 코에 내려앉았다는 주어진 글 다음에, 그가 파리를 불어서 날렸으나 여러 차례 다시 내려앉아서 청중들은 웃음을 참고 있었다는 (B)가 온 후, 그가 연주를 마치고 나서야 모두가 웃었다는 (A)가 이어지고, 감독이 다시 촬영하자고 했지만, 그것이 TV에 내보냈어야 할 촬영분이었다는 내용의 (C)가 이어지는 것이 글의 순서로 가장 적절하다.

어휘

suddenly	갑자기
land	내려앉다, 착륙하다
ruin	망치다
blow off	~을 불어서 날리다
burst into laughter	웃음을 터뜨리다
put on	(TV나 라디오에) 내보내다
tape	녹화하다

09　　　　　　　　　　　정답 ⑤

대부분의 사전은 유명한 사람들의 이름을 목록에 싣고 있다. 편집자들은 누구를 포함시키고 누구를 제외할지에 대해서 어려운 결정을 해야 한다. 예를 들어 'Webster's New World Dictionary'는 Audrey Hepburn은 포함하지만 Spencer Tracy는 뺀다. 그것은 Bing Crosby는 싣고 Bob Hope는 싣고 있지 않으며, Willie Mays는 싣고 Mickey Mantle은 싣고 있지 않다. 편집 국장 Michael Agnes는 이름의 사용 빈도와 독자에 대한 유용성에 기초하여 이름이 선택된다고 설명한다. 하지만 그에 따르면 살아 있는 연예인은 포함되지 않는다. 바로 그런 이유로, Elton John과 Paul McCartney는 그 사전에 없지만, 수십 년 전에 사망한 Marilyn Monroe와 Elvis Presley는 둘 다 사전에 있다.

[해설]

대부분의 사전은 유명한 사람들의 이름을 사용 빈도와 유용성에 기초하여 목록에 싣고 있다는 내용이다. 주어진 문장은 살아있는 유명인은 사전에 포함되지 않는다고 했으므로 유명인을 선택하는 조건이 제시된 뒤에, 살아있는 연예인의 예가 나온 문장 앞인 ⑤에 들어가는 것이 적절하다.

[어휘]

entertainer	예능인
include	포함하다
editor	편집자
executive editor	편집국장
decision	결정
exclude	제외하다
leave out	~을 빼다
based on	~에 기초[근거]하여
frequency	빈도
usefulness	유용(성)
decade	10년

10
정답 ①

한 연구에서, 연구자들은 학생들에게 10개의 포스터를 아름다운 순서대로 배열하도록 요청했다. 그들은 학생들이 나중에 포스터 중 하나를 연구 참여에 대한 보상으로 가질 수 있다고 약속했다. 그러나 학생들이 이 과업을 마쳤을 때, 연구자들은 학생들이 3순위로 선택했던 포스터는 가질 수 없다고 말했다. 그 후 그들은 학생들에게 10개의 포스터를 처음부터 다시 평가하도록 요청했다. 그 결과 학생들이 가질 수 없도록 했던 포스터가 갑자기 가장 아름다운 것으로 순위 매겨졌다. 이것은 '로미오와 줄리엣 효과'의 한 예시이다. 셰익스피어 비극에 나오는 로미오와 줄리엣처럼, 사랑이 금지될 때 사람들은 서로에게 더 애착을 갖게 된다.

→ 사람들은 무언가를 소유할 수 없을 때, 그것이 더 매력적이라고 생각하기 시작한다.

[해설]

선택했던 포스터를 가질 수 없게 되었을 때 가장 아름다운 것으로 재평가된 연구의 내용으로 보아 빈칸 (A)에는 own(소유하다)와 빈칸 (B)에는 attractive(매력적인)가 들어가는 것이 가장 적절하다.
② 소유하다 - 잊기 쉬운
③ 창조하다 - 매력적인
④ 창조하다 - 로맨틱한
⑤ 받아들이다 - 실망스러운

[어휘]

arrange	배열하다
afterward	나중에
reward	보상
participation	참여
be allowed to	~이[가] 허용되다
rate	평가하다; 속도
attached	애착을 가진
prohibit	금지하다
forgettable	잊기 쉬운
charming	매력적인 (= attractive)

[11~12]
정답 11 ③ 12 ③

줄을 서는 것에 대해 생각해 보자. 당신이 은행, 슈퍼마켓, 또는 놀이공원에 있든, 아마도 줄을 서서 기다리는 것은 당신에게 전혀 재미있는 생각이 아니다. 가능한 한 빨리 줄을 통과하려는 거의 보편적인 욕구를 고려해 보아라. 어떤 상황에서 당신은 흔쾌히 다른 사람이 당신 앞에 끼어들게 하겠는가? 부탁하는 방법에 있어 사소한 변화들은 깜짝 놀랄 큰 결과를 종종 이끌 수 있다. 그러나 부탁하는 사람에게서 나온 단 하나의 단어가 당신이 "네, 먼저 하세요."라고 말하도록 할 가능성을 크게 증가시킬 수 있을까?

그렇다 — 그리고 그 한 단어는 '왜냐하면'이다. 행동주의 과학자인 Ellen Langer와 그녀의 동료들은 이 단어의 설득력을 시험해보기로 결정하였다. 한 연구에서, Langer는 어떤 낯선 사람이 복사기를 사용하기 위해 줄을 서 있는 사람에게 다가가서 "죄송합니다만 전 다섯 장이 있어요. 복사기를 사용할 수 있을까요?"라고 간단히 부탁하도록 하였다. 끼어들려고 하는 모호한(→ 직접적인) 부탁을 받았을 때, 60%의 사람들은 낯선 사람이 그들보다 먼저 하도록 허용하는 것에 기꺼이 동의했다. 하지만 낯선 사람이 '이유'("복사기를 사용해도 될까요? 왜냐하면 제가 정말 바빠서요.")와 함께 부탁했을 때, 94%의 사람들이 '네'라고 말했다. 결국, 부탁에 대한 확실한 이유를 제공하는 것은 먼저 하려는 요청을 정당화한다.

[해설]

11
'왜냐하면'이라는 단어와 함께 부탁에 대한 확실한 이유를 말하면 먼저 하겠다는 요청을 상대방은 기꺼이 받아들인다는 내용의 글이다. 따라서 이 글의 제목으로 가장 적절한 것은 ③ '당신이 요청한 것을 얻는 마법의 단어'이다.
① 실수: 의사소통의 한 부분
② 스스로에게 지속적으로 정직하라
④ 타인과의 관계를 강화시켜라
⑤ 작은 호의로 인한 의도치 않은 행운
12
뒤에 이어지는 '왜냐하면'이라는 마법 같은 한 단어가 타인의 행동을 변화시켜 기꺼이 자신의 앞에 줄을 끼워줄 수 있다는 내용과 대조를 이루는 이유 없는 직접적인 부탁의 경우가 글의 흐름상 자연스러우므로, (c)의 ambiguous(모호한)를 direct(직접적인)와 같은 단어로 고쳐야 한다.

어휘

universal	보편적인
motivation	욕구, 동기
get through	통과하다
circumstances	상황, 환경
request	요청; 요구하다
drastically	과감하게, 급격히
likelihood	가능성
behavioral	행동의
approach	접근하다; 접근
in a rush	바쁘게
consistent	일관된, 일관성 있는
strengthen	강화하다
unintended	의도하지 않은
persuasive	설득적인
ambiguous	모호한, 애매한
precise	정확한
diverse	다양한
usage	쓰임

MEMO

MEMO

MEMO